谜案里的宋朝史

李旭东 著

新世界出版社
NEW WORLD PRESS

图书在版编目（CIP）数据

谜案里的宋朝史 / 李旭东著. -- 北京 : 新世界出版社, 2025. 7. -- ISBN 978-7-5104-8146-8

Ⅰ. K244.07

中国国家版本馆 CIP 数据核字第 20255SL243 号

谜案里的宋朝史

作　　者：李旭东
责任编辑：张晓翠
责任校对：宣　慧　张杰楠
责任印制：王宝根
出　　版：新世界出版社
网　　址：http://www.nwp.com.cn
社　　址：北京西城区百万庄大街 24 号（100037）
发 行 部：(010)6899 5968（电话）(010)6899 0635（电话）
总 编 室：(010)6899 5424（电话）(010)6832 6679（传真）
版 权 部：+8610 6899 6306（电话）nwpcd@sina.com（电邮）
印　　刷：三河市嘉科万达彩色印刷有限公司
经　　销：新华书店
开　　本：710mm × 1000mm　1/16　尺寸：170mm × 240mm
字　　数：353 千字　　印张：24
版　　次：2025 年 7 月第 1 版　　2025 年 7 月第 1 次印刷
书　　号：ISBN 978-7-5104-8146-8
定　　价：78.00 元

目录

第二案 『帽妖』横行：诡异事件背后的权力斗争

第三案
韩虫儿怀孕事件：老太后与新皇帝的政治对决

第四案 宣仁之诬：究竟是谁在诬陷谁

第五案

宋江的殒落：比《水浒传》更为曲折离奇

第六案 绍熙内禅：通过和平方式被赶下台的皇帝

第一案

『烛影斧声』与『金匮之盟』：兄终弟及的背后

北宋开宝九年（976年），五十岁的赵匡胤刚到知天命之年。“知天命”并非听天由命、无所作为，而是谋事在人，成事在天，不再那么看重结果。到了这个年纪，他已然看懂了很多事，更看淡了很多事。

这一年的三月十四日，赵匡胤回到了阔别已久的家乡洛阳，那些美好的过往和不堪的曾经再度涌上心头。自从二十岁怀揣着雄心壮志阔别了家乡，他便极少回来。如今，眼前的一切是如此熟悉，却又是那么陌生。赵匡胤宣布了一道震惊朝野的诏令，他决意将都城从开封迁往洛阳，不过让他始料未及的是居然会遇到如此大的阻力，他最终只能选择放弃，悻悻地踏上了返程的路。此时的他还没有意识到自己的生命已然进入了倒计时。

四月十五日，赵匡胤返回了暗流涌动的都城开封。虽然迁都计划被迫搁置，但他并未就此放弃，迁都其实只是他宏大的政治谋划中的一环，可惜他永远都来不及实施了，因为留给他的时间已然不多了。

十月十六日，赵匡胤饶有兴趣地来到西教场，观看飞山军的士卒发射机石。仅仅四天之后，他的生命便永远地定格了，一切都来得猝不及防，以至于他还有很多大事未能完成，由此引发的政治动荡甚至一直延续到了南宋。赵匡胤究竟是如何死的？这中间又隐藏着怎样的大阴谋？

那夜究竟发生了什么

关于赵匡胤的暴亡，史学界一直争论不休。有的学者认为他是因饮酒过度而猝死（荒木敏夫《宋太祖酒癖考》），行伍出身的赵匡胤的确很喜欢饮酒，他时常将亲眷、近臣招至宫中宴饮。赵匡胤时常端着大酒杯去劝酒，他的弟弟赵光义就曾跪在地上抱着他的腿说："陛下刚刚得到天下，为了江山社稷，还望陛下饮酒时能够有所节制。"赵匡胤却根本听不进他的劝告，"（皇）上饮射如故"（王巩《闻见近录》）。

早在建隆二年（961年），赵匡胤便告诫手下臣子："沉湎于酒，何以为人？朕或因宴会至醉，经宿未尝不悔也。"（李焘《续资治通鉴长编》卷二）每次宿醉之后，他都会感到后悔，所以他虽然并未彻底戒酒，但也开始在饮酒时有所节制。随着年龄的增长，赵匡胤再也不像之前那样喝得烂醉如泥，因此酒后猝死的说法显然难以令人信服。

有的学者通过分析宋朝诸位皇帝的死因，认为赵氏家族可能患有遗传性躁狂抑郁症，认为赵匡胤也遗传了这个疾病，赵匡胤死前还出现了脑出血的症状，属于正常死亡（刘洪涛《从赵宋宗室的家族病释“烛影斧声”之谜》）。不过仅仅依据史书中关于赵匡胤模棱两可的死因记载，就断定他患有家族病并死于脑出血，未免有些太过武断。

如果赵匡胤是自然死亡，北宋朝廷完全可以诏告天下并记于国史，但正史对赵匡胤的暴亡却大多记载寥寥，对于他的死因更是闪烁其词。

直到他去世一百年后，一个和尚成为揭开他死亡谜团的关键人物。

熙宁年间（1068年—1077年），寄寓在荆州金銮寺的落魄和尚文莹在昏黄的油灯下奋笔疾书，他要将自己这大半辈子的所见所闻和所思所想全都记录下来。由于他的书斋名为“湘山草堂”，这部书便被称为《湘山野录》。《湘山野录》共有三卷，还有《续湘山野录》一卷，书中详细记录了赵匡胤死亡那夜发生的诸多离奇之事。

文莹虽是个和尚，但他凭借自己的努力顺利跻身上流社会。他经常出入权贵之家，与宰相丁谓成为好友，“文莹尝游丁晋公（即丁谓）门，公遇之厚”（朱弁《曲洧旧闻》卷四）。

赵匡胤去世时，丁谓刚好十一岁，对这桩宫廷奇案多少有些耳闻。淳化三年（992年），丁谓进士及第，授大理评事、通判饶州（今江西省上饶市鄱阳县），后来获得真宗皇帝赵恒与皇后刘娥的赏识，一路官至宰相。既然文莹与丁谓这样的达官显贵过从甚密，自然能够从他们口中获知许多旁人无从知晓的宫廷秘闻。文莹又是个出家人，自然也就没有那么多政治禁忌，所以书中记载了很多敏感的政治话题。《湘山野录》虽是一部私家笔记，但历来受到史学家的高度重视，更是成为研究赵匡胤暴亡之谜极其珍贵的文献资料。

根据《续湘山野录》的记载，赵匡胤登基之前曾经与一个道士交好，这个道士一会儿自称“混沌”，一会自称“真无”，以至于他的真实姓名文莹已经无从知晓。赵匡胤与这个道士一起登函谷关，一起去黄河边，也时常聚在一起推杯换盏，开怀畅饮。两人聚在一起不是游玩便是宴饮，但道士却从来没有为生计操心过。道士虽然不是“富二代”，但他有着令人叹服的特异功能。每当经济拮据时，他便会为赵匡胤表演探囊取物、空手得金的绝技，赵匡胤看得目瞪口呆，觉得这个人高深莫测。

每每喝得酩酊大醉之际，这个道士便会哼唱起做法事时吟唱的曲调，声音高亢入云，犹如天籁之音。对于他耍酒疯似的怪异举动，在场的其他人不以为意，唯独微醺的赵匡胤隐隐听懂了其中的一句，唱的似乎是：“金猴虎头四，真龙得真位。”酒醒之后，赵匡胤询问他唱的究竟是何意，但这位道士却轻描淡写地说：“贫道不过是酒醉之后随口哼唱几句罢了，当不得真！当不得真！”

这个道士随后便飘然而去，赵匡胤的生活也逐渐回到了正轨。赵匡胤通过自身努力成为后周殿前都点检，执掌后周最为精锐的禁军部队。后周世宗皇帝柴荣去世后，他趁着新皇帝柴宗训年幼之际发动了陈桥驿兵变，创建了北宋王朝。此时，他才惊觉那个道士的话绝非酒后胡言乱语，而是精准到令人不寒而栗的预言。

赵匡胤登基称帝的时间是建隆元年（960年）正月初四，建隆元年恰好为庚申年，“庚”字五行属金，这一年恰好是金猴年，正月恰巧为寅月，寅在十二生肖中代表着虎，原来那个道士早就预测到他将会在这一日登基称帝。赵匡胤觉得这个道士的道行很深，于是下诏在全国范围内寻找他的下落，可足足找了十六年都未曾寻到他的踪迹。就在赵匡胤以为此生再也无缘与他相见之际，那个道士却奇迹般地再度出现。

当时是一年一度的上巳节，赵匡胤照例来到水边“祓禊”，也就是举行祭礼，洗濯污垢，消灾祛病。他猛地一抬头，惊奇地发现岸边树下坐着一个醉醺醺的道士，此人冲着赵匡胤笑了笑，作了一个揖，道：“陛下，别来无恙啊！”他就是赵匡胤苦寻十六年的那个道士。赵匡胤与他意外重逢后不禁大喜过望，赶忙将他带回了皇宫。两人又像之前那样把酒言欢，畅谈人生。酒过三巡之后，赵匡胤说道："我这些年来一直都在苦苦寻找你的行踪，想要问你我究竟还能活多久？我知道你能够预见未来，念在你我昔日的情分上，还望你能如实相告。"

道士掐指一算，说："今年十月二十日夜，如若天气晴朗，陛下便可再活十二年。如若并非晴日，陛下还是早做打算吧！"赵匡胤当夜将他留在宫中，可他却并未住在殿中而是"宿于木末乌巢中，止数日"，之后再度神奇地消失了。赵匡胤始终牢记着道士所说的话，他怀着紧张而又忐忑的心情等来了十月二十日。当晚，赵匡胤登上太清阁，见群星璀璨，天气晴朗，顿觉如释重负，觉得自己应当可以活到古稀之年。就在他暗自欣喜之际，天气突变，阴霾四起，雪花纷飞，冰雹骤降，赵匡胤的心情顿时低落到了极点，他急忙命小宦官打开端门，火速征召赵光义前来宴饮取乐，从而消遣内心的愁闷。

赵光义急匆匆赶来后，赵匡胤将他召入自己的寝宫，还特地将身边的宦官和宫女全都屏退，此时空荡荡的大殿内仅剩下他们两人，之后究竟发生了什么也就此成了千古之谜。

或许是因为《续湘山野录》的作者文莹是个相信因果报应的和尚，或许是因为这件事在流传过程中人为地掺杂进了一些或真或假的传闻，上面这段记载给人亦真亦幻的感觉。

这个令赵匡胤叹服的道士究竟是谁呢？南宋史学家李焘经过考证，认为此人应当就是大名鼎鼎的道士张守真。张守真原本是盩厔县（今陕西省西安市周至县）的一个普通百姓，但一起灵异事件彻底改变了他的一生。

《续资治通鉴长编》卷十七记载，某日，一位神仙突然降临在他的家中，告诉他："本尊名号'黑杀将军'，乃是辅作玉皇大帝的天神。"喜出望外的张守真自此之后便时常斋戒请神，黑杀将军也是逢请必到。黑杀将军每次都是随风而来，说话犹如婴儿一般，只有张守真能听懂他究竟在说些什么，张守真自此成为能够预知未来祸福的奇人异士，他索性也就正式出家成为道士。

赵匡胤饱受疾病的困扰，听闻张守真能通神，赶忙派人前去征召他。十月十九日，也就是赵匡胤去世前一日，赵匡胤命张守真在建隆观设坛祈祷。赵匡胤特地派遣内侍王继恩从旁相助，张守真请神所需物资可从内库中任意支取。

张守真果然不负众望，终于将黑杀将军请来，但黑杀将军说道："天上宫阙已成，玉锁已开。晋王有仁心。"说完之后，黑杀将军便骤然离去，众人看得目瞪口呆。张守真赶忙将此事禀告赵匡胤，赵匡胤自觉时日不多，于是连夜召见赵光义，向他嘱咐自己的后事。

得知自己气数将尽，赵匡胤赶忙征召赵光义进宫宴饮，向他嘱托后事。但真相果真如此吗？

《续湘山野录》详细记载了赵匡胤暴亡前夕与赵光义宴饮的经过，这也成为"烛影斧声"最早的出处。"但遥见烛影下，太宗（即赵光义）时或避席，有不可胜之状。饮讫，禁漏三鼓，殿雪已数寸，帝引柱斧戳雪，顾太宗曰：'好做，好做！'（赵匡胤）遂解带就寝，鼻息如雷。是夕，太宗留宿禁内，将五鼓，周庐者寂无所闻，帝（即赵匡胤）已崩矣。"

"烛影斧声"很容易让人产生某种可怕的联想，误以为是赵光义借宴饮的机会用斧子砍死了自己的哥哥。元朝诗人杨维桢所作《慈母爱》诗云："夜闼鬼静灯模糊，大雪漏下四鼓余。百官不执董狐笔，孤儿寡嫂夫何呼？于乎，床前戳地银柱斧，祸在韩王金匮书。"董狐是春秋时晋国的史官，因敢于记述真实历史而得名。董狐直笔用以代指敢于秉笔直书、尊重史实的史官。杨维桢认为赵匡胤被赵光义用斧子谋害，但史官不敢记述此事。

其实北宋宫禁一向很严，赵光义恐怕很难携带凶器入宫，即便赵光义想要谋害赵匡胤，也绝不会采用如此简单粗暴的方式。赵匡胤死后，近臣们照例要瞻仰遗体，"（赵匡胤的尸体）玉色温莹如出汤沐"，可见他的尸体上应该没有外伤。

《续湘山野录》记载赵光义与赵匡胤宴饮后被留宿在宫中，但司马光的

《涑水记闻》却记载赵匡胤去世后，赵光义才被紧急召入宫中。《涑水记闻》的记载应该更可信，皇宫门禁森严，藩王应该不会被留宿在宫中，赵光义与赵匡胤宴饮之后便出宫回府了，听闻赵匡胤的死讯后又紧急入宫。或许因为赵光义从出宫到再度入宫的时间间隔太过短暂，以至于很多人误以为他当晚就留宿在宫内，文莹在撰写《续湘山野录》时应该是听信了这些传言。

李焘在编纂《续资治通鉴长编》时却将兄弟两人的宴饮时间向前推移到了十月十九日，也就是赵匡胤去世的前一日。或许是为了撇清赵光义与赵匡胤之死的关系，或许是觉得赵光义得到消息之后再进宫，随后又登基称帝，时间太过仓促，所以将两人的宴饮时间刻意提前了一日，但这样一来在逻辑上存在诸多问题。

《续资治通鉴长编》只是很笼统地记载赵匡胤死于十月二十日，并没有说具体时间，不过《宋史·太祖本纪》却记载赵匡胤死于“癸丑（即二十日）夕”。如若两人果真是在十月十九日夜间宴饮，赵匡胤在宴饮不久后去世，那么他就应当死于二十日凌晨，此时距离二十一日赵光义登基还有足足一天多的时间，赵光义在如此关键的一天时间里究竟做了些什么，《续资治通鉴长编》竟然毫无记载，这显然有些说不通。

其实按照宋朝人的计时习惯，“癸丑夕”指的是二十日晚上而并非二十日凌晨，宋朝人习惯将当日凌晨发生的事情计入前一日的夜晚。

南宋著名诗人陆游曾在《入蜀记》中详细记载他在乾道六年（1170年）从浙江前往四川的旅程，写道：“闰五月十八日，晚行，夜至法云寺。兄弟饯别，五鼓始决去。十九日黎明，至柯桥馆……四鼓，解舟行，至西兴镇。二十日，黎明，渡江，江平无波。”五鼓就是五更，四鼓就是四更，都已经到了次日凌晨。虽然已经到了次日凌晨，但陆游仍旧习惯性地将其记为前一日夜，直到黎明时分才会记作当日，因此赵匡胤兄弟宴饮时应该在二十日夜间而非当天凌晨。

《续湘山野录》记载赵匡胤去世时将近五鼓，但《涑水记闻》却记载已经四鼓，两者表述虽略有不同，但并不矛盾。不过宫中的计时方式与民间有所差异，将夜晚分为“六更”，比民间多出了一更，因此“禁中四鼓，乃在外三更”（周必大《玉堂杂记》），因此赵匡胤的死亡时间应当临近民间的四更天，也就是二十一日凌晨两点五十二分，那么他与赵光义宴饮肯定是在二十日晚上而非十九日晚上。

两人在宴饮时究竟发生了什么，赵匡胤为何会在此后不久便离奇暴亡呢？

根据《续湘山野录》的记载，饮酒期间赵光义屡屡退席，“有不可胜之状”，文莹究竟在暗指什么？有的学者认为“不可胜之状”指的是赵光义不胜酒力，离席休息，或是上厕所解小便，抑或指呕吐不止。不过“不可胜”还有另外一层意思，指不能制服、不能控制。《管子·正世》记载：“暴人不胜，邪乱不止，则君人者势伤而威日衰矣。”或许那夜的赵光义如同一匹脱缰的野马彻底失控了。

更为蹊跷的是，与赵光义正喝着酒，赵匡胤却突然拿起“柱斧”。“柱斧”与日常生活中的斧子一样吗？有的学者认为柱斧是放置在窗户附近的辟邪用具（王雅轩《宋初宫廷疑案辨析》）。《仪礼·觐礼》记载：“天子设斧，依于户牖之间。”远古时期，窗仅指开在屋顶的天窗，开在墙壁上的窗子称为牖。古人认为邪祟多从门窗闯入，因此天子通常会在窗户下面放一把斧子，为的是辟邪保平安，若是有歹人闯入，也有一定的防身作用。不过这个风俗只盛行于先秦时期，在窗户下面摆放一把斧子毕竟不太雅观，于是便在门口的屏风上画上斧子，称作“斧扆”或“斧依”，因此到了北宋，在窗户下放置斧子的习俗已然不再流行了。

其实柱斧不同于寻常斧子，柱斧在北宋时期是一种礼器，高级柱斧用水晶制成，普通柱斧用铜铁制成，只有朝官才获准使用水晶柱斧，不过后来水晶柱斧被弃用，以至于到了北宋末年，很多人都不识得水晶柱斧究竟是什么物件。

柱斧在赵匡胤生活的北宋前期还是很受追捧的。虽然无法确定赵匡胤使用的柱斧究竟是什么材质，但他却一直随身携带，发怒时便会拿出来。武将出身的赵匡胤喜欢打鸟雀，有一次正玩得兴起，突然御史张霭禀报说有急事要求见他。赵匡胤自觉很是扫兴，却又不敢耽误军政大事，只得召见了他，但张霭奏报的不过是些寻常政务，怒火中烧的赵匡胤责问他为什么因为这点儿小事就前来打扰他。

虽然皇帝怒了，但张霭却平静地说："微臣以为这些事比打鸟雀要重要许多！"

见张霭居然敢嘲讽自己，忍无可忍的赵匡胤举起手中的柱斧向着张霭的嘴砸去，一下子便砸掉了他的两颗大牙。张霭既不喊疼也不鸣冤，只是将这两颗牙齿从地上捡起来，揣进了自己的怀里。

赵匡胤骂道："你怀藏牙齿，难道想要借此控告我吗？"

张霭不卑不亢地说："微臣不能也不敢控告陛下，但史官会如实记下这件事的。"

见他如此不卑不亢，赵匡胤也不由得心生敬佩，并且他也担心史官会如实记录，随即转怒为喜，给张霭赏赐了金帛。太祖弹雀也就此成为一段佳话，赵匡胤虽然行事有些鲁莽，但是知错能改，不失为一代明君。

由此可见，赵匡胤随身携带的柱斧只是象征身份地位的礼器，虽然攻击性大为降低，但也绝非毫无用处的摆设。

仁宗皇帝赵祯最为宠信张贵妃，某日见她房中莫名地多了一件定州红瓷器，这在当时可是价值连城的贵重物件。他赶忙追问此物是何人所赠，张贵妃见实在推脱不过，只得说是王拱辰所献。赵祯怒斥道："朕三番五次地告诫你切勿与外臣交往，你为何就是不听呢？"赵祯举起手中柱斧，将那件瓷器砸得粉碎。由此可见，不仅仅是赵匡胤，北宋前期的皇帝都有随身携带柱斧的习惯。

《续湘山野录》中记载赵匡胤用柱斧“戳雪”，有的学者认为赵匡胤想用柱斧试探一下雪的深浅与冷冻的程度，于是发出“咔咔”的声响（王雅轩《宋初宫廷疑案辨析》）。虽然人在酒醉时会有一些不合常理的举动，但赵匡胤既是酒场行家，又是皇帝，应该不会无缘无故地做出如此失态的举动。

《续湘山野录》中的记载还有一个很大的疑问，那就是在这个大雪纷飞、天寒地冻的晚上，赵匡胤为何突然从殿内跑到殿外？《续湘山野录》对此并没有给出合理解释。因此，李焘编纂《续资治通鉴》时虽然收录了《续湘山野录》中关于“烛影斧声”的记载，却将“戳雪”改为“戳地”，觉得这样似乎更为合理。

通常情况下，北宋皇帝在极度愤怒时才会拿出柱斧，不是打人就是砸东西，赵匡胤为什么突然拿出柱斧呢？有学者认为这是因为色胆包天的赵光义调戏过赵匡胤身边的女人，这种说法来源于《烬余录》。赵匡胤病重时，赵光义前去探视。见赵匡胤已经病入膏肓，色胆包天的赵光义居然乘机调戏伺候在赵匡胤身边的花蕊夫人（也被称作金城夫人）费氏，就在赵光义欲行不轨之际，赵匡胤突然被惊醒了。他睁开眼看到了令他不可思议的一幕，于是拿起身旁的柱斧戳地。皇后、皇子等人闻声迅速赶来，赵光义吓得仓皇逃回府中。身体孱弱的赵匡胤经此一事，次日便去世了。

《烬余录》的作者徐大焯生活在宋末元初，此时距离赵匡胤去世已经过去了三百年，他虽潜心研究历史，但由于时间太过久远，又难以调取当时的宫廷档案，因此上述内容难免会掺杂进虚虚实实、真真假假的传闻，自然也就不太可信。

花蕊夫人原本是后蜀皇帝孟昶的妃子，她不仅有着倾国倾城之貌，还博学多才，善写诗词。迫于北宋强大的军力，孟昶主动投降，后蜀也至此灭亡，花蕊夫人满怀悲愤地写道：“君王城上竖降旗，妾在深宫那得知。十四万人齐解甲，更无一个是男儿。”

赵匡胤早就对花蕊夫人垂涎三尺，灭了后蜀之后顺势将她收入宫中。虽然她赢得了赵匡胤的宠爱，但终究没能逃脱命运的魔爪，《闻见近录》与《铁围山丛谈》均记录了她悲惨的结局。

一日，赵匡胤携花蕊夫人、赵光义在御苑之中宴饮射箭。席间，赵匡胤劝赵光义喝酒，但赵光义却总借故推辞。见实在推托不过，赵光义不怀好意地说："只要花蕊夫人能够为我折一枝花来，我便饮下此杯。"赵匡胤当即命花蕊夫人前去为赵光义折花，可就在花蕊夫人徜徉在花丛之际，赵光义突然从背后抽出一支箭，举起手中的弓，射向毫无防备的花蕊夫人，一代绝色佳人就此惨死在赵光义的箭下。

见到这惊人一幕，赵匡胤惊愕不已，他万万不曾料到赵光义竟敢当着自己的面射死自己宠爱的女人。赵匡胤刚要发火，赵光义就跪倒在地，抱着他的腿哭道："陛下如今刚刚得到天下，应以社稷为重，切勿亲近女色啊！"虽然赵匡胤心中尽是愤懑，却也不便为了一个女人公然与亲弟弟反目成仇，只得假装什么都没有发生。两人继续喝酒，照常射箭，但心结在两人心中就此种下。

虽然赵光义口口声声说自己这么做是担心赵匡胤因沉溺酒色而误国，但这不过是他的托词罢了。好色成性的赵光义即位后霸占了南唐后主李煜的妻子小周后，他这样一个不堪的人怎会真心规劝赵匡胤远离女色呢？赵光义公然射杀花蕊夫人恐怕是源于他内心的阴暗，自己得不到的便彻底毁掉。

《闻见近录》的作者王巩是真宗朝宰相王旦的孙子，《铁围山丛谈》的作者蔡絛是徽宗朝宰相蔡京第四子，两人都是宰相之后，自然可以听到一些皇室秘闻，赵光义射杀花蕊夫人之事应该是真实可信的。《烬余录》取材于两书，却又结合有关传闻进行了改编，致使记载的内容并不太可信。既然花蕊夫人之前已然被赵光义射死，那么赵匡胤之死便不可能与赵光义调戏花蕊夫人有关。

赵匡胤拿出柱斧无论是想要"戳雪"，还是想要"戳地"，他绝非在耍酒疯，而是想要借机敲打一下胆大妄为的赵光义，因为他早就察觉到了赵光义的异动，想要让他有所收敛，好自为之，谁知给自己招惹来杀身大祸。

文莹写《续湘山野录》时距离赵匡胤去世已经过去了一百余年，但此时在位的神宗皇帝赵顼依旧是太宗子孙。如果赵光义被认定为篡位，那么神宗的合法性也将受到质疑，即便文莹知道些什么鲜为人知的隐情，也只能使用曲笔，不敢直抒胸臆。这绝非杞人忧天。

崇宁元年（1102年）至靖康元年（1126年），徽宗皇帝赵佶延续朝内党争，贬谪数百名朝廷重臣，已故旧党重臣被重新追贬，史称“崇宁党禁”。崇宁二年（1103年），朝廷下令封禁苏洵、苏轼、苏辙、黄庭坚等十二人的著作。在这十二人中，几乎清一色的全都是旧党人士，只有文莹一人与党争毫无关联，更蹊跷的是被禁的只有他写的《湘山野录》，他的另一部作品《玉壶清话》并未受到牵连，因此《湘山野录》会被禁应该是因为其记载了赵匡胤暴亡的秘闻。

在北宋历任皇帝中，唯有徽宗赵佶与赵光义是“兄终弟及”。哲宗皇帝赵煦的儿子赵茂夭折，哲宗又没有其他子嗣，所以徽宗皇帝得以继承了哥哥的皇位。徽宗也处处效仿前辈赵光义，如他的第一个年号“建中靖国”就取自赵光义的第一个年号“太平兴国”，他封禁《湘山野录》也是为了压制对赵光义皇位正统性质疑的言论，平息这场延续百余年的争论。

复杂而又微妙的兄弟关系

主张赵匡胤是自然死亡的学者认为赵匡胤原本就想要传位给赵光义，因为杜太后曾经与赵匡胤定下金匮之盟，《宋史》是这样记载的：

建隆二年（961年），此时北宋建国才一年多，杜太后一病不起，赵匡胤悉心服侍在母亲身边，伺候母亲用药进食，始终不离左右，赵普也时常前来探望。

那日，病恹恹的杜太后突然问赵匡胤："你知道你为什么能得到这天下吗？"

赵匡胤呜咽着不能回答。在杜太后的一再追问下，赵匡胤才开口道："孩儿之所以能够得到这天下，全都仰仗祖上与太后的庇佑。"

杜太后却摇了摇头，说："并非如此，这是因为周世宗让幼儿执掌天下，倘若周朝有年长之君，这天下又怎么会被你得到？你一定要引以为鉴，百年之后传位给你弟弟，国有长君，此乃社稷之福啊！"

赵匡胤哭着叩头道："孩儿怎敢不听从太后教诲呢？"

杜太后回过头对站在一旁的赵普说："你一定要记住我说的话，日后万万不可违背！"赵普当即在杜太后病榻前写下誓书，还在结尾处写下"臣普书"三个字。这份誓书交由忠诚可靠的宫人存于金匮之中。金匮就是镀金或者镶金的小柜子，一般用于存放比较贵重或是具有纪念意义的物件，这件事也因此被称作"金匮之盟"。不过不同历史文献对"金匮之盟"具体内容的记载却不尽相同。

不同史书对金匮之盟的记载差异

文献出处	赵光义是否在场	赵普何时加入	盟书内容	内容解读
《宋史》卷二百四十二《后妃上》	不在场。	一开始就在场。	汝百年后当传位于汝弟。	只提及赵匡胤传位给弟弟，并未载明究竟是哪个弟弟以及传承次序。
《宋史》卷二百四十四《宗室一》	不在场。	一开始就在场。	或谓昭宪（即杜太后）及太祖本意，盖欲太宗传之廷美，而廷美复传之德昭。	赵匡胤传位给弟弟赵光义，赵光义传位给弟弟赵廷美，赵廷美再传位给赵匡胤的儿子赵德昭。 不过《宋史》对此却不太肯定，只是记载有人说这才是赵匡胤与杜太后的本意。
《涑水记闻》卷一	不在场。	一开始不在场，后来被征召来。	汝万岁后，当依次传之二弟，则并汝之子亦获安耳。	皇位依次传给赵光义、赵廷美，并未提及传位给赵德昭。

上述记载不尽相同，只是略有差异，但《建隆遗事》却与上述记载有着很大的差异。《建隆遗事》的作者是因正直而著称于世的史官王禹偁，不过从南宋开始便有人怀疑《建隆遗事》是假托王禹偁所作，因为书中有很多错误。作者撰写私家笔记时难以调阅官方档案资料，很多内容自然来自道听途说，记载有所偏差也在情理之中，据此否定《建隆遗事》为王禹偁所作未免太过武断。

根据《建隆遗事》记载，某日（并未记载此时杜太后已然病重），赵匡胤率赵光义、赵廷美以及皇子、皇侄、公主等一众亲眷在杜太后居住的宫殿内宴饮。

酒酣之际，赵匡胤突然说：“孩儿百年后将会传位给光义，光义百年后再传位给廷美。”

杜太后听后顿时笑得合不拢嘴，说：“其实我早就有此意！这样我一人便生有三位天子，我儿可真是孝顺！”

杜太后赶忙令赵光义和赵廷美拜谢赵匡胤，赵匡胤又问赵廷美：“不知弟弟百年之后会将这江山托付给何人？”赵廷美表示愿意将皇位传给侄子赵德昭，赵匡胤也满意地点了点头。

杜太后赶忙派人将赵普叫来撰写誓书，但赵普却以不善文辞为由拒绝了，赵普转而向杜太后推荐博通经史的翰林学士承旨陶谷，誓书最终由陶谷执笔完成。

《建隆遗事》关于“金匮之盟”的记载迥异于其他文献。首先，“金匮之盟”首倡之人是赵匡胤而非病入膏肓的杜太后；其次，赵光义当时就在现场，对此事完全知情；第三，赵普当时对“金匮之盟”持反对态度。

小吏出身的赵普与那些科举出身的官员相比，文化水平自然要逊色一些。他自己也承认除了《论语》之外，几乎没有看过什么书，即便是论语也只看了一半，因此他被后世称为“半部《论语》治天下”。虽然撰写文章并非赵普特长，但誓书更注重实用性，并不需要太过华丽的辞藻，赵普显然能够胜任这个差事。他之所以推辞，是因为他从心底里不认同此事。这也符合他一贯的政治立场，他担任宰相期间一直对赵光义进行政治打压，两人也因此积怨甚深。

由于不同的历史文献对金匮之盟记载不一，史学界一度对“金匮之盟”持怀疑态度，认为这个故事极有可能是赵光义与赵普事后编造的。赵匡胤当时正值壮年，无论是杜太后还是赵匡胤，似乎都没有必要如此急迫地确立赵光义的继承人地位。

其实历史文献记载不一恰恰从侧面说明了“金匮之盟”的真实性。如果这个故事是伪造的，那么应该只会来自同一个信息源头，不会衍生出如此多的版本。“金匮之盟”之所以会衍生出多个版本，是因为赵光义登基后对盟约内容进行了篡改或删减。

当时是否有必要早早确立赵光义的继承人地位，需要从当时众人所处的历史环境进行客观分析。

建隆二年（961年）六月初二，杜太后病逝于滋德殿。此时，她的幼子赵廷美只有十五岁，孙子赵德昭只有十一岁，幼孙赵德芳只有三岁。刚刚立国的北宋仍旧处于政治动荡期，三人显然难以驾驭当时复杂的政治局面。能够继承赵匡胤衣钵的只有经过政治风雨洗礼、已然二十三岁的赵光义。不过质疑者认为赵匡胤此时只有三十五岁，如果他能够再活十年，赵德昭便二十一岁了，岂不是就成年了？

其实这种说法未免有些“事后诸葛亮”的嫌疑。赵匡胤去世时，赵廷美三十岁，儿子赵德昭二十六岁，幼子赵德芳也已经十八岁，两个儿子的确已经成年，但此时杜太后已经作古十五年之久，当时谁又能有先见之明准确预知赵匡胤究竟还能活多久，北宋还能延续多久？

五代十国时期是我国历史上极为混乱和极为血腥的大分裂时期，从907年唐朝灭亡到960年北宋建立，在短短五十三年的时间里，中原地区先后诞生了后梁、后唐、后晋、后汉、后周五个王朝，存续时间最长的后梁也只存在了十六年的时间，后汉仅仅延续三年便亡国。在这半个多世纪的时间里，共有八姓十四位君主登场，他们要么死于非命，要么忧郁成疾，只有后梁的第三位皇帝朱友贞在位十年，但他最终也没能逃脱亡国亡身的命运。

杜太后去世时，赵匡胤虽只有三十五岁，在现代人看来他还很年轻，可他第一任妻子贺氏去世时才不过三十岁，第二任妻子王氏去世时年仅二十二岁，第三任妻子宋氏活得最长，也只活了四十四岁。赵匡胤曾经宣誓效忠的后周世宗柴荣三十九岁时暴亡，所以后周世宗柴荣只能将皇位传给年仅七岁的儿子柴宗训，这才给了赵匡胤可乘之机。血淋淋的教训使得杜太后与赵匡胤不得不正视自身所处的险恶环境。

按照儒家的传统思想，父传子自然是王道正统，但五代十国却是一个礼崩乐坏的政治混乱期，皇帝舍弃幼子甚至是成年儿子而将皇位传给他人早就不是什么新鲜事了。

后晋高祖石敬瑭有七个儿子，但继承皇位的却是他的养子（也是他的侄子）石重贵。十国之一吴越国最后三位国王钱佐、钱倧和钱俶均是“兄终弟及”。十国之一楚国的开国之君马殷“遗命诸子，兄弟相继”。在此后二十多年间，马殷的次子马希声、四子马希范、三十五子马希广和三十子马希萼先后执掌楚国。

当时还有一些皇帝甚至会将皇位传给与自己毫无血缘关系的养子。后梁开国皇帝朱温晚年纵情歌舞女色，他时常征召儿媳们入宫侍寝。朱温的养子朱友文的妻子王氏长得美若天仙，朱温对她最为宠爱，于是朱温爱屋及乌，临终之际想要将皇位传给这个非常“孝顺”的养子。不过朱温的亲生儿子朱友珪的妻子张氏也时常侍奉在公公左右，她得知此事后赶忙告诉了丈夫，于是朱友珪铤而走险发动政变，弑杀父亲朱温，矫诏赐死朱友文。

十国之一吴国的权臣徐温架空了吴国皇帝，虽然徐温有好几个亲生儿子，但他最终将衣钵传给了养子徐知诰。徐知诰随后灭了吴国，并建立南唐，随即恢复旧姓，改名李昪。

杜太后早年嫁于出自官宦世家的赵弘殷，在乱世中抚养五子二女长大成人，并非只知相夫教子的家庭妇女，有着高超的政治智慧与丰富的社会阅历，所以她不想看到类似的悲剧再度上演。当时刚刚诞生的北宋王朝正处于内忧外患中，杜太后既为赵匡胤的个人安危担忧，更为北宋未来的命运担忧。为了确保北宋江山不被外姓人篡夺，也避免国破家亡的悲惨命运，对杜太后与赵匡胤而言，“兄终弟及”不失为可以勉强接受的次优策略。

杜太后去世仅仅一个月后，赵光义便被赵匡胤任命为开封尹、同中书门下平章事，自此之后他担任开封尹近十六年之久。

北宋前期延续唐朝制度，宰相并非官职而是正式官制之外的差遣，只有加授“同中书门下平章事”（简称“同平章事”）的官员才能成为宰相，不过他们实际享受的政治经济待遇却要按照他们所担任的具体官职（称为“本官”）来确定，也就是说即便同为宰相，由于“本官”不同，俸禄也会存在差异。不过赵光义并非真正的宰相，节度使加授“同平章事”称为“使相”，并不实际执掌政务。

从唐朝后期开始，皇太子制度逐渐废弛。谁能登基成为皇帝，得由手握神策军军权的宦官说了算，即便皇帝生前已经立有皇太子，宦官们依旧可以拥立其他皇子。

到了混乱不堪的五代十国时期，实力决定地位，后晋成德军节度使安重荣曾野心勃勃地说：“天子，兵强马壮者当为之，宁有种耶！”这个时期实权显然比皇太子的虚名更为实用，皇帝钦定的接班人多是“亲王尹京”。因此，身为开封尹的赵光义一旦再被封王，他的皇储地位无疑会变得更为稳固。

开宝六年（973年）九月，赵匡胤册封赵光义为晋王，任命赵廷美为永兴节度使、侍中，任命赵德昭为山南西道节度使、同中书门下平章事。三人均位居宰相之上。

宋朝的使相共有两种，最普遍的是像赵光义和赵德昭那样被授予“同平章事”的职衔，另一种是像赵廷美这样被授予侍中或中书令的官职。侍中是门下省的长官，中书令是中书省的长官，不过侍中和中书令并不实际主持本省工作，但这种使相的政治地位却高于上一种使相。

由此可见，在母亲死后的十二年里，赵匡胤一直忠实地履行着盟约，不过后来他与赵光义的关系却不似之前那么和谐，变得愈加微妙。

什么时候赵光义是赵匡胤最为倚重的人呢？建隆元年（960年）五月，赵匡胤讨伐潞州（今山西省长治市潞州区）起兵反叛的李筠，临行前特地任命赵光义为大内都检点，命其留守都城开封，以免自己离开后都城生出变乱。陈桥驿兵变之前，赵匡胤曾经大肆编造"点检作天子"的谶言，如今开封城中又出现了一位点检，因此开封城中的百姓纷纷议论是否又要换天子了。

赵匡胤凯旋后听到了百姓的议论，虽然他将赵光义提拔为泰宁军节度使，但也对他有所防备。当年十月，赵匡胤率军征讨在扬州起兵的李重进，赵光义再度奉命留守开封，不过这次他的官职却换成了大内都部署。赵匡胤虽然对赵光义有猜忌之心，但是赵光义是当时家中唯一一个可以延续大宋基业的人，因此赵匡胤一直不遗余力地培养他，锻炼他。

这对患难与共的好兄弟曾经是那么友爱。赵光义的府邸地势较高，难以引水，赵匡胤听说后，从左掖门走到赵光义的府邸勘查沿途地形，随后亲自安排工匠制作大转轮水车，将金水河中的水引向赵光义的府邸。施工期间，赵匡胤还数度到工地进行视察，那些干活的人自然不敢怠慢，引水工程很快就完工了。

赵匡胤一有时间便会去赵光义府上嘘寒问暖。有一次，赵光义突然病倒了，几乎不省人事，心急如焚的赵匡胤急匆匆赶来，亲自为赵光义艾灸。赵光义隐隐感觉有些痛，赵匡胤便将艾条放在自己身上，试验温度是否合适。赵匡胤从辰时（上午七点至九点）一直忙活到酉时（下午五点至晚上七点），赵光义出了一身大汗后病情大为缓解，赵匡胤这才拖着疲惫的身躯回宫。等到赵光义痊愈后，赵匡胤又特地去探视他，还赐给他龙凤毡褥。

赵匡胤时常将赵光义召到宫中宴饮，有时赵光义喝得大醉，赵匡胤就搀扶着赵光义的胳膊将其送到台阶处。赵光义手下的侍卫高琼左手举着灯快步迎过来，赵匡胤仍旧不放心，告诫他要好生照顾赵光义。

大将张琼之死便是兄友弟恭最好的注脚。骁勇善战的张琼是赵匡胤麾下的良将。当年，赵匡胤追随后周世宗柴荣进攻淮南，抵达十八里滩砦时被敌军战舰重重包围，其中一名敌军将领身穿重甲举盾冲锋，无人敢挡。当时战场上的形势十分危急，赵匡胤命令张琼射杀此人。张琼搭弓射箭，一击而中，敌军士卒顿时惊骇万分，随即纷纷溃败。

攻打寿春时，赵匡胤乘坐皮船（用兽皮制成的一种特殊船只）进入城壕指挥作战，城墙上的敌军一时间万箭齐发，就在他性命攸关之际，张琼挺身而出挡在了赵匡胤的身前，以至于身中数箭，有的箭矢甚至深入骨中。战斗结束后，张琼讨来几碗酒一饮而尽，随后抓起射进自己身体里的箭矢，硬生生拔了出来，虽然血流如注，但是他一声不吭，围观的将士们无不叹服。

北宋建国后，张琼一路升至殿前都虞候。他曾经两次救驾，自认为有大功于社稷，渐渐变得飞扬跋扈。为了防范政变，赵匡胤特地安排史珪、石汉卿等人在暗中监视将领们的动向。张琼从心底里看不上这种靠打小报告从而检举、揭发别人获得宠幸的人，辱骂他们是“巫媪”，也就是老巫婆。史珪和石汉卿如何受得了这般侮辱，于是开始在暗中大肆搜罗张琼的罪状，随后向赵匡胤告发张琼擅自乘坐官马，还将叛臣李筠的仆从收入自己的帐下，在府中豢养了一百多名仆人，还告发张琼在人前公然诋毁前任都虞候赵光义。

乾德元年（963年）八月，赵匡胤与张琼当面对质。面对这些恶意指控，情绪激动的张琼拒不认罪。怒不可遏的赵匡胤让石汉卿对他动刑，张琼被石汉卿折磨得奄奄一息，赵匡胤随后命人将他交由御史台继续审问。张琼自知在劫难逃，他走到明德门时，特地解下身上系着的带子，差人交给自己的母亲，权当留个念想。最终，张琼被赐死于城西井亭①。

张琼被抄家后，赵匡胤听说他家无余财，只有三个仆人，顿时心生悔意，不过为时已晚。他责问石汉卿：“你说张琼有家仆百人，这些家仆究竟在哪里？”石汉卿无言以对，只得强词夺理道：“张琼所养家仆绝非寻常人，可

① 《宋史·太祖本纪一》记载张琼为自杀。

以以一敌百！”赵匡胤自然不会再轻信他的鬼话，但此时他能做的只有优待张琼的家人。由于张琼的儿子还年幼，只得提拔他的哥哥担任龙捷副指挥使。

张琼曾经两度解救赵匡胤于水火，又身居高位。即便史珪与石汉卿再受宠，想将这样一位大人物置于死地恐怕也绝非易事。其实，逼死张琼的罪魁祸首是赵光义。

《玉壶清话》卷七记载，有位殿前都虞候曾经对赵匡胤说：“晋王①天日姿表，恐物情附之，为京尹，多肆意，不戢吏仆，纵法以结豪俊，陛下当图之。”这位敢于直言进谏的殿前都虞候最终因此被杀。虽然《玉壶清话》并未记载这位被杀的殿前都虞候的姓名，但赵匡胤在位期间官拜殿前都虞候的只有赵光义、张琼、杨义（即杨信）和李重勋四人，只有张琼一人被杀。

由此可见，张琼真正的死因是与赵光义交恶。就在前一年，赵匡胤让赵光义出任开封尹，这让赵匡胤的很多亲信颇为不安。张琼向赵匡胤进言赵光义有异志，应当尽早将其铲除，张琼极有可能是受到了宰相赵普的指使。不过此时兄弟二人的关系还很好，为了力挺与自己血浓于水的亲弟弟，更为了敲打手伸得太长的赵普，赵匡胤残忍地诛杀了曾经救过自己的心腹张琼。

后来随着赵匡胤和赵光义兄弟关系的恶化，将张琼构陷致死的史珪和石汉卿也不同程度地受到了惩处。开宝二年（969年）五月，石汉卿追随赵匡胤出征太原，不幸战死。赵匡胤为了褒奖他，特地让他原本已经退休的父亲石万德“落致仕”，让他出任伴食都指挥使（五代时为安置无军功者所设官职）、端州（今广东省肇庆市端州区）刺史，后来赵匡胤“尽知（石）汉卿诸不法事，复令（石）万德致仕”（李焘《续资治通鉴长编》卷二）。石汉卿究竟干过什么“不法事”，史书并没有说明，不过构陷张琼之事，赵匡胤在张琼死后不久

① 其实赵光义直到十年后才被封王，不过人们仍旧习惯称呼登基前的赵光义为晋王。

便已有所察觉。因此，“不法事”应该指的是石汉卿与赵光义相互勾结，所以史书才会刻意隐瞒。

开宝九年（976年）二月，也就是赵匡胤暴亡前八个月，已经升任马步军副都军头的史珪因“坐漏泄省中语”被贬为光州（今河南省信阳市潢川县）刺史。赵光义即位不久便重新任命史珪为扬、楚等九州都巡检使，之后他追随赵光义征讨北汉、攻打幽州，后又参与了雍熙北伐，几乎所有重大战役他都不曾缺席。因此，史珪应该是赵光义的人。当初史珪之所以获罪，恐怕是因为身为禁军将领的他利用工作之便给赵光义通风报信，引起了赵匡胤的警觉，于是将他贬往外地。

身为开封尹的赵光义大肆培养忠于自己的势力，成为谁也招惹不起的实权派。开国名将党进曾任侍卫步军都指挥使、侍卫马军都指挥使等禁军要职，还领镇安军节度使。在开封城内巡查时，凡是见到市集中有饲养鹞鹰和鹦鹉的人，党进总会让手下人将那些鹞鹰和鹦鹉统统放走，还骂道：“你们不买肉供养自己的父母，反而要来喂这些鸟儿，成何体统？”偏偏赵光义也喜欢鹞鹰，有一天党进发现了为赵光义豢养鹞鹰的人，又想将鹞鹰放生，可那人却说鹞鹰乃是赵光义所养。党进随即换上一副笑脸，还给了那人一笔钱，让他多买些肉给这些鹞鹰吃，还特地叮嘱道：“这鹞鹰你可要仔细看管，切勿让猫狗伤了它。”从这里可以看出，一向飞扬跋扈的党进都如此惧怕赵光义。

朝臣遇到难题往往也会求助赵光义。开宝五年（972年）七月，主管财经事务的三司上奏说目前国库中储存的粮食只能支撑到明年二月，请求将戍守开封的将士分散到周边地区，收缴民船运输官粮，从而缓解粮食短缺的压力。赵匡胤听后却责怪分管三司的长官楚昭辅办事不力，责令他解决此事。

惶恐不安的楚昭辅赶忙去找赵光义求救，赵光义承诺会竭力帮他渡过政治难关。赵光义随后召集手下人研究对策。主管开封府财务用度的陈从信道出了漕粮运输不力的症结：船夫所需口粮由沿途州县配发，但州县官吏却时常刁难、盘剥船夫，导致运粮船只时常在中途停滞。如果在启程时便一次性发放船夫沿途所需口粮，运输效率将会大幅提高。如今米价高涨，但官府定价一斗米仅为七十钱，商人们见无利可图，自然也就不会运输粮食来开封，库存的粮食也不对外销售，这才是导致开封粮食紧张的主要原因。

次日，赵光义将陈从信的话告诉了赵匡胤，赵匡胤也就没有再为难楚昭辅。楚昭辅此后的仕途也没有受到影响，所以他自然对赵光义感恩戴德。

开宝六年（973年）八月二十三日，赵光义的死对头赵普被罢免了宰相职务。此后不久，赵光义被封为晋王，位次在宰相之上；对赵光义感恩戴德的楚昭辅拜枢密副使；与赵光义关系亲密的卢多逊也升任参政知事。此前一直受到宰相赵普政治压制的赵光义终于扬眉吐气了，他的权力触角已然从开封府伸向了朝廷的权力中枢。

鉴于赵光义势力的急剧膨胀，原本对他颇为信任的赵匡胤也不得不对他有所防范，两人的关系也变得日趋紧张。不过赵光义登基后大肆干涉史书的编纂工作，以至于正史中几乎找不到关于两兄弟存在矛盾的记载，好在野史笔记中留有一些零星的记录。

北宋刘延世《孙公谈圃》记载过这样一件事：赵匡胤出生在洛阳夹马营（今河南省洛阳市瀍河桥东），当地有个小有名气的教书先生，人们称他为“陈学究”。父亲赵弘殷让年幼的赵匡胤跟随这位陈学究学习。性情直率的赵匡胤嫉恶如仇，与众同窗相处得很不融洽，陈学究自然时常批评他，赵匡胤对这位老师也是颇有微词。

后来赵匡胤渐渐长大，父亲赵弘殷也因骁勇善战先后担任铁骑第一军都指挥使、龙捷右厢都指挥使、龙捷左厢都指挥使等禁军要职。赵弘殷的妻子杜氏将陈学究与赵普招到门下充作门客，但赵匡胤遇事只与赵普商议，备受冷落的陈学究只能黯然离去。

赵匡胤登基后，陈学究仍旧在陈州（今河南省周口市淮阳区）的村舍里教书，但赵光义突然找到了他并邀请他出山。虽然赵匡胤对陈学究不屑一顾，但赵光义却对陈学究言听计从。赵匡胤得知后恼怒不已，赵光义吓得大惊失色，赶忙打发陈学究回家去了。

上面还是兄弟间的暗中角力，宋人王铚《默记》中的这段记载却是两兄弟明着对抗：

一日，来开封做生意的青州男子突然来到官府报案，说自己十来岁的女儿走丢了，家中还莫名地多出了几块散碎银两。官府接到报案后，却迟迟没有什么动作，他也渐渐明白了这里面的缘由。这位青州男子的女儿失踪前曾意外邂逅开封府尹赵光义，赵光义自此看上了她。赵光义曾经差人前来，想买她做妾，可这位青州男子根本不差钱，他想要给自己的女儿寻一桩好亲事，于是便婉拒了这门婚事。可他没想到，不肯善罢甘休的赵光义居然使出如此下三烂的手段。

这位青州男子知道赵光义在开封城中势力很大，但他不肯轻易屈服，于是动用各种手段，最终成功地引起了赵匡胤的关注。赵匡胤下令严查此案，不管涉及何人，职位有多高，只要触犯了王法，都要严肃处理，绝不姑息。

皇帝亲自督办这个案件，官员们自然也就不敢再怠慢了，他们很快便查出拐走女子的人名叫安习。此人为了攀附权势显赫的赵光义，居然将女子拐到了赵光义的府上。赵匡胤随即下令全城搜捕安习。安习没有料到事情会恶化到这般地步，赶忙向赵光义求救。此时的赵光义也有些慌了，担心这桩丑闻传扬出去会对自己不利，于是便将安习藏在自己府上，那些投鼠忌器的官差自然不敢公然到他的府上搜捕疑犯。

赵匡胤显然是想借此警告赵光义，开封绝非他可以肆意妄为的地方，但赵光义始终不肯交出安习。直到赵光义登基后，一直惶惶不可终日的安习才终于松了一口气，最终他登上节度留后这样的高位，那位被他拐到赵光义身边的青州女子歪打正着地成为贤妃。

随着时间的推移，赵匡胤早已不是当初那个对弟弟疼爱倚重的哥哥，赵光义也不再是当初那个对哥哥崇拜敬重的弟弟了。此时赵匡胤的心中已经有了理想的接班人人选，赵光义也似乎猜出了赵匡胤的心思。究竟该何去何从，他在暗中思虑了很久，也筹划了很久。直到朝中突发重大变故，赵光义才最终下定决心，要不顾一切地放手一搏。

赵匡胤心中理想的接班人

按照惯例，皇子出阁后通常会被封王。乾德二年（964年），皇次子（皇长子早夭）赵德昭出阁时只是被父亲赵匡胤任命为贵州防御使。直到九年之后，赵德昭才升任山南东道节度使、检校太傅、同中书门下平章事，成为“使相”。开宝九年（976年），皇四子赵德芳正式出阁，他也和哥哥赵德昭当年一样，只是被任命为贵州防御使。

兄弟俩在父亲生前都没有被封王，因此有的学者认为赵匡胤无意让自己的儿子继承大统，他想要将皇位传给“亲王尹京”赵光义。从五代十国到北宋前期，政变频发，局势动荡，能够正常传承皇位的仅有四例，分别是后唐明宗李嗣源传位给闵帝李从厚，后汉高祖刘知远传位给隐帝刘承祐，后周太祖郭威传位给世宗柴荣，宋太宗赵光义传位给宋真宗赵恒。在上述被传位的四人中，除刘承祐外，其他三人均为“亲王尹京”。

虽然皇储多是“亲王尹京”，但“亲王尹京”并不意味着一定就是皇储。五代十国时期的第一位“亲王尹京”是魏王、河南尹张全义，此时后梁的都城已经从开封迁到了洛阳，所以他负责管辖的是洛阳及其周边地区。不过张全义与后梁皇帝朱温毫无血缘关系，自然也就没有继承皇位的可能。张全义之所以受到朱温的器重，是因为他极为大度地将全家妻妾毫无保留地献给朱温进行淫乐，更为神奇的是后梁灭亡后，他居然又被后唐庄宗李存勖改封为齐王，继续担任河南尹。

后唐明宗李嗣源让自己的大儿子李从荣担任开封尹，但他心中理想的接班人是小儿子李从厚，李从荣得知父亲心意后铤而走险发动叛乱。后晋皇帝石敬瑭封侄子石重贵为郑王，还命其出任开封尹，但石敬瑭想传位给自己的幼子石重睿。等石敬瑭去世后，大臣们却背弃他的旨意，拥立更为年长的石重贵为新皇帝。不同于皇太子，“亲王尹京”者并非一定就是皇储，皇帝有时只是想要借助“亲王尹京”者的力量来维持京城的稳定而已。

订立“金匮之盟”后，赵匡胤任命赵光义为开封尹，后来又册封他为晋王。赵匡胤在北宋建国初期的确将赵光义作为自己的接班人来培养，如此一来即便自己遇害或者病故，他辛辛苦苦打下来的江山不至于被外姓人篡夺。不过随着赵匡胤儿子们的逐渐长大以及他和赵光义兄弟关系的日渐疏远，赵匡胤开始筹划着将皇位传给自己的儿子。赵匡胤最看重的并非年长的赵德昭而是幼子赵德芳，所以他去世后，宋皇后才会连夜紧急征召赵德芳进宫，可惜赵光义却捷足先登。

按照当初的“金匮之盟”，赵廷美应当传位给赵德昭。赵德昭是赵匡胤第一任妻子贺皇后所生，又比弟弟赵德芳年长八岁，赵匡胤为何会偏爱幼子赵德芳呢?

订立“金匮之盟”时，赵德芳还很年幼，赵匡胤甚至都不知道他能否活到成年，自然偏向于更为年长的赵德昭。赵德昭的母亲贺皇后是右千牛卫率府率贺景思的长女，于后晋开运初年（944年）嫁给赵匡胤，两人在一起生活了十四年。贺皇后先后生下长子赵德秀（小名留哥）、次子赵德昭与三子赵德林（小名显哥），只可惜赵德秀和赵德林都不幸夭折，只有赵德昭长大成人，成为赵匡胤最年长的儿子。后周显德五年（958年），年仅三十岁的贺皇后因病去世，此时距离北宋立国还有两年，因此她这个皇后名分是死后追赠的。

那么赵德芳的母亲是谁呢？《宋史》等正史中居然全都语焉不详，不过他显然并非贺皇后所生，因为他出生于贺皇后去世次年。

宋皇后一心想将赵德芳扶上皇位，那么他会不会是宋皇后所生的呢？

宋皇后出身名门，其父宋偓曾经迎娶后汉开国皇帝刘知远的女儿永宁公主为妻，拜右金吾卫大将军、驸马都尉，但后汉从建国到灭亡只有短短的三年时间，所以他这个后汉驸马后来摇身一变成为后周将领，继而成为北宋将领。

乾德元年（963年），保信军节度使宋偓从庐州（今安徽省合肥市）入京朝觐。此时年仅十二岁的宋氏追随父亲一同来到都城开封。赵匡胤召见他们一家人时注意到了这个含苞待放的小姑娘，特地赐给她"冠帔"，此时这个小姑娘还不会想到五年之后，眼前的这个男人会成为她的丈夫。

此番进京述职后，宋偓从庐州调往华州（今陕西省渭南市华州区）任职，宋氏也追随父母搬到了华州。不过宋偓的差事很快又有了新的变动，赵匡胤命人在开封城南挖掘"习战池"，为一举荡平江南做准备。经过一番比较与权衡，赵匡胤最终选中了老将宋偓。

就在宋偓奉调入京前后，赵匡胤的第二任妻子王皇后病逝。大约在次年初，宋氏随母亲前来开封探望父亲，顺便为赵匡胤庆贺寿诞。赵匡胤将自己的生日，也就是每年的农历二月十六日定名为"长春节"，每到此时，群臣及其家属都会为他热热闹闹地过生日，这也是宋氏与赵匡胤的第二次会面。

乾德五年（967年），宋偓改任忠武军节度使，镇守许州（今河南省许昌市）。在他正式离任之前，他的女儿与赵匡胤的婚事定了下来，担任殿头高品的宦官李神祐带着聘礼专程前往华州求亲。次年，也就是开宝元年（968年）二月，年仅十七岁的宋氏被四十二岁的赵匡胤正式册封为皇后，她也就此成为赵匡胤的第三任也是最后一任妻子。此时赵德芳已经十岁，他与宋皇后虽有母子之名，但其实宋皇后只比他大七岁。

赵德昭比继母宋皇后还要大一岁。早在宋皇后入宫之前，赵德昭便已经出阁，搬到宫外居住，因此两人的交往并不多。赵德芳直到父亲去世前半年才正式出阁，他与宋皇后在皇宫中一起生活了八年之久，自然更亲近一些。两人虽名为母子，实则更像姐弟。赵匡胤最终选择赵德芳为自己的继承人，或许也受到了宋皇后的影响。

既然赵德芳并非宋皇后所生，那么他的母亲有没有可能是王皇后呢？《宋史》记载："（王皇后）子女三人，皆夭。"既然王皇后所生子女无一例外全都夭折，因此一些学者便认为赵德芳的母亲出身卑微，否则不会没有姓名记录。甚至有人据此抨击宋皇后放弃年长的嫡子，拥立年幼的庶子，这才使得赵光义有了可乘之机。

其实真相并非如此，赵光义可以凭借自己手中的权力肆意篡改史书，却堵不住天下人悠悠之口。韩维写的《荣王（赵）从式墓志》记载："（荣）王讳（赵）从式……太祖孝明皇后生楚康惠王（赵）德芳，康惠王生昭信军节度使兼侍中、英国公（赵）惟宪，（荣）王（即赵从式）即英国公之第二子也。"太祖孝明皇后就是赵匡胤第二位妻子王氏。

韩维可不是什么喜欢八卦的无聊文人，他是北宋中期的名臣，他的父亲韩亿为仁宗朝参知政事，也就是副宰相。韩维共有兄弟八人，他的哥哥韩绛为神宗朝宰相，另外一个哥哥韩缜为哲宗朝宰相，韩维自己也曾为哲宗朝执政。他熟知朝廷典制，况且为藩王撰写墓志又是一件很严肃的事情，他绝不敢信口开河，因此赵德芳应当就是王皇后所生。

后周显德五年（958年），也就是赵匡胤第一任妻子贺氏去世当年，赵匡胤迎娶王氏为继室。两年后，赵匡胤黄袍加身，成为北宋开国皇帝，当年八月，王氏被正式册封为皇后。贺皇后的皇后名号是死后追封的，但王皇后却是正儿八经的皇后。

我国古代皇位继承原则是嫡长子继承制。虽然王皇后所生的赵德芳比赵德昭年幼，但赵德芳比赵德昭更有资格问鼎皇位。也正因如此，赵光义即位后才竭力掩盖此事，以至于正史中对赵德芳的生母语焉不详。

其实赵匡胤迟迟没有将两个儿子封王，并非不想将皇位传给他们，而是不想过早地暴露自己的政治意图。很多人都在觊觎皇位，如果在条件不成熟时贸然暴露自己的政治意图，或许会激起政变，甚至会伤及儿子们的性命。

不过赵匡胤的确有些薄待赵德昭，这是因为他一时还没有想好如何在两个儿子中进行取舍，抑或是他虽然已经选定继承人，但因赵德芳尚年幼，还需时日进行历练。在此之前，他故意没有授予赵德昭显赫的职位，既是为了使赵德昭不至于产生非分之想，也是为了不过度刺激赵光义。不过这层窗户纸迟早要被捅破，接下来发生的迁都之争使得兄弟间本就出现的裂痕骤然增大，甚至到了关系彻底破裂的边缘。

开宝九年（976年）三月，也就是赵匡胤去世前半年，赵匡胤突然决定巡幸西京洛阳。之前他离开开封时总会让赵光义留守，但这次他却破例带着赵光义一同踏上了西去洛阳的路。动身前，赵匡胤任命宰相沈义伦为东京留守兼大内都部署，左卫大将军①王仁赡权判留司三司兼知开封府，他让自己的两名亲信承担起之前由赵光义承担的留守重任，为的就是防止赵光义在情急之下会有什么异动。

与此同时，赵德芳正式出阁，出任贵州防御使。最重要的是，在巡幸洛阳期间，赵匡胤竟然毫无征兆地宣布即将迁都洛阳。

关于赵匡胤突然迁都的原因，《续资治通鉴长编》记载“上生于洛阳，乐其土风”。赵匡胤是何等雄才大略之人，岂能因为怀念家乡洛阳就突然迁都

① 《宋史·太祖本纪三》记载其担任右卫大将军。

呢？况且他早不迁都晚不迁都，在赵德芳出阁的同时宣布迁都，这背后的政治深意不言自明。紧接着，赵匡胤为刚刚出阁的幼子赵德芳寻了一门好亲事，让他迎娶了右武卫上将军、知河南府焦继勋之女为妻，还特地加授这位亲家为彰德军节度使。

焦继勋是位经验丰富、手段狠辣的老将。之前的西京留守向拱沉迷酒色，以至于公事废弛，造成社会动荡，强盗们甚至公然在洛阳的大街上劫掠。赵匡胤得知后恼怒不已，于是便让老将焦继勋接替向拱主政洛阳。焦继勋虽是武将出身，却熟读经史，他到任才一个多月，之前人心动荡的洛阳便迅速归于平静。赵匡胤也因此更加看重焦继勋，让自己最钟爱的儿子赵德芳当了他的女婿。

北宋立国次年，赵光义便开始担任开封尹，他在开封的势力可谓盘根错节，即便是赵匡胤这位北宋皇帝都不敢小觑。赵匡胤担心在政治上颇为稚嫩的赵德芳不是赵光义的对手，于是便想将都城迁到赵德芳的岳父治下的洛阳来，从而保证权力的平稳过渡。

其实在五代十国时期，迁都是司空见惯之事。后梁最初定都开封，后迁都洛阳；后唐先定都魏州（今河北省邯郸市大名县东北），后迁都洛阳；后晋最初定都洛阳，后迁都开封。五代的都城一直在开封与洛阳之间摇摆不定，两者的优缺点都很明显。

安史之乱以来，江淮地区的作用日趋凸显，朝廷越来越依赖江淮地区的税赋，政治中心也逐渐从关中东移到了关东。权臣朱温为了更好地控制唐朝皇帝，放火焚烧了长安城，迫使唐昭宗李晔迁都洛阳，长安至此一蹶不振。

朱温长期担任宣武节度使，对治所开封自然情有独钟，因此在灭掉唐朝、建立后梁后，他便将都城建在了开封。公元前225年，曾在这里建都的魏国被强悍的秦军所灭，时隔一千一百多年后，开封再度成为都城。

开封地处中原腹地，是连接大运河与黄河的重要枢纽，人口众多，商业繁荣。不过开封是四战之地，无险可守。契丹人占据幽云十六州后，开封北部地理屏障尽失，所以金军后来几乎兵不血刃便打到了开封城下。为了拱卫无险可守的都城开封，北宋朝廷不得不在开封周边部署大量军队。

洛阳四面有虎牢关、函谷关、伊阙关与轵关四关环绕，历来是兵家必争之地。洛阳东面又有广袤的平原可以耕种，所以只需防住东面的威胁，便可保证洛阳的安全。洛阳本是隋唐大运河的枢纽，当时万船竞发，商贾云集。不过到了唐朝后期，洛阳段的转运能力大为萎缩。北宋初期，统治者虽然对其进行了修复，但通航效果不尽如人意，洛河水患时常导致洛阳段运河淤塞。因此，开封取代洛阳成为运河新枢纽。

既然洛阳与开封作为都城各有优缺点，作为皇帝的赵匡胤又力主迁都，迁都之事即便会遇到些阻碍，也不至于搁浅，可让赵匡胤始料未及的是阻力居然如此之大。

起居郎李符上书迁都洛阳有八难：一难是洛阳凋敝，二难是宫阙残破，三难是郊庙未修，四难是百官毫无准备，五难是百姓疲惫不堪，六难是军粮不足，七难是壁垒未设，八难是千乘万骑，盛暑从行，多有不便。

对于李符提及的诸多困难，赵匡胤不屑一顾。等到祭祀活动完成后，赵匡胤仍旧不肯走，大有一直在洛阳待下去之势。见赵匡胤迁都的态度如此坚决，群臣中再也没有人敢向他进谏了。赵光义此时才彻底明白赵匡胤为何要带着他一同随行，赵匡胤既是为了逼迫他在迁都问题上表态，又担心他会因狗急跳墙在大本营开封兴风作浪。此时的赵光义陷入了进退维谷的境地，不过他不愿乖乖就范，决意殊死一搏。

赵光义与铁骑左右厢都指挥使李怀忠一同前去面见赵匡胤。李怀忠先开口规劝说：“开封有漕运之便，每年从江淮地区运来数百万斛米，京城数十万士卒全都仰仗着漕运。开封是我大宋的根基所在，不能轻易动摇，否则后果不堪设想！还望陛下三思。”

执意迁都的赵匡胤自然听不进他的规劝。见谈话陷入僵局，赵光义只得硬着头皮站了出来，对赵匡胤说："骤然迁都恐怕多有不便！"

赵匡胤赌气似的说："我不仅要迁都洛阳，今后还要迁都长安！"

见赵匡胤如此说，赵光义不停地叩头，言辞恳切地进行劝谏。赵匡胤强硬的态度也渐渐有所缓和，说："吾将西迁者无它，欲据山河之胜而去冗兵，循周、汉故事，以安天下也。"赵匡胤直接挑明此次迁都绝无他意，迁都洛阳就是想要借助其周遭有利地形裁减冗兵，这样可以使朝廷省下一大笔支出，恢复周朝与汉朝的荣光，使国家长治久安，百姓安居乐业。

赵光义自然知道这些冠冕堂皇的迁都理由当不得真，赵匡胤执意迁都就是想要彻底摆脱他的束缚，也好扶持幼子赵德芳上位，于是道："在德不在险。"此话一出，赵匡胤顿时沉默了。每位皇帝都宣称以德治天下，赵光义却说国家是否安定在于德而不在于险，如果赵匡胤继续执意迁都，那么无异于向天下人承认自己德行有亏，所以才需要凭借洛阳周边的险要地形得以苟安。

赵匡胤虽然嘴上说"晋王之言固善"，但心中却满是愤懑，他愈加真切地意识到赵光义已成尾大不掉之势。如果此时他以雷霆手段彻底铲除赵光义，或许历史将会被改写，可他又有些于心不忍，也担心会招致朝野间的非议。因此，他仍旧想着用怀柔手段来解决自己与赵光义之间的分歧，但上天留给他的时间已然不多了，赵光义已经开始在暗中谋划着如何抢班夺权了。

此次迁都之争可谓双方第一次针锋相对的政治较量，带头反对迁都的李符和李怀忠全都是赵光义的心腹。赵光义担任开封尹时，李符曾经通过宋琪将弭德超推荐到赵光义手下做事。赵光义即位后，李符接替获罪的赵廷美知开封府，弭德超出任宣徽北院使兼枢密副使。《宋史·李符传》记载："（李）符无文学，有吏干，好希人主意以求进用，终以此败。"李符这个人文化水平有限，但对为吏之道颇为精通，不过他只知一味地逢迎上司，毫无政治原则，也没有做人底线，最终被贬谪而死。

李怀忠原为赵匡胤帐下校佐，不过后来投靠了赵光义。等赵光义即位后，李怀忠很快就升任富州防御使。太平兴国三年（978年），他又升任步军都指挥使，成为步军司的长官。由于枢密院逐渐被文官把持，“三衙”即殿前司、马军司与步军司便成为最有实权的武职。李怀忠死后还被追赠为侍中。

其实按照最初的构想，迁都之后，赵匡胤将不断提升赵德芳的政治地位，直至正式确立他的皇储地位。但赵匡胤对赵光义未免有些心慈手软，不像赵光义对待赵廷美那样冷酷无情，以至于这些政治构想最终只是构想，永远都没有实施的机会了。

赵光义曾经认为自己距离皇位那么近，可如今却如此遥远。此时的他犹如过河之卒，从踏出第一步起便已然没了退路，他不愿被淘汰出局，也不敢被淘汰出局，出局便意味着他随时都有可能沦为政治牺牲品。赵光义很清楚政治的残酷，虽然在迁都问题上他暂时取得了胜利，但在这场较量中主动权仍旧牢牢地掌握在赵匡胤手中，所以他要抢在赵匡胤对自己动手之前率先动手。

十月的开封极为阴冷，一场漫天飞舞的大雪将会埋葬一朝旧事，也将埋葬诸多历史真相。

蹊跷的即位过程

北宋著名史学家司马光根据自己的所见所闻写了一本私家笔记，由于他的家乡位于陕州夏县涑水乡（今山西省运城市夏县），因此他将这本笔记取名为《涑水记闻》。这部书记录了北宋前期的军国大事、朝章政典、帝王事迹与官员轶事，是司马光为续写《资治通鉴》而搜集的原始资料，具有很高的史料价值。

《涑水记闻》记载了赵光义即位的全过程。赵匡胤去世时已经过了四鼓，宋皇后派遣内侍都知王继恩①出宫征召赵德芳，但王继恩却“以太祖传位之志素定”，也就是说他早就听闻赵匡胤要将皇位传给赵光义，于是王继恩转而去了赵光义的府中。

在这个决定皇位归属的关键夜晚，王继恩急匆匆来到赵光义府邸门前，发现程德玄②居然坐在赵光义府门前。王继恩赶忙询问缘故，程德玄说：“二鼓

① 原文为王继隆，《续资治通鉴长编》为王继恩。

② 原文为贾德玄，已改为程德玄。

时分，我突然听到有人敲门，还高喊晋王召见，我赶忙去开门，却发现门外空无一人。我当时还不以为然，于是继续回屋睡觉，谁知很快又听到有人敲打府门，依然高喊着晋王召见，但开门之后仍旧没有人。如此诡异的事，接连发生了三次，我吓得睡意全无，或许是上天在向我示警，我担心晋王身体有恙，于是急匆匆赶了过来。”王继恩将宫中变故告诉了程德玄，两人赶忙叩打府门求见赵光义。不知所措的赵光义前去与家人商量对策，很久都没有出来。王继恩见此情形径直闯了进去，说：“事久将为他人有矣！”

或许赵光义当时真的犹豫过，毕竟这是性命攸关的大事，但司马光如此浓墨重彩地描写赵光义犹豫不决的情形，既是为了撇清赵光义与赵匡胤暴亡的关系，又想要表现出赵光义始终不曾觊觎皇位，最终登基称帝完全是机缘巧合的意思。

在漫天大雪中，王继恩领着赵光义和程德玄急匆匆来到宫门前。由于赵光义是宫中常客，如今又有皇帝的亲信宦官领着，侍卫们自然不敢阻拦。三人径直来到宫内“直庐”，也就是侍臣值宿之处。王继恩对赵光义和程德玄说：“你们暂且在此稍候，我先向皇后通禀一声。”

谁知程德玄却说：“如今事情紧急，晋王应该即刻前往陛下的寝殿。”

见程德玄如此说，王继恩只得领着两人向皇宫深处走去。

此时宋皇后正在寝殿内焦急地等待着赵德芳的到来。见王继恩终于回来了，宋皇后急切地问：“德芳来了吗？”

王继恩却冷冷地说道：“晋王已经到了！”

宋皇后听后不禁大惊失色，顿时便明白了一切。事到如今，她知道一切都无法挽回了，或许她已经隐隐猜出了丈夫暴亡的真相，但此时她只能通过委曲求全来换取母子平安。

宋皇后对赵光义说：“我们母子的性命，就拜托官家了！”“官家”是宋朝皇帝的专属称谓，可见此时的宋皇后已然默认了赵光义的皇帝地位，还将他们母子的身家性命拱手交给了野心勃勃的赵光义。

赵光义赶忙安慰道："共保富贵，无忧也。"

下面我们就全面地复盘一下赵匡胤暴亡与赵光义登基的全过程：

程德玄是赵光义的铁杆亲信，赵光义担任开封尹后便任命他为押衙。最令人细思极恐的是，此人"善医术"（《宋史·程德玄传》）。赵光义与赵匡胤宴饮时曾数次离席，很有可能是他借机给赵匡胤投毒，为他提供毒药的人恐怕就是这个程德玄。程德玄大半夜蹲守在赵光义府门口，对于这个反常的举动，他给出了颇为诡异的解释，但根本经不起推敲。如果他真的担心赵光义的安危，趁着夜色来到赵光义的府邸后，他应当立即叩门进府探视，确认赵光义是否安然无恙，可他却独自坐在寒夜中，实际上他是在等待宦官王继恩为他送来宫内的最新消息。

赵光义即位后，程德玄升任代州防御使、判四方馆事。四方馆专门用来接待少数民族首领与外国使臣，相当于国宾馆。程德玄生性贪婪，他偷偷将西北地区的竹木运到开封来，还对外宣称是奉皇帝之命，以此来逃避沿途的商税，后来又高价卖给官府，他因此狠狠地赚了一大笔。不过程德玄后来遭到弹劾，从防御使降为刺史，后来还被贬出京城，从此一蹶不振。

与程德玄交好的马韶一直在偷偷学习天文历法，这是朝廷明令禁止的行为。赵匡胤曾经大肆散布"点检作天子"的谶言，为自己成功上位而造势，他上台后担心有人会故技重施，于是多次下诏征召懂天文历法的能人异士为朝廷效力。他还大肆搜罗民间关于天文、阴阳和术数的书籍，严禁民间私自学习传播这些玄学知识。

程德玄担心马韶偷学天文历法的事会连累到自己，于是刻意疏远他，甚至不让他登门。可就在十月十九日晚，也就是赵匡胤暴亡前一夜，马韶却突然来到他的府上。惶恐不安的程德玄赶忙询问他的来意。马韶神秘兮兮地说："明日乃晋王利见之辰也。"（《宋史·马韶传》）《易经·乾卦》中的第五爻的爻辞为："九五，飞龙在天，利见大人。"原意是指东方苍龙七宿于仲夏时间出现在正南中天之上，不过后来形容事物处于最鼎盛的时期，或者对王公贵族最有利的时候。

程德玄听后惊骇不已，唯恐此事泄露后对他们不利，于是便将马韶拘禁在一间屋内，随后将此事禀报给赵光义。赵光义特地叮嘱他务必要严加看管此人。《续资治通鉴长编》记载，赵光义原本想要将此事禀报给赵匡胤，谁知次日赵匡胤却不幸猝死。这显然是在为赵光义洗脱嫌疑，赵匡胤暴亡前夕，兄弟二人还在一起饮酒，如若赵光义真的想要将此事禀告给赵匡胤，他不会没有机会。赵光义登基后，一介布衣马韶骤然间飞黄腾达，他这个平头老百姓被破格任命为司天监主簿。次年，马韶被提拔为太仆寺丞，后来又一路升迁至太常博士。

淳化五年（994年），马韶因"坐事"被贬为博兴县令，后来又改任长山县令。任期届满后，他选择辞官回家，再也未曾入仕为官，最终死在了家中。马韶究竟因何事被贬，史书语焉不详，或许是他在无意间将赵光义登基时的一些秘闻不慎泄露了出去，因此触怒了赵光义，辞官回家其实是为了避祸。

王继恩、程德玄、马韶和张守真看似与赵匡胤之死并无直接关联，但他们其实都是这个大阴谋中不可或缺的一环。

宋朝人都比较迷信，干大事之前通常都会请术士为自己选择一个黄道吉日。精通天文历法的马韶算出，十月二十日是蛰伏已久的赵光义一飞冲天的绝佳时机，于是赵光义授意手下人开始动手。

赵匡胤在暴亡当夜为何要征召赵光义入宫饮酒？有的学者认为他们要庆祝宋军在征讨北汉的战役中连战连捷。若果真如此，赵匡胤应当高兴才是，怎么会做出用柱斧"戳雪"或者"戳地"的反常举动呢？

《续资治通鉴长编》认为赵匡胤暴亡前夕召赵光义入宫是因为张守真降神时，天神说他命不久矣，所以他要召赵光义前来安排后事。英明果决又脾气暴躁的赵匡胤怎么会轻信一个道士的话？就因为几句虚实难辨的所谓天神的话，他就要向赵光义托付后事？经过大风大浪的赵匡胤绝对不会愚昧到这等程度。

北宋杨亿《谈苑》的记载无疑更接近真相。“太祖以其（即张守真）妖，将加诛，会晏驾。”张守真说赵匡胤命不久矣，赵匡胤当即勃然大怒，觉得张守真简直就是口出狂言的妖孽，甚至想要诛杀他。就在这个节骨眼上，赵匡胤却离奇地暴亡了。

赵匡胤死后，张守真在众人的吹捧下俨然成了神一般的存在，还被朝廷赐予“传应大法师”的尊号。他的儿子张元济于咸平二年（999年）六月为父亲撰写的《圣宋传应大法师行状》是最早记载张守真事迹的文献，却只记载了赵匡胤召见张守真并询问降神之事，并未提及赵匡胤当时已经身患重病，也没有提及赵匡胤令张守真降神之事。如若张守真真的奉赵匡胤之命降神，那这不仅是他职业生涯中的大事，更是光耀门楣的大事，张元济不可能不在记录父亲光辉事迹的行状中有所提及。

身患重病的赵匡胤让张守真降神之事只出现在之后的文献中，显然是赵光义及其子孙蓄意编造的谎言，他们想要借此证明赵匡胤暴亡的原因不是被赵光义谋害，而是他气数已尽，赵匡胤传位给赵光义是在遵循天神的旨意。其实赵匡胤从未让张守真降神，天神自然也就没有说过“晋王有仁心”这样的鬼话。

北宋王钦若《翊圣保德真君传》记载：“乾德中，太宗皇帝方在晋邸，颇闻灵应，乃遣近侍，赍信币香烛，就宫致醮。”赵光义与张守真早在乾德年间（963—968年）就有所交往，凡是在京城崭露头角的僧道通常都离不开幕后的政治推手。张守真归附赵光义后，赵光义不断用各种手段神化张守真，以至于张守真成功地引起了赵匡胤的关注。至于张守真何时被赵匡胤召见，不同文献的记载不一。《传应大法师行状》记载是在十月初十，《翊圣保德真君传》记载是在十月十八日。

在最后一次被召见时，张守真遵照赵光义的指示，故意说赵匡胤气数将尽，命不久矣，为的就是触怒他。赵匡胤知道张守真与赵光义一向亲近，自然会将赵光义召进宫来兴师问罪，借着酒劲儿对他敲打一番，甚至还愤怒地用随身携带的柱斧“戳雪”或者“戳地”。

赵匡胤是一位颇为顾念手足之情的忠厚长者，事到如今他仍旧希望一母同胞的赵光义能够悬崖勒马，不过他没有想到，这一切是赵光义故意为他设下的圈套。赵匡胤并不想让家丑外扬，因此他与赵光义宴饮时特地将身边的宦官宫女全都打发走了。利用这个千载难逢的机会，赵光义将程德玄事先提供给他的毒药偷偷放入赵匡胤的酒中。等到赵光义出宫后，毒药的药效才开始发作。

毒杀是赵光义的惯用手段，《默记》记载赵光义用牵机药毒杀归降的南唐后主李煜；《烬余录》还记载赵光义在酒中下毒，毒死了归降的吴越国王钱俶和后蜀皇帝孟昶。

或许世间自有因果，与长子赵元佐交恶后，赵光义开始悉心培养次子赵元僖，可就在所有人都以为赵元僖即将承继大统时，他却被侍妾失手毒杀，真可谓“善恶终有报，天道好轮回。不信抬头看，苍天饶过谁”。

赵光义料定赵匡胤暴亡之后，宋皇后肯定会派人前去征召赵德芳入宫，于是他事先策反了宋皇后身边的亲信宦官王继恩，否则王继恩断然不会冒着生命危险前来给赵光义送信。为了掩盖两人早有勾结的真相，史书特地大书特书王继恩早就知道赵匡胤想要将皇位传给弟弟，其实不过是为了洗白他，也为了洗白赵光义罢了。

王继恩是个毫无忠诚可言的见利忘义之人，他为了捞取政治利益不惜铤而走险。等到赵光义去世后，王继恩居然还想故伎重演，想要废黜已经被册立为皇太子的赵恒，并且拥立赵光义的长子赵元佐继位。最终王继恩为自己的倒行逆施付出了惨痛的代价，他被贬为右监门卫将军，安置在均州（今湖北省丹江口市），最终悲惨地死于贬所。

很多人或许会有这样的疑惑：赵光义谋害赵匡胤后为什么能够如此顺利地

登基呢？这恐怕是因为他事先缜密谋划，事后迅速登基。从赵匡胤暴亡到赵光义入宫，再到赵光义登基，这一切都在短短的几个时辰内完成了。在其他人不明所以和不知所措之际，赵光义称帝已经成了既定事实。他在开封经营将近十六年之久，势力盘根错节，门下官吏众多，此时若想再撼动他，绝非易事。

赵匡胤的暴亡虽说疑点重重，但终究属于宫禁秘事，旁人难以获得令人信服的证据。“金匮之盟”虽然并未正式对外公布，但已然有很多官员听说过此事，因此赵光义继承大统并非完全师出无名。当时手握大权的宰相薛居正、沈义伦与枢密使曹彬，虽然忠谨有余，却胆略不足。若皇位未定，他们或许能够对政局的发展施加一定的影响，但如今大局已定，他们没有能力更没有胆量力挽狂澜。出于赵匡胤的知遇之恩，他们或许对赵光义篡位心存不满，对赵匡胤的儿子没能顺利接班唏嘘不已。但赵德芳出阁不过七个月，对他们并无多少恩惠，他们也绝不会为了赵德芳而贸然与赵光义为敌，否则不仅会葬送他们如今的荣华富贵，或许还会搭上自己的身家性命。

即便薛居正、沈义伦与曹彬三人想要有所作为，恐怕也是有心无力，参知政事卢多逊和枢密副使楚昭辅早就归附赵光义，势必会对他们的行动予以掣肘。赵光义登基后，卢多逊很快便被拜为宰相，楚昭辅也被提拔为枢密使，朝政至此彻底被赵光义一党控制。三人要想师出有名，势必要获得皇室成员的支持，但在这个紧要时刻，赵德芳、赵德昭与赵廷美全都采取了观望态度。

赵德芳没有经历太多的政治历练，也没来得及培育忠于自己的政治势力，他自认为绝非狠毒老辣的叔叔的对手，只能选择自保。赵德昭与赵廷美也都有着各自的小算盘。按照“金匮之盟”，赵光义百年之后要将皇位传给赵廷美，赵廷美百年之后再将皇位传给赵德昭。因此，赵光义登基后，两人还有染指皇位的可能，可如若登上皇位的是赵德芳，两人恐怕就与皇位彻底无缘了。

即位时，赵光义与弟弟赵廷美、侄子赵德昭和赵德芳似乎达成了某种政治默契，政权得以平稳交接。

不过，根据《辽书》记载，辽景宗宝宁八年（公元976年）“十一月丙子宋主匡胤殂，其弟炅（即赵光义）自立，遣使来告”。“自立”这个词说明辽朝人也认为赵光义继承皇位并非赵匡胤之意，“自立”不过是对“篡位”委婉的表达罢了。

压抑许久的赵光义迫不及待地想要抹去赵匡胤留在这世间的印记。赵匡胤驾崩仅仅两个月后，也就是开宝六年十二月二十二日，赵光义突然宣布改元“太平兴国”。通常情况下，前任皇帝去世后，新皇帝会沿用旧年号，等到转年正月初一再改元，以示对前任皇帝的尊敬。当时农历新年将至，可就是这区区几日，赵光义都不愿再等下去了。年号与皇帝早就融为一体，赵光义急着改元，无非是想要尽快消除赵匡胤的政治影响，但他这么做也是对刚刚去世的赵匡胤的大不敬。

太平兴国二年（977年）二月，赵光义改名为“炅”。他原本叫“赵匡义”，赵匡胤登基后，他需要避皇帝讳，于是赵匡胤赐给他一个新名字“光义”。“炅”是“火”字上一个“日”，宋朝属于火德，赵光义想要借此昭示天下，自己是太阳的化身，是真命天子。

“共保富贵”的承诺不过是老辣的赵光义的缓兵之计，等到皇位日渐稳固之后，他渐渐露出了狰狞的本来面目。

赵普与赵光义的恩恩怨怨

否认“金匮之盟”存在的学者们通常都会提出这样的疑问：如若“金匮之盟”是真实存在的，赵光义为何在继位之初不拿出来，反而要等到即位的第六个年头，也就是太平兴国六年（981年）九月才正式对外宣布呢？

如此重大的事情，《太祖旧录》为何只字未提？“金匮之盟”只是被记载于编纂时间较晚的《太祖新录》与《太宗实录》中，这显然不合常理。这其实是因为“金匮之盟”对赵光义而言是一柄双刃剑。按照约定，赵光义要在自己百年之后传位给赵廷美，可他并不愿这么做。

《太祖旧录》成书于太平兴国五年（980年）九月，此时赵廷美威望日隆，势力正盛。赵光义担心一旦将“金匮之盟”公之于众，势必会使得更多的人转投到赵廷美门下，到时赵廷美恐怕会变得更加难以控制，同时也会给自己戴上枷锁，如若他日后将皇位传给了自己的儿子，无异于失信于天下。

“金匮之盟”只具有道德约束力，真正具有法律效力的是赵匡胤的遗诏。正史大多记载的是当时赵光义奉遗诏登基，却并未记载遗诏的具体内容，以至于史学家对究竟有没有遗诏这件事一直争论不休。

清朝史学家毕沅在《续资治通鉴》卷八中写道："《东都事略·太宗纪》云：'癸丑，太祖崩，（赵光义）奉遗诏即皇帝位。'此不过仍史家纪事之旧例而书之，太祖非实有遗诏也。"毕沅认为赵光义即位时根本就没有遗诏。《宋会要辑稿》与《宋大诏令集》中却记载了这份极其重要的遗诏。《宋大诏令集》卷七载：

修短有定期，死生有冥数。圣人达理，古无所逃。朕生长军戎，勤劳邦国，艰难险阻，实备尝之。定天下妖尘，成域中大业，而焦劳成疾，弥留不瘳。言念亲贤，可付后事。皇弟晋王某，天钟睿哲，神授英奇；自列王藩，愈彰厚德。授以神器，时惟长君，可于柩前即皇帝位。丧制以日易月，皇帝三日听政；十三日小祥；二十七日大祥。诸道节度、观察、防御、团练、刺史、知州等，并不得辄离任赴阙。闻哀之日，所在军府三日出临释服。其余并委嗣君处分。更赖将相协力，中外同心，共辅乃君，永光丕祚。

这份遗诏的内容总共分为三部分，第一部分是缅怀过去，第二部分是褒扬赵光义，第三部分是如何处理自己的丧事。

按照礼制，子女应为去世的父亲服丧三年，不过实际是二十七个月。父母去世满一周年后，子女在第十三个月举行名为"小祥"的祭祀活动；去世满两周年，子女在第二十五个月举行名为"大祥"的祭祀活动。由于皇帝服丧时间太长，对国事不利，于是进行了相应的变通，也就是"以日易月"，将丧期从二十七个月压缩为二十七天。

按照唐朝的制度，前任皇帝死后第二十五天举行的祭礼为"大祥"，第二十七天可以"释服"，也就是可以脱下丧服，但这份遗诏却规定在第二十七日举行"大祥"，或许是在原有制度的基础上进行了相应的调整。

既然赵光义即位时有遗诏，那么正史为何不记载遗诏的内容呢？这份遗诏要么是事后杜撰的，要么是剽窃的，所以才一直秘不示人。下面对比一下《宋大诏令集》卷一所载赵光义登基后发布的第一道诏书《太宗即位赦天下制》和《全唐文》卷一百二十六所载周世宗《即位大赦文》的内容。

《太宗即位赦天下制》：

恭惟先皇帝推诚损己，焦思劳神，念将士之忠勤，知战伐之辛苦。衣粮禄赐，无非经手经心；土地官封，不惜酬勋酬效。生灵是念，稼穑为忧，罢非理之差徭，去无名之侵耗。不贪游宴，尽去奢华，减后宫冗食之人，停诸司不急之务。方岳止甘鲜之贡，殿庭碎珠玉之珍。狱讼无冤，刑戮不滥，凡关物务，尽立规绳。予小子缵绍丕基，恭禀遗训，仰承法度，不敢逾违。更赖将相公卿，左右前后，共遵先旨，同守成规。庶俾冲人，不坠洪业。宣布遐迩，咸使闻知。

周世宗《即位大赦文》：

恭惟先皇帝推诚损己，焦思劳神，念将士之忠勤，知战伐之辛苦。糇粮禄赐，无非经手经心；土地官封，不惜酬勋酬效。生灵是念，稼穑为忧，罢非理之差徭，去无名之侵耗。不贪游宴，尽去奢华，减后宫冗食之人，停诸司不急之务。方岳止甘鲜之贡，殿庭绝珠玉之珍。狱讼无冤，刑戮不滥，凡关物务，尽立规绳。予小子缵绍丕基，恭禀遗训，仰承法度，不敢逾违。更赖将相公卿，左右前后，共遵先旨，同守成规。庶裨冲人，不坠洪业。宣布遐迩，咸使闻知。

即位大赦天下的诏书是新皇帝对外发布的第一道诏书，通常新皇帝会对诏书的遣词造句细细地斟酌一番，希望通过诏书给天下臣民留下良好的第一印象。可《太宗即位赦天下制》几乎原封不动地照搬了周世宗《即位大赦文》，仅仅改动了三个字。当时赵光义迫不及待地想要确立自己的皇帝名分，于是将周世宗《即位大赦文》稍加改动便对外发出，那么那份所谓的赵匡胤遗诏也极有可能是在前朝皇帝遗诏的基础上稍加改动而成，暴亡的赵匡胤根本没有时间草拟遗诏。

赵光义自然知道这种剽窃行为很不光彩，事后设法进行掩盖，所以正史对赵匡胤遗诏要么避而不谈，要么一笔带过。不过按照规定，皇帝诏书需要及时归档，如果赵光义授意手下人暗中毁掉这些诏书，无异于承认诏书存在问题，所以赵光义只能将其藏于档案库秘不示人，这才得以幸运地保存了下来。

太平兴国六年（981年）三月，年纪轻轻的赵德芳猝死。就在两年前，他的哥哥赵德昭也被赵光义逼上了绝路。

虽然此时太祖朝的旧臣已经陆续被赵光义清除殆尽，但赵匡胤毕竟是宋朝的开国皇帝，他巨大的政治影响力难以在短时间内被彻底清除。如今赵德昭和赵德芳两兄弟相继离奇死亡，赵光义就此陷入巨大的舆论旋涡中，各种对他的质疑、非议甚至是抨击声一时间此起彼伏。这让本就敏感多疑的赵光义极为不安，但他并不想就此收手，而是想继续铲除赵廷美的势力。由于到时势必会承受更大的政治压力，赵光义迫切需要借助“金匮之盟”来强化自身的正统地位。但此时赵光义已经即位六年了，他必须对“金匮之盟”给出令人信服的解释。

就在赵光义为当下的政治困局焦头烂额之际，昔日的政敌赵普主动找到了他。

在北宋建国过程中，赵普与赵光义一直是赵匡胤最为倚重的左膀右臂。赵普早年给高官当过幕僚，也给孩童教过《论语》，一直在乱世中苟活着，直到他遇到了赵匡胤。赵匡胤成就了他，他也成就了赵匡胤。北宋建立之初，后周的三位宰相范质、王溥和魏仁浦继续留任，赵匡胤还给他们加官，为的是笼络他们。乾德二年（964年）正月，政局渐渐稳定后，范质、王溥和魏仁浦三位旧朝宰相同时被罢免。两天后，枢密使赵普出任宰相，自此开启了他将近十年的独相生涯。大权在握的赵普遇到了野心勃勃的赵光义，两人斗得不可开交，很多学者将其归因于赵普对赵匡胤的忠诚。

赵普最爱读的书是《论语》，深受儒家思想影响的他无法接受“兄终弟及”，一直在竭力推崇“父死子继”。赵普担心赵光义会形成尾大不掉之势，于是不遗余力地压制赵光义。

赵光义一直想染指禁军，他之前授意亲信史珪和石汉卿将大将张琼诬告致死，紧接着便竭力想要让岳父符彦卿来执掌禁军。

乾德元年（963年）二月，天雄军节度使符彦卿回朝，赵匡胤与他相谈甚欢，想要让他执掌禁军。当时担任枢密使的赵普觉得符彦卿在军中的资历比赵匡胤还要深厚，威望太高，所以坚决反对。此时距离杯酒释兵权还不到一年半的时间，与赵匡胤关系亲密的开国功臣、义社兄弟石守信、王审琦等人尚且被解除了兵权，这时赵匡胤偏偏让关系相对疏远并且在军中名望颇高的符彦卿来典兵，赵普认为此举会后患无穷。

赵匡胤一贯对赵普言听计从，这次却根本听不进劝诫，要求赵普即刻下发对符彦卿的最新任命。赵普怀揣着诏书来找赵匡胤，赵匡胤却没好气地说：“难道又是因为符彦卿的事吗？”

赵普当即予以否认，开始向赵匡胤汇报其他的事情。等到这些事汇报完之后，赵普突然从怀中拿出那道诏书。赵匡胤的脸色顿时一变，责问道：“你果真是为符彦卿的事而来？”

赵普说：“臣没有贸然下发这道诏书是想恳请陛下三思，以免您日后后悔。”

赵匡胤很无语地说：“你为何如此猜忌符彦卿呢？朕对他如此之好，他日后怎会辜负朕呢？”

赵普却冷冷地说：“那陛下为何会辜负世宗皇帝呢？”

赵匡胤顿时沉默不语。

赵普如此不遗余力地反对赵匡胤任用符彦卿，绝非仅仅忌惮符彦卿在军中的崇高威望。符彦卿共有三个女儿，其中两个女儿嫁给了后周世宗柴荣，还先后被册立为皇后；另外一个女儿嫁给了赵光义。一旦让符彦卿掌握了军权，符彦卿将会成为赵匡胤的致命威胁。赵匡胤执意重用符彦卿的行为显然是受到了赵光义的影响，只是史书有意避讳此事罢了。等到赵匡胤彻底明白了其中的利害，对符彦卿抚慰一番之后便命其归镇。

符彦卿从炙手可热到岌岌可危，虽然赵普在这中间发挥了至关重要的作用，但能从侧面看出赵匡胤与赵光义关系的微妙变化。

符彦卿归镇两个月后，赵匡胤斥责他“久镇大名，专恣不法，属邑颇不治”（《续资治通鉴长编》卷四），随即任命大理正奚屿知馆陶县，监察御史王祐知魏县，监察御史杨应梦知永济县，屯田员外郎于继徽知临清县。这些人的品级虽然不算高，却都身处重要岗位，可以像高级官员那样在常朝日参见皇帝，因此被称为“常参官”。常参官任知县的情况在宋朝历史上尚属首次，其实赵匡胤是想通过他们加强对符彦卿的监视和控制。

五六年后，赵匡胤命王祐替代符彦卿，他特地叮嘱王祐暗中观察符彦卿的动向，实际上是想让他借机搜集符彦卿的罪证。不过王祐是个颇为正直的人，他坚称符彦卿没有罪，还说：“五代的君主多因猜忌而时常滥杀无辜，所以享国都不久，还望陛下引以为戒！”在王祐的竭力庇佑下，符彦卿最终逃过了一劫。

赵光义与赵普的政治较量仍在继续。枢密直学士、右谏议大夫冯瓒才华出众，赵匡胤想要重用此人。赵普唯恐此人日后会威胁到自己的地位，于是以后蜀刚刚平定，急需有识之士为由，将冯瓒调往遥远的梓州（今四川省绵阳市三台县）任职。赵普还暗中派遣自己的亲信到冯瓒的府上为奴，实际上是让亲信在暗中搜集冯瓒的罪证，想要一举将他置于死地。

一年后，也就是乾德四年（966年）八月，这个亲信悄然回到了开封，敲响了登闻鼓，控诉冯瓒与监军绫锦副使李美、通判殿中侍御史李楫等人贪赃枉法。赵匡胤得知后火速征召冯瓒回京。面对确凿的证据，冯瓒自然是哑口无言，随后他被赵匡胤关押在御史台。

为了斩草除根，赵普还派人前往潼关取来冯瓒的包裹，里面装着很多金银财宝和古玩玉器，包裹上面居然还留有封题（物品封装后在封口处的题签），上面赫然写着刘嶅的名字。刘嶅是赵光义的幕僚，贬谪外地的冯瓒为了能够重回朝廷，想通过刘嶅给赵光义送礼，谁知却惹来塌天大祸。

事到如今，冯瓒等人只得低头认罪。在讨论如何处置他们时，赵普力主按照律法将他们全都处死，赵匡胤却有些于心不忍，又碍于赵光义的面子，想要赦免他们的罪行，可赵普坚决不同意。最终，冯瓒被流放于沙门岛，李美被流放于海门岛，但赵匡胤为了维护赵光义的面子，只是将刘嶅免职。另外一个当事人李楫，他曾是赵匡胤第二任妻子王皇后之父王饶的幕僚，赵匡胤一向对李楫颇为赏识，所以对他格外开恩，使他免于流放。

面对赵普的频频打压，赵光义虽气恼至极，但也只能默默承受，即便眼睁睁地看着亲信姚恕被诛杀，他也选择了隐忍。

黄河在澶州（今河南省濮阳市）决口，波及郓州、濮州等地，很多农田都被洪水淹没，但澶州官员并没有及时上报，赵匡胤派人前去调查此事。开宝四年（971年）十一月十八日，澶州通判、司封郎中姚恕惨遭弃市，尸体还被人残忍地投入黄河中，他的上司知澶州的杜审肇被免职。姚恕被处死其实是拜宰相赵普所赐。

姚恕曾任开封府判官，可谓赵光义的左膀右臂。有一次，姚恕去拜访赵普，当时赵普正在宴请宾客，守门的阍者不知是不认识他，还是故意为难他，居然不向赵普通禀。姚恕没有想到自己会被一个小小的看门人责难，一怒之下愤然离去。赵普得知后赶忙派人前去追赶，但此时姚恕正在气头上，并没有回去而是愤然回了府，两人也从此结怨。

杜审肇知澶州后，赵普趁机向他推荐了姚恕，实际上是想要将姚恕排挤出京城，借此削弱赵光义的势力。赵光义对赵普的小算盘看得真切，他虽然不想让姚恕离开，但如今朝廷任命已下，赵光义也回天乏术。姚恕在澶州任职还不到两年，便因隐瞒黄河决堤的消息而身首异处，他的悲剧人生从赵普费尽心机地将他从赵光义身边调离时便已然注定了。

赵普在办差的大厅屏风后放了两个大瓮，审阅朝臣所上的文书奏章时，只要发现对自己不利的，他就将其投入瓮中，等到瓮装满了，他便派人将这些文书奏章付之一炬。赵普想通过此举维护自己在赵匡胤心中的良好形象，可他随后做了一件触犯政治大忌的蠢事。

宰相机构中书门下（又称东府）与枢密院（又称西府）分管天下的政务与军务，这种制度设计是为了防止宰相的权力过重。赵普与李崇矩原本是赵匡胤极为信任之人，枢密使赵普升任宰相后，李崇矩接任枢密使。身为分别执掌东、西二府的最高长官，两人应当保持适度的距离，但赵普却为自己的儿子迎娶了李崇矩的女儿。这场政治联姻显然违背了宋朝文武殊途、“异论相搅”的既定国策，所以赵匡胤听闻此事后极为不满。

按照惯例，在长春殿等候天子召见时，宰相与枢密使通常会待在一起，可如今赵普与李崇矩成了儿女亲家，赵匡胤便责令两人在不同地点分别等候召见。既然这门儿女亲事已然引起了皇帝的猜忌与不满，那么两人的厄运也就不远了。

李崇矩有一个名叫郑伸的门客，此人性情诡诈，做事毫无底线，所以李崇矩不愿重用这样的小人。郑伸却敲响了登闻鼓，控告自己的主公李崇矩收受太原人席羲叟的黄金，随后托翰林学士扈蒙将羲叟列为甲科，还说军器库使刘审琼可以证明此事。赵匡胤当即命人提审刘审琼，刘审琼却坚称这全都是郑伸的污蔑之词。虽然并没有证据证明郑伸的控告是事实，但李崇矩仍旧难逃厄运。

开宝五年（972年）九月十七日，李崇矩被解除了枢密使的职务，改任镇国军节度使。郑伸虽是个恩将仇报的卑鄙小人，却也是个善于迎合圣意的投机高手，他这么做背后肯定有人指使，否则他也不敢以卵击石。郑伸不仅没有受到任何惩处，反而被赐予同进士出身，还被任命为酸枣县主簿。

虽然赵匡胤因顾念旧情暂时没有惩处赵普，但是他再也不似之前那么信任赵普了。见这对原本亲密无间的君臣日渐疏远，越来越多的朝臣开始上书抨击赵普专权误国，贪污受贿，赵普的地位变得岌岌可危。赵光义则瞅准时机，给予赵普致命一击。

屯田员外郎、判大理寺事雷德骧奉命执掌最高司法机关大理寺，但大理寺的很多官员却投到了宰相赵普的门下。审理案件时，他们往往会根据赵普的意愿来判决某人有罪还是无罪，罪轻还是罪重。忍无可忍的雷德骧不等皇帝赵匡胤召见，便气势汹汹地闯入讲武殿，疾声厉色地向赵匡胤控告赵普大肆干预正常审判、强买强卖他人宅邸以谋取巨额利益的行为。

皇帝召见臣僚有着严格的程序，雷德骧不仅擅闯宫殿，还抨击当朝宰相，赵匡胤怒吼道："难道你不知道赵普是朕的股肱之臣吗？为何还要如此诋毁他？"怒不可遏的赵匡胤拿出自己随身携带的柱斧向着雷德骧砸了过去，打掉了他两颗牙齿。赵匡胤随即命侍卫将雷德骧拖出去，原本想要将他处死，事后，心中怒气渐渐消散之后，觉得他罪不至此。

开宝元年（968年）十月二十四日，雷德骧因私闯讲武殿被赵匡胤贬为商州（今陕西省商洛市商州区）司户参军。商州知州对雷德骧不畏强权的行为很是赞赏，颇为善待他。可等到奚屿知商州后，雷德骧的好日子便到头了。

奚屿深知雷德骧与赵普有着不共戴天之仇，为了取悦当朝宰相赵普，奚屿经常借故为难雷德骧。那日，奚屿以嘲弄上级为由召雷德骧前来问话，就在两人谈话期间，奚屿派人秘密潜入雷德骧的家中。

《续资治通鉴长编》卷十四记载，奚屿派人从雷德骧家中搜到了雷德骧所写的诋毁朝廷的文章，但《宋史》却说这些文章是奚屿伪造后偷偷放入雷德骧家中的。不管真相究竟如何，奚屿终究是拿到了雷德骧诋毁朝廷的凭据。如获至宝的赵普以为此番可以将雷德骧一举置于死地，但此时的赵匡胤对赵普已然不似之前那么信任倚重了。最终，赵匡胤只是将雷德骧革职迁往灵武（今宁夏回族自治区灵武市）。

雷德骧之子雷有邻因此对赵普恨之入骨，于是悄悄地搜集赵普的罪证。赵普的亲信中书堂后官胡赞和李可度虽然官职不大，权力却很大，许多官员都来求他们办事，他们也因此赚得盆满钵满。雷有邻决意将胡赞和李可度作为整垮赵普的突破口。

秘书丞王洞与雷德骧是同年，也就是他们同一年考中进士。因为有着这层关系，所以雷有邻时常去拜访王洞，王洞也不拿这位“年侄”当外人，很多事情都委托他去办。有一日，王洞请雷有邻购买半铤白银，还特地叮嘱他将这半铤白银送给胡将军。胡将军指的便是胡赞。由于雷有邻时常出入胡赞府邸，王洞对他并无隐瞒，对此事也毫不避讳。

按照当时的规定，“摄官三任解由全者，许投牒有司，即得引试录用。”（《续资治通鉴长编》卷十四）摄官就是临时代理的官员，需要任满三个任期，并且每个任期都要获得解由（解由是官吏调任时的证明文书），才准许前来朝廷参与选官。雷有邻与曾经摄上蔡县主簿的刘伟是多年的好友。刘伟的三个任期虽然已经届满，但其中一个任期因某种原因未能获得解由，他的哥哥前进士（中了进士而尚未授官者）刘诜为他伪造了一份解由，刘伟因此获得了选官的资格。雷有邻还了解到，宗正丞赵孚原本已经被调往四川任职，可他却一直称病不去上任，朝中始终没有人过问。

搜集完这些罪证后，雷有邻敲响了登闻鼓，控告当朝宰相赵普。胡赞和李可度之所以敢大肆受贿，刘伟之所以能蒙混过关，赵孚之所以不去上任，都是因为赵普暗中庇护他们。

开宝六年（973年）六月二十日，赵匡胤征召参知政事吕余庆、薛居正以及宰相赵普共同商议如何处理此案。面对震怒的赵匡胤，赵普自然不敢袒护属下，只得对上述人员依律惩处，但此时的赵普已然失去了对局势的操控权。次日，刘伟惨遭弃市，胡赞、李可度、王洞和刘诜被施以杖刑，后被去官籍与出身，胡赞与李可度还被抄了家。

雷有邻因举报有功被授予秘书省正字，自此之后他便不遗余力地搜集旁人的黑料，将这作为自己毕生奋斗的事业，但好友刘伟因他而死，“年叔”王洞因他被罢免，雷有邻感到很愧疚。在巨大的心理压力下，雷有邻病倒了，他恍惚间看到刘伟突然闯入屋内，用杖子击打他的后背，他拼命地呼号。最终，雷有邻无法摆脱心魔的纠缠，几日后在惊吓中过世了。

这个案子对赵普同样是一场噩梦，“上始有疑普意矣”（《续资治通鉴长编》卷十四）。自此之后，赵匡胤准予参知政事吕余庆、薛居正与宰相赵普同议政事，让他们轮流掌印、领班和奏事，甚至轮流祠祭行香。赵普知道，自己失势的日子已然不远了。在当年的八月二十三日，赵普以同中书门下平章事衔离京出任河阳三城节度使。赵普失势后，他的政敌们开始不遗余力地抨击、打压他，唯有参知政事吕余庆竭力地为他辩护。吕余庆虽身居高位，但面对打倒赵普的汹涌浪潮，也显得力不从心。吕余庆最为忌惮的还是幕后推手赵光义，他唯恐这场政治风波会波及自己，于是以患病为由主动辞去参知政事之职。随着吕余庆的黯然离去，赵普在朝中的势力已被铲除殆尽。

郑伸和雷有邻这样的小人物敢于公然挑战当朝宰相，除了私人恩怨外，他们肯定得到了赵光义的指使，史书有意为赵光义遮掩，不过从日后赵光义格外关照雷德骧也能窥探出一二。儿子雷有邻成功扳倒权相赵普后，雷德骧重新回朝担任秘书丞。等到赵光义登基后，雷德骧也迎来了政治上的第二春。等到赵普再度为相时，雷德骧已经升任同知京朝官考课、兵部郎中。赵普强势归来不久，雷德骧便从兵部郎中降为兵部员外郎，还被追出知怀州（今河南省沁阳市）。

当时的赵光义需要借助赵普的力量铲除赵廷美一派人马，自然会对赵普有所迁就。等到目的达成后，赵光义很快就让雷德骧官复原职，还委任他为两浙转运使，他的儿子殿中丞雷有终出任淮南转运使。父子俩同日受诏出任转运使，在朝中一时间传为佳话。

雷德骧后来再度回朝，升任同知京朝官考课、户部侍郎，不过他在听到赵普即将第三次为相时，惊恐得连手中的笏板都掉落在地，当即上表皇帝要求告老还乡。赵光义赶忙安慰道："朕保全卿，勿以为虑。"

赵光义不让年事已高的雷德骧退休，特地赐给他白银三千两并主动给予他安全承诺，说明他们的关系非比寻常。在尚书省议事的时候，雷德骧因为喝了点儿酒，居然责骂起居员外郎郑构为盗。御史台对此事进行立案调查，雷德骧对自己骂人之事供认不讳，但赵光义只是罚了他几个月俸禄而已，并没有为难他。由此可见，雷德骧父子奋不顾身地与大权在握的赵普死磕到底绝非意气用事，他们甘愿充当赵光义扳倒赵普的马前卒，所以赵光义登基后才会如此垂青他们父子。

赵普失势还不到一个月，赵光义便获封晋王，成为名副其实的"亲王尹京"，以赵光义为中心，渐渐形成了一股足以与朝廷分庭抗礼的强大政治势力。三年后，赵匡胤在那个寒冷的冬夜暴亡。听闻赵匡胤去世的噩耗后，赵普悲痛不已，或许他早就预感到会有这么一天，但当这一天真的来临时，他仍旧难以接受。

太平兴国二年（977年）三月，赵普获准入朝。此时朝中已然物是人非，当今的天子换成了赵普昔日的宿敌赵光义。赵普得以留在朝中，却只是担任太子少保这样的闲职。

再度见到赵光义，赵普意味深长地说："（先帝）若听臣言，则今日不睹圣明！"（《曲洧旧闻》卷一）

虽然赵光义当时并未说什么，但是他在私底下对自己的心腹说："若还（赵）普在中书，朕亦不得此位！"（北宋潘汝士《丁晋公谈录》）如若赵普当初没有被罢免宰相职务，或许他真的能够成为改写历史的那个人，可惜赵匡胤没有给他这样的机会。

如今的赵普已是日薄西山，不仅当朝天子赵光义与他有宿仇，当朝宰相卢多逊也与他积怨。曾经权倾朝野的赵普，如今却如同猛虎落难，威风不再。

赵普的妹夫侯仁宝是个典型的“富二代”。侯仁宝家中有良田千顷，产业无数，他原本在朝中属于混日子的“躺平”一族，可他却被派往偏远的邕州（今广西壮族自治区南宁市）任职。宋朝官员大多谈岭南色变，那里横行的瘴气让不计其数的外乡人客死他乡，对于侯仁宝这样的贵公子而言，面对这样的前景，自然感到心惊胆战。

史书认为侯仁宝此番远调是卢多逊暗中使坏，不过侯仁宝前往邕州任职的时间是开宝五年（972年），当时赵普仍居相位，但赵匡胤对赵普的宠信程度已大不如前，时任翰林学士的卢多逊正出使江南。因此，侯仁宝此番远赴岭南任职其实与卢多逊并无太大关系，但侯仁宝在邕州连续任职九年不得迁转，却是拜卢多逊所赐。

侯仁宝担心继续在邕州待下去自己会有性命之忧，于是想方设法要离开这里。恰在此时，交趾（今越南北部）发生了内乱。

交趾一直是唐朝版图的一部分，后来唐朝末年藩镇割据，混战不休，交趾也趁机脱离出去，但交趾内部一直争斗不断。到了北宋乾德（963—968年）初，胸怀大志的丁部领扫平了群雄，击败众多割据势力后建立了丁朝（968—979年）。丁部领偏爱他的幼子丁项郎，这自然引起了曾经与他一同打天下的长子丁琏的不满。丁琏暗中派人谋害弟弟丁项郎，紧接着宦官杜释趁着丁部领酒醉时将其杀害，随后又杀死了丁琏，丁朝的政局陷入动荡中。

十道将军黎桓拥立年仅十岁的丁部领次子丁璿即位，但丁璿只是黎桓的傀儡而已。拥兵自重的将领们纷纷起兵讨伐黎桓，交趾境内一时间硝烟四起。

赵光义深知军中很多将领并非真心臣服于他这位得位不正的皇帝，因此他急切地想要通过建立不朽的军功来树立自己在军中的威望。侯仁宝利用赵光义急于开疆拓土的心理，上奏道：“如今交趾动荡不安，微臣心中已有平定交趾之策，恳请当面禀报陛下。”

赵光义看到侯仁宝的上书后欣喜不已，下令立即征召他回朝。命令即将下达之际，卢多逊却说：“如今交趾正处于内忧外患中，兵贵神速，如若我大宋能以迅雷不及掩耳之势出其不意，攻其不备，必然能够一举平定交趾。如若陛下征召侯仁宝回朝，微臣恐怕此事一旦泄露出去，交趾势必会对我大宋有所防备，若再想攻取交趾恐怕可就难了！”

侯仁宝苦苦等待着回朝的消息，谁知朝廷不仅不允许他回去，还任命他为交州路水陆转运使，让他负责征讨交趾之事。

宋军大兵压境之际，惶恐不安的杨太后只得将抵御宋军的重任交给权臣黎桓。面对严峻的局势，黎桓的手下大将范巨俩公开叫嚣，认为如今皇帝幼弱，只有先册立黎桓为天子，将士们才能出师御敌。黎桓就这样被手下将士们拥立为帝，丁朝也至此被前黎朝（980—1009年）取代，这俨然是“陈桥驿兵变”的翻版。

太平兴国六年（981年）三月，宋军在白藤江口大败交趾军，斩首千余级，俘获战舰二百艘，甲胄上万副。此时的侯仁宝已被胜利冲昏了头脑，于是他率领前军乘胜追击。将领孙全兴以等待刘澄率领的水军为由，停滞不前长达七十余日，以至于侯仁宝孤军深入敌境。此时交趾人又假装投降，侯仁宝对此毫无防备，最终被交趾人谋害。

由于卢多逊从中使坏，侯仁宝最终落得个身首异处的下场。对妹夫的不幸惨死，赵普隐忍不发，但之后发生的一件事却让他忍无可忍。

赵普的儿子赵承宗知潭州（今湖南省长沙市），父子俩天各一方，难得相见。恰逢赵承宗大婚，他娶的是赵光义的妹妹燕国长公主的女儿。赵普原以为儿子可以借此在京城多待些时日，以抚慰一下自己那颗因政治风波而倍感孤寂的心。谁知儿子大婚还不到一个月，卢多逊便奏请赵光义让赵承宗尽快赴任。《续资治通鉴长编》卷二十二记载，“（赵）普由是愤怒”，于是赵普决意不惜一切代价东山再起，想要彻底斗垮政敌卢多逊。

赵德昭和赵德芳的死让赵光义饱受争议，但赵光义却并不肯就此收手，他暗中授意亲信柴禹锡出面告发赵廷美恣意妄为，阴谋作乱。虽然赵光义表面上并未深究此事，但赵普却深知赵光义马上就要对赵廷美动手了。赵光义貌似在竭力维护自己的弟弟，实际上是在暗中观察舆论的走向。

恰在此时，赵普主动找到了赵光义，为赵光义量身定做了一版“金匮之盟”。“金匮之盟”既能强化赵光义即位的正统性，也可以打消他心头的疑虑。按照《建隆遗事》的记载，“金匮之盟”原本是赵匡胤主动提出来的，可赵普却说成是杜太后在临终之际提出，这无疑让其具有了遗嘱的性质。如若是赵匡胤自己提出来的，那么赵匡胤自然也就可以随时撤销。在赵匡胤暴亡前夕，明眼人都看得很清楚，他想要将皇位传给自己的幼子赵德芳。也正因如此，赵普才故意将“金匮之盟”说成是杜太后提出来的，如果赵匡胤不遵从，无疑是“大不孝”。

“金匮之盟”订立时，赵光义原本在场，但赵普却说他并不在场。按照常理来说，订立如此重要的盟约，当事人不可能不在场，但如果赵光义说自己当时在场，他就无法解释自己登基之初为何不公布，反而要等到六年之后才对外公布。如今赵普说赵光义对此并不知情，这样无疑也就化解了赵光义的尴尬。

“金匮之盟”原本是“三传约”，也就是赵匡胤传给赵光义，赵光义传给赵廷美，赵廷美传给赵德昭。赵普却将其篡改为“单传约”，只说赵匡胤传给赵光义，其他的一概不提。这样的改动为接下来赵光义铲除赵廷美创造了有利条件。

赵光义没有想到赵普居然会主动屈服。为了稳固自己的统治，赵光义只得与这位宿敌冰释前嫌，他安慰赵普道：“谁又能无过呢？朕还不到五十岁，便已然知道自己之前的四十九年犯了很多错误。”赵光义的低姿态让赵普很是受用，自此之后赵普甘愿充当赵光义的鹰犬。赵光义也识趣地不再让赵普的儿子赵承宗去潭州赴任，准许他继续留在京城，陪在日渐迟暮的赵普身旁。

太平兴国六年（981年）九月十七日，赵普第二次拜相。秦王赵廷美的位次原本在宰相之上，此时他已经嗅到了危险的气息，主动上表，请求将自己的位次降到赵普之下。此时的赵廷美或许还对赵普抱有幻想，希望这位老臣能够庇护自己。但赵普为了彻底扳倒政敌卢多逊，不惜连赵廷美一起斩尽杀绝。

在讨论如何处置赵廷美时，赵普对赵光义深有感触地说："太祖已误，陛下岂容再误邪！"（《宋史》卷二百四十四《宗室一》）如若赵匡胤当初听信赵普的话，以雷霆手段铲除赵光义，那么他自己也不会被谋害，他的儿子也不会被诛杀。赵光义自然听得出赵普的弦外之音，眼中露出了冷厉的杀气。

赵光义表面上对赵普言听计从，但他只是将赵普视为自己手中的一枚棋子。然而，这枚棋子将会发挥出难以估量的重要作用。

杀侄屠弟的罪行

赵光义自然知道在很多人的眼中自己得位不正，因此在即位之初，他积极拉拢各方势力。赵光义不仅将两位宰相全都留任，还给他们全都升了官，薛居正升为左仆射，沈伦升为右仆射。赵光义还让自己的亲信参知政事卢多逊与枢密使曹彬同时拜相，从而让另外一名亲信枢密副使楚昭辅接任枢密使，同时还将自己在开封府的亲信僚属们提拔到关键岗位。

行伍出身的赵匡胤在军中的崇高地位是赵光义短时间内难以撼动的，因此赵光义开始不遗余力地培养忠于自己的文官。虽然赵匡胤采取各种措施制衡素来骄纵的武将，但“以文驭武”的国策实际上是由赵光义确立的。自此之后，武将的地位一落千丈，渐渐沦为文官的附庸。

太平兴国二年（977年）正月，即位刚刚三个月的赵光义便迫不及待地举办科举考试。最后，进士科录取了一百零九人，其他诸科录取二百零七人，后进士科和诸科又增加录取一百八十四人，一榜便录取了五百人。赵匡胤在位时，进士科录取人数最多的一次也不过才三十一人，由此可以看出赵光义上台后的选拔力度之大。

赵光义对这些“天子门生”极为眷顾。进士科第一、第二名等大多被赵光义任命为诸州通判，赵光义借助他们的力量牢牢地掌控着地方军政大权。因为是非评判的话语权掌握在士大夫的手中，所以赵光义想要通过笼络文官来洗刷掉自己身上的历史污点。

即位当月，赵光义册封赵廷美为齐王，任命他为开封尹和中书令；册封赵德昭为武功郡王，任命他为永兴节度使、侍中；册封赵德芳为山南西道节度使、同中书门下平章事。

三人中，与皇位擦肩而过的赵德芳无疑是最失落的。赵光义为了安抚他，特地赐予他一块玉宝，上面用篆文雕刻着“皇帝信宝”四个大字，其隐含的意思不言自明。

此时的赵廷美、赵德昭和赵德芳仍旧沉浸在对美好未来的期待中，殊不知他们眼前的荣华富贵不过是过眼云烟，伪善的赵光义即将亲手将他们推入万劫不复的深渊。最先惨遭毒手的是年仅二十九岁的赵德昭。北宋吕夷简等编修的《三朝国史》记载赵德昭的死因为“好啖肥猪肉，因而遇疾不起”。按照官方记载，赵德昭是因喜欢吃肥猪肉而一病不起，实际上他的死另有原因。

北宋史学家司马光所著的《涑水记闻》记载了赵德昭暴亡的真实原因，《宋史》也基本沿用了其说法——赵德昭是被叔叔赵光义逼死的。

太平兴国四年（979年）二月十五日，赵光义离开都城开封，亲自率军征讨盘踞在山西地区的北汉。这场战争打得异常艰难，宋军昼夜不息地进行攻击，从春天一直打到了夏天。直至五月初六，走投无路的北汉皇帝刘继元才出城投降。

攻灭北汉后，豪情万丈的赵光义力排众议，又率领着这支疲惫之师北伐，想要一举夺回被辽人控制的幽云十六州，赵德昭此时就在北伐军中。

六月底以来，宋军猛攻幽州城近二十日。七月初六，虽借机击败了辽国援军耶律沙部，但此时的宋军已经疲惫不堪。此时的赵光义还沉浸在胜利的喜悦中，他没有想到辽国名将耶律休哥与耶律斜轸已经从不同方向对宋军完成了战略包抄。原本一直龟缩在幽州城中的辽军见援军赶来，开门列阵，四面鸣鼓，响声震天动地。

此时夜幕已经降临，面对突如其来的巨变，宋军还未交战便已心生胆怯，只得消极地拒守在高梁河（今北京市西直门外）。面对士气如虹的辽军，双方刚一交手，宋军便开始大规模溃散。赵光义大腿上中了两箭，混战中找不到将领，将领也找不到士卒，好在赵光义身边的近臣找了一辆驴车载着他仓皇逃离了战场。

或许就在这天夜里，也或许在临近的夜里，由于皇帝不知所踪，有些将领开始密谋拥立赵德昭为皇帝，但还没来得及实施，赵光义便重回军中，这些将领只得作罢。不过天下没有不透风的墙，赵光义最终还是知道了这件事。高梁河之战本就让赵光义颜面扫地，如今还有人觊觎着皇位，赵光义顿时起了杀心。

七月底，赵光义、赵德昭等人返回都城开封。当初为了早日攻克北汉，赵光义曾经许诺要重赏立功的将士，可他却迟迟没有兑现承诺，以至于将士们怨声载道。赵德昭觉得身为天子不应失信于人，于是前去规劝叔叔。谁知赵光义却冷冷地对他说："等你自己当了皇帝后再赏赐那些将士们也不迟啊！"这句话此后一直萦绕在赵德昭的耳边，成为他永远都挥之不去的梦魇。赵德昭没想到曾经对他嘘寒问暖、委以重任的叔叔对他的猜忌之心会如此之重，他感到惊恐不已。

经过一番痛苦的挣扎，赵德昭决意离开这个残酷的世界，自杀身亡。赵光义得知赵德昭的死讯后，抱着他的尸体，故意装出一副悲痛欲绝的样子，哭道："我的傻侄儿！你为何会走到如今这步田地？"虽然赵光义看似哭得伤心，但谁都知道赵德昭是被他活活逼死的。赵光义日后竭力掩盖赵德昭死亡的真相，以至于在官方记载中，赵德昭是因喜欢吃肥猪肉而病死。

透过赵德昭之死，可以看出赵光义及其子孙利用强权大肆干预国史的修纂。例如，仅是记载赵匡胤执政事迹的《太祖实录》就被编纂了四次。

太平兴国三年（978年），宰相沈伦（即前文之沈义伦，赵光义即位后为避讳而改名沈伦）奉命监修《太祖实录》，因为沈伦是赵匡胤任命的宰相，并且叙事里的很多当事人仍旧健在，所以这版《太祖实录》相对更为真实，不过赵光义对此感到不满。淳化五年（994年），赵光义下诏重修《太祖实录》，因阻力重重而没能如愿完成。咸平元年（998年），真宗皇帝赵恒再次下令编纂《太祖实录》，此时距离赵匡胤去世已然过去了二十二年，很多当事人都已经故去了，人为篡改的空间自然也就更大，于是编纂了新版的《太祖实录》，称为《太祖新录》。之前沈伦编纂的《太祖实录》则被称为《太祖旧录》。大中祥符九年（1016年），朝廷又对《太祖新录》进行了微调，主要是为了与新修的《两朝国史》相衔接。

实录是日后编纂国史的重要资料，实录与国史又是编纂《宋史》等正史的主要文献，但实录与国史经过多次修订，内容已然严重失真了。

太平兴国六年（981年），赵德芳"寝疾薨，年二十三"（《宋史·宗室传一》）。他真的是在睡梦中安详离世的吗？他的死会不会也像哥哥那样另有隐情呢？因为缺乏相关记载，我们无法知道他究竟是怎么死的，只知道他死的时候只有二十三岁。至此，赵匡胤的儿子们全都不在人世了。

侄子赵德昭和赵德芳的相继离去触动了赵廷美内心最敏感的那根神经，他愈加清晰地意识到赵光义要对自己下手了。太平兴国七年（982年）三月，金明池水心殿建成。赵光义准备泛舟池上，就在他即将动身之际，有人向他告发赵廷美想要借机谋害他，若此计不成，赵廷美还计划假装生病，闭门不出，等赵光义去探视他时，赵廷美再设法杀害赵光义。

对于这些针对赵廷美的控告，《续资治通鉴长编》卷二十三记载是"上

（即赵光义）不忍暴其事”，赵光义貌似是因顾及赵廷美的颜面不想深究此事。但组织叛乱是一项需要缜密谋划、多人实施的大工程，赵廷美纠集了哪些人，进行了哪些准备，究竟想要怎样谋害他，这些都需要查清楚。赵光义是在担心查来查去，最终却查无实据。

赵光义以不愿家丑外扬为由，草草处理了此事，但在三月十一日，他还是趁机罢免了赵廷美开封尹的职务。赵匡胤暴亡前想要迁都洛阳，赵光义的亲信李符曾坚决反对，这次赵光义投桃报李，任命李符为权知开封府，同时将赵廷美贬往洛阳，出任西京留守。

西去洛阳的赵廷美彻底远离了权力中枢，对朝政的影响力也日渐衰微，但伪善的赵光义将洛阳城中一栋气势恢宏的府邸赐给他，让他的儿女们陪着他一同前往洛阳，还特地赐给他袭衣、通犀带、万两白银和十万钱，以及绢、綵（即彩色丝织品）各一万匹。

赵廷美的亲信们随即遭了殃。皇城使刘知信改任右卫将军，弓箭库使惠延真被贬为商州长史，禁军列校皇甫继明被贬为汝州马步军都指挥使，范廷召被贬为唐州马步军都指挥使，王荣被贬为濮州教练使。王荣还没有来得及离开，有人告发他曾经口出狂言，预言自己不久将担任节度使。因此，王荣随即被赵光义削去官籍，流放到海岛。

赵光义最为忌惮的是赵廷美在军中的势力，他担心“黄袍加身”的一幕会再度上演，所以凡是与赵廷美有过来往的将领全都遭到了残酷的大清洗，即便如此，赵光义仍不打算就此罢休。

自从赵普第二次拜相后，宰相卢多逊便一直生活在惶恐不安中。赵普多次明里暗里地规劝卢多逊主动辞职，卢多逊也深知自己当下的危险处境，一旦失去了权力的庇佑，将会沦为任人宰割的羔羊，所以只能继续强撑下去。见卢多逊始终不肯就范，赵普只得使出杀手锏——控告卢多逊与赵廷美勾结，图谋不轨。赵光义随即罢免了卢多逊的宰相职务，改任他为兵部尚书，随后又将他投入御史台的大狱中。

赵普第二次拜相后不久，就特地召来钱惟濬，想要借助钱惟濬父亲钱俶之手彻底整垮卢多逊。早在太平兴国三年（978年），十国之一的吴越国国王钱俶将本国十三州一军八十六县之地献于北宋，吴越国至此亡国。钱俶也因此受到北宋朝廷的优待，被封为邓王。作为亡国之君，钱俶要想保全自己，只得花费重金结交权臣，以求获得对方的庇佑。正式归降前，钱俶就曾经送给时任宰相的赵普十瓶瓜子金，因此赵普断定他肯定也大肆贿赂过卢多逊。

赵普对钱惟濬说："朝廷已经知晓卢多逊从令尊处索要了大量的金银财宝，我担心此事会波及令尊。请你回去之后禀告令尊，将这些年送给卢多逊的财物据实列出，到时我自会帮你们脱罪。"钱惟濬深知此事关系重大，回府后赶忙将此事告诉父亲钱俶。老谋深算的钱俶自然知道赵普并非真的想保全他，不过是想借机彻底整垮政敌卢多逊。钱俶不愿贸然卷入这场政治纷争中，但钱惟濬觉得赵普这种心狠手辣之人得罪不起，于是召集门客属吏一起规劝钱俶顺从赵普之意。

钱俶见状只得推说："我去查查记录再说！"

钱俶命人取来记录后却付之一炬，指着那堆灰烬对钱惟濬说："为父入朝后，皇上待我不薄，皇上身边的大臣，我都有所馈赠，并非仅有卢相一人。如今卢相有难，我万万不会做落井下石之事！此事与你们无关，无论出了什么事，都由我一人承担！"

旧题北宋范坰等撰的《吴越备史》记载："（赵普）深自叹服，称王（即钱俶）宽宏大度。事遂寝。"不过，钱俶最终没能全身而退。审理赵廷美一案时，证实赵廷美曾经命亲信阎怀忠向钱俶索要犀玉带与金酒器，钱俶最终给了阎怀忠两百两白银，还有扣器（用金玉等镶嵌的器物）、绢扇等物品。

就在卢多逊身陷囹圄之际，一场大搜捕也拉开了序幕。中书守当官赵白、秦王赵廷美府上的孔目官阎密，及小吏王继勋、樊德明、赵怀禄、阎怀忠等人被逮捕。赵光义命翰林学士承旨李昉、翰林学士扈蒙、卫尉卿崔仁冀、膳部郎中知杂事滕中正共同审理此案。

卢多逊最终供认，他通过樊德明结识了赵白，随后通过赵白攀附上了赵廷美。此后，他曾多次通过赵白将朝中机密之事泄露给赵廷美。

此前一年即太平兴国六年（981年）九月，卢多逊通过赵白告诉赵廷美："愿宫车早晏驾，尽心事大王。"赵廷美随后派遣亲信樊德明告诉卢多逊："承旨言正会我意，我亦愿宫车早晏驾。"宫车晏驾专指帝王去世，可见两人都在盼着赵光义早点死去，这显然是大逆不道之言。

赵廷美通过其亲信赵怀禄多次征召同母弟赵廷俊密谈。身为军器库副使的赵廷俊掌握着军械装备，这对于任何谋反活动来说都是至关重要的。赵廷美还秘密赠送给卢多逊大量的弓箭，卢多逊全都欣然接受。赵廷美指使亲信王继勋大肆搜罗开封城中的名妓，供自己淫乐。王继勋依仗赵廷美的权势公然索贿，放高利贷，目无法纪，祸乱一方。赵廷美还派遣亲信阎怀忠向钱俶索要财物，带着这些财物去拜见其正在担任御前忠佐马军都军头的岳父，以赵廷美的名义慰劳岳父管辖的开封潘璘营的将士。

太平兴国七年（982年）四月十五日，赵光义召集文武百官讨论该如何惩处赵廷美、卢多逊等人。太子太师王溥等七十四人认为赵廷美阴谋叛乱，属于大逆不道，依律应判处斩刑。故作姿态的赵光义驳回了朝臣们的提议，下诏削夺卢多逊的官爵，将他和他的家人流放崖州（今海南省三亚市）。赵廷美被勒令在府中闭门思过，不得再踏出府门半步。他的亲信赵白、阎密、王继勋、樊德明、赵怀禄、阎怀忠等人悉数被斩于城门外，财产全被查抄充公。

曾经大权在握的卢多逊在海南岛的凄风苦雨中艰难度日，不过他并未死心，他委托遣送自己的使者回朝时将自己写的奏表呈给赵光义。经历了这么大的变故，卢多逊不仅没有丝毫怨言，还向朝廷谢恩。实际上，他是希望赵光义看在昔日情面上，有朝一日能够再度起用他。不过卢多逊很快便彻底绝望了，老辣的赵普将他与赵廷美谋反案牢牢地捆绑在一起，他此生恐怕都难有出头之日了。三年后，五十二岁的卢多逊在忧郁中溘然长逝。

身在洛阳的赵廷美此时已经从风光无限的接班人沦为苟延残喘的失败者，但洛阳与开封相距不过二百公里，那里又是不可多得的建都之地，因此赵普觉得将赵廷美安置在那里对朝廷依旧是个巨大的威胁。于是赵普授意权知开封府李符上言，说赵廷美丝毫没有悔过之心，应当将他迁往偏远地区，以防他再度生出事端。

太平兴国七年（982年）五月二十五日，赵光义将赵廷美从秦王贬为涪陵县公，把他安置在偏远的房州（今湖北省十堰市房县）。赵光义还任命崇义副使阎彦进知房州，监察御史袁廓通判房州，并分别赐给两人三百两白银，让他们严加看管赵廷美。

两个月后，赵光义册封皇长子赵元佐（当时名叫赵德崇）为卫王，任命其为检校太傅；册封皇次子赵元僖（当时名叫赵德明）为广平郡王，任命其为检校太保。两人均为同中书门下平章事。

在册封大典隆重举行的同时，赵廷美却远在房州艰难度日。房州地处武当山与神农架之间，群山环抱，森林茂密，交通闭塞，自古便是流放之地。战国时期末代赵王赵迁和秦国相国吕不韦的族人都曾被贬谪于此，唐中宗李显和后周末代皇帝柴宗训被赶下台后也被安置在这里。赵廷美明白自己的余生恐怕都将困守在这里，至死都走不出这绵延的大山。

不过陷害赵廷美的罪魁祸首李符也没落得好下场。赵普担心李符会将他们联手陷害打压赵廷美之事泄露出去，于是寻了事由将李符罢官，将其流放春州（今广东省阳春市）。李符是追随赵光义多年的心腹，赵普不过是赵光义对付赵廷美的工具罢了。因此，赵普要想将李符治罪绝非易事。李符真正触怒的人应该是赵光义，因为李符泄露了一些不可告人的秘密。一年多后，李符在流放地郁郁而终。

雍熙元年（984年）正月，三十八岁的赵廷美死在了房州，赵光义装出一副悲痛欲绝的样子，追封他为涪王（一说涪陵王）。赵廷美究竟是真如史书所言“因忧悸成疾而卒”，还是像赵匡胤那样被赵光义谋害，也成了一个千古之谜。

此后不久，赵光义主动向宰相李昉等人谈起赵廷美的身世。赵廷美的亲生母亲其实是赵光义的奶妈陈国夫人耿氏，后来耿氏嫁给了一个姓赵的人，生了一个儿子名为赵廷俊。赵光义还说，因为赵廷美的缘故，赵光义将赵廷俊提拔为军器库副使，谁知赵廷俊却将宫中秘事泄露给赵廷美。赵廷美谋划在金明池作乱，赵光义对他网开一面，只是令他迁居洛阳，谁知他却不思悔改，赵光义迫不得已才将他迁居房州。至于赵廷俊，赵光义也没有深究，只是贬黜而已。因此，赵光义自认为对赵廷美没有半点亏欠。李昉听后震惊不已道：“涪陵（即赵廷美）悖逆，天下共闻，而宫禁中事，若非陛下委曲宣示，臣等何由知之。”

赵光义公然向朝臣自曝父亲赵弘殷的丑事，可谓大不孝。赵廷美出生时，杜太后已经四十六岁了，赵廷美比赵匡胤足足小了二十岁，因此很多人自然会相信赵光义之言。不过赵弘殷第五子赵光赞也是杜太后所生，因此杜太后作为高龄产妇生下赵廷美也就不足为奇了。

除了赵光义外，其他人都没有怀疑过赵廷美的出身。自古以来“嫡庶有别”，庶子的地位很低，如果赵廷美并非杜太后亲生，那么订立“金匮之盟”时，杜太后与赵匡胤怎么可能要求赵光义日后将皇位传给赵廷美这个奶妈所生的孩子呢?

赵光义显然是在蓄意诋毁赵廷美，为的就是洗白自己，这与他刻意隐瞒赵德芳亲生母亲的行为如出一辙。

在铲除赵廷美的过程中，赵普可谓立下了大功。赵光义虽然表面上对赵普颇为尊崇，但毕竟两人之前积怨甚深，他绝不会像赵匡胤那样信任和器重赵普，不过是在利用赵普罢了。一旦目的达成，赵普的历史使命也随之结束。

太平兴国八年（983年）十月，赵普两年的宰相生涯戛然而止，他被改任为武胜节度使、侍中。在前往邓州（今河南省邓州市）赴任前夕，赵光义亲自为他饯行，还特地送给他一首赠别诗。此时赵普的心中百感交集，哭着说："陛下赐给老臣的诗应当刻在石头上，日后与老臣葬在一起！"

就在赵普迈着蹒跚的步子离开开封之际，赵光义的儿子们同时改名，也同时被封王。长子赵元佐从卫王进封为楚王，次子广平郡王赵元僖（当时名叫赵元佑，雍熙二年即984年改为此名）进封为陈王，三子赵恒（初名赵德昌，当时名叫赵元休）始封为韩王，四子赵元俊（当时名叫赵德严，雍熙三年即985年改为赵元份）始封为冀王，五子赵元杰（当时名叫赵德和）始封为益王。

五王并为同中书门下平章事。之前，赵光义、赵廷美、赵德昭和赵德芳虽然都被加授过同中书门下平章事，却都只是荣誉宰相，并不实际处理政务。如今赵光义令五个儿子前往中书省过问政事，既是为了对他们进行培养与锻炼，更是想要借助儿子们的力量牢牢地掌控朝政。

此时的赵光义志得意满，但"烛影斧声"与"金匮之盟"的负面影响远未清除，他也因此屡受打击。

“烛影斧声”的袅袅余音

赵光义的长子赵元佐从小聪明伶俐，长得很像父亲，所以自幼便深得赵光义的喜爱。赵元佐十三岁时跟随父亲在近郊打猎，有一只兔子在赵光义的车马前来回奔跑，赵光义让他射杀这只惊扰圣驾的兔子。赵元佐随即弯弓搭箭，一发而中。当时辽朝使者也在打猎的队伍中，他们见年幼的赵元佐有如此精湛的射术，自然是钦佩不已。赵光义露出了得意的笑容，自觉终于可以在彪悍的辽人面前扬眉吐气了。

太平兴国四年（979年），为了培养锻炼赵元佐，赵光义特地让他跟随自己征讨北汉，攻打幽州。虽然最终铩羽而归，但对于涉世未深的赵元佐而言，这段经历使他开阔了眼界，也增长了见识。

在诸位兄弟中，赵元佐最早被封为亲王，后来赵光义又让他迁居东宫。此时，赵光义想要册立赵元佐为皇太子的意图已经表露无遗了，但赵廷美案却使这对原本和睦的父子之间产生了越来越深的隔阂。

赵廷美案事关重大，牵连甚广。案发后，朝野上下几乎没有人敢为赵廷美求情，更没有人敢为他申冤，唯独赵元佐挺身而出，恳请父亲能够看在亲兄弟的分上饶过赵廷美。

其实，赵光义这么做正是因为担心赵廷美日后会威胁到赵元佐，赵元佐不仅不领情，还出面为赵廷美喊冤，这让赵光义很尴尬，也很气愤。赵元佐最终碰了一鼻子灰，父亲的冷酷无情在他的心中种下了一根刺。

或许是赵元佐太过刚烈正直，或许是他与叔叔赵廷美的关系太过深厚，赵元佐“遂感心疾”，他的精神自此变得不太正常，时常无缘无故地发狂发怒，仅仅因为很小的过错就用尖刀刺、用弓箭射自己身边的侍者。赵光义为此规劝了赵元佐很多次，可他却仍旧我行我素，毫不悔改。赵光义虽然不似之前那么喜爱他，但依旧希望他能够渐渐好起来。

雍熙二年（985年）夏秋之际，赵元佐的病情日益加重，赵光义为此而忧心忡忡。好在当年九月，赵元佐的病情有所好转，喜出望外的赵光义为此而“降德音”。

宋代皇帝发布的赦免诏书，分为大赦、德音与曲赦三种。大赦与曲赦的区别在于赦免区域不同，大赦恩及天下，曲赦只会恩及部分地区，如一州、数州、一路。德音则较为特殊，既可以像大赦那样恩及天下，又可以像曲赦那样只恩及部分地区，赦免的力度通常要小于大赦，大于曲赦，但有时也会与曲赦相同。

就在赵光义为儿子病情好转而欢喜之际，一场意外发生了。当年的重阳节，赵光义将几个儿子召入宫中饮酒作乐，由于赵元佐病刚好，没有被征召入宫。

傍晚时分，宴会结束后，赵元僖等人特地去看望赵元佐，他们不仅没能抚慰赵元佐那颗失落的心，反而激起了他心中的怒火。赵元佐恨恨地说：“你们被邀请前去宴饮射箭，唯独不让我参加，君父这是想要抛弃我呀！”

夜幕降临，余怒未消的赵元佐将侍女、姬妾等关在房内，然后纵火焚宫。

天亮时分，他亲手燃起的这场熊熊烈火仍旧未停息。赵光义得知此事后怒不可遏，命人将赵元佐带到中书门下问话，同时派御史调查此事。看到自己面前放着巨大的木枷，赵元佐心中顿时恐惧万分，当即乖乖认罪。

赵光义派人训示赵元佐说："汝为亲王，富贵极矣，何凶悖如是！国家典宪，我不敢私，父子之情，于此绝矣。"（《续资治通鉴长编》卷二十六）忍无可忍的赵光义与恣意妄为的儿子赵元佐就此彻底断绝了关系。

赵元僖等人听说父亲要与大哥彻底决裂，赶忙召集宰相、近臣等人前去面见赵光义，哭号着恳请赵光义收回成命。其实赵光义也不想走到如今这般地步，毕竟自己在长子赵元佐身上耗费了太多的心血。

赵光义流着泪说："朕每每读书，见前代帝王有不肖子孙，未尝不扼腕叹息，愤恨不已，谁料这种事居然会发生在我家。为了江山社稷，朕绝不能饶了他！"

赵光义怀着极其悲痛的心情废赵元佐为庶人，将他送往均州安置。均州距离赵廷美曾经的流放地仅一百余公里，只可惜房州再无赵廷美，均州也未等到赵元佐。

宰相宋琪等人仍旧没有放弃营救赵元佐，他们劝赵光义道："尧、舜虽是千古明君，却依旧有丹朱、商均这样的不肖子孙，这并不会有损他们的圣德。若是赵元佐没有心疾，断然不会做出此等荒唐事，还望陛下能够设法宽宥！"此后宋琪又率百官接连三次上表，恳请赵光义将赵元佐留在京师，赵光义最终恩准了他们的请求。

此时赵元佐已经上路了，他刚刚走到黄山便被召还，此后一直被幽禁在南宫中，过着与世隔绝的日子。在宰相宋琪等人的苦苦规劝下，赵元佐才得以重回开封。

赵元佐被废后，赵光义便悉心培养次子赵元僖，任命他为开封尹兼侍中，还特地挑选吕端、张去华、陈载等名臣前去辅佐他。炙手可热的赵元僖成为世人眼中的准皇储。

高梁河之战的惨败一直使赵光义如鲠在喉。因此，赵光义决意要二次北征契丹，但老臣赵普上表说，此番贸然北伐，战争的前景恐怕不会太乐观。

雍熙四年（987年）十二月，山南东道节度使赵普来朝，赵元僖上疏请求赵光义再度任命赵普为相。次年正月，赵光义任命赵普和吕蒙正为宰相，这也是赵普第三次拜相。只不过，六十七岁高龄的赵普再也没有昔日力挽狂澜的锐气了。

赵元僖由于举荐赵普有功被进封为许王，加中书令，他似乎又离心中的目标近了一步。赵元僖这么做自然是想要借助赵普之力登上太子之位，可赵普却深知此间的凶险，所以他不愿贸然涉足其间，只想着能够保住晚节，安度晚年。

萌生退意的赵普屡次上表请辞，赵光义虽然多次挽留，但是赵普去意已决。淳化元年（990年）正月，赵普被免去宰相之职，出任西京留守、河南尹。两年后，赵普溘然长逝。

宋初文坛盟主王禹偁为赵普写有挽歌《太师中书令魏国公册赠尚书令追封真定王赵讳普挽歌十首》，其中一首是：

玄象中台圻，皇家上相薨。

大功铭玉铉，密事在金縢。

“密事在金縢”指的自然是“金匮之盟”。当时身逢险境的赵普凭借自己篡改过的“金匮之盟”，成功地使自己化险为夷，东山再起，也算是成就了一段传奇人生。

在担任开封尹的五年时间里，赵元僖虽然还算勤勉，但也遭到了御史中丞的弹劾，不过具体原因不详。赵元僖气呼呼地对父亲说：“微臣乃是天子之子，怎能接受一个小小的中丞的调查呢？还望父亲能够设法宽宥！”赵光义却说：“朝廷之制谁敢违背？即便是朕有过错，臣下尚且可以指摘，何况你一个小小的开封尹，难道就可以不奉法吗？”

赵元僖最终受到了应有的处分。或许是因为这件事，赵元僖在父亲心中的地位一落千丈，以至于群臣多次请求立储，赵光义始终不为所动，甚至还曾为此大动肝火。

淳化二年（991年）九月，度支判官冯拯、左正言宋沆等五人上书请求立储，还点名要求册立赵元僖为皇太子。五人中，宋沆是宰相吕蒙正的姻亲，吕蒙正曾经不遗余力地提拔他，因此赵光义认为肯定是吕蒙正在背后指使，于是贬宋沆为宜州团练副使，吕蒙正也因此被免去宰相职务，改任吏部尚书。眼见近在咫尺的太子之位变得遥不可及，赵元僖懊恼不已，但他也只能默默等待。但令人遗憾的是，他没有等来期待已久的太子之位，反而等来了自己生命的终结。

淳化三年（992年）十一月十日，赵元僖在早朝时来到殿庐，也就是朝臣候朝与值宿之所，他忽然感觉身体很不舒服，不得不紧急返回府中休养。赵光义听闻儿子病了，赶忙来到许王府探望，让他万万没想到的是，之前还好端端的儿子竟突然病入膏肓。不久后，年仅二十七岁的赵元僖便去世了。

悲痛欲绝的赵光义彻夜不眠，含泪写下《思亡子诗》。他自然知道儿子心中未了的夙愿，于是追赠他为皇太子。可追赠仪式还没有举行，事情却再度发生了逆转。

赵元僖生前最宠爱小妾张氏。这个张氏恃宠而骄，稍有不顺心便对手下奴仆大打出手，甚至有时还会将下人活活打死。张氏在城西佛寺为死去的父母举行招魂葬——人死之后寻不到尸首，只得用其生前所着衣冠招其魂而葬。为父母举行葬礼自然无可指摘，但张氏在举行葬礼时竟擅自僭越礼制。

张氏的罪行还不止于此。据说赵元僖暴亡是因为误食了不该吃的东西，张氏与此脱不了干系，因此赵光义下令处死张氏，还毁掉了她父母的坟墓，将她的亲属全都流放到偏远之地。赵元僖身边的人也全被逮捕入狱，赵光义派昭宣使王继恩对他们严加审问，这些人最终全都被削夺官籍，还被处以杖刑。

不断发酵的丑闻使赵元僖的太子追册仪式被紧急叫停，最终赵光义按照一品官员的待遇将赵元僖下葬。关于赵元僖的死，正史几乎全都语焉不详，但《默记》记载他是被侍妾张氏不慎毒死的，因为这件事涉及皇室丑闻，所以正史有意予以掩盖。

赵元僖娶了开国功臣李谦溥的侄女为妻，但他并不喜欢这个妻子，而是宠爱善于献媚的侍妾张氏。赵元僖曾在暗地里跟张氏提及想休掉妻子，然后娶张氏为妻。自此之后，张氏变得更不安分。

时值冬至，王府上下照例要向赵元僖与王妃上寿。张氏想借机毒杀王妃，于是不惜花费重金打造了一款名为“关捩金注子”的酒具。宋朝的注子与如今的酒壶差不多，使用时，注子放入注碗中，碗内放有适量的热水，用以温酒。关捩金注子的独特之处在于，注子内部被巧妙地分割为两部分，一部分用来盛放普通的酒，另一部分用来盛放毒酒，注子上有一个不容易被人察觉的开关，可以控制倒出来的酒是否为毒酒。

朝贺时，张氏先斟了一杯酒递给赵元僖，随后又斟了一杯酒递给王妃，然后她便识趣地退到屏风后面，静静等待着王妃饮下自己送上的那杯毒酒，幻想着自己即将成为王府新的女主人。可让张氏未曾料到的是，赵元僖居然与王妃“献酬”，也就是互相敬酒，如此一来那杯毒酒便到了赵元僖的手中。见到此情此景，张氏焦急万分，但她又不敢道出实情，只能眼睁睁地看着赵元僖喝下毒酒。不久之后，赵元僖便毒发身亡。机关算尽的张氏最终却落得被处死的下场。

赵元僖的死牵连很广，即便是此前深受赵光义器重的开封府判官、右谏议大夫吕端，也因辅助有失而被贬为卫尉少卿。不过，他很快便再度得到重用，先升任参知政事，后被拜为宰相。赵光义任用此人可谓颇具政治眼光，等到赵光义病逝后，正是机智多谋的吕端将一场政变消弭于无形。

随着年龄越来越大，赵光义愈加真切地感受到自己的身体每况愈下，所以不得不尽快选择新的皇储人选。经过一番权衡，赵光义最终选中了皇三子赵恒。

淳化五年（994年）九月初三，赵恒被封为寿王，担任检校太傅、开封府尹。由于开封府政事纷繁，赵恒索性搬到府衙居住。赵恒悉心审理每个案件，既不冤枉一个好人，也不放过一个坏人，所以开封的百姓对他赞不绝口。

在开封，有些有钱有势的人获罪之后便大肆贿赂胥吏，让仆人代自己受罚。赵恒深知这个弊端，于是他定期轮换开封府的胥吏。由于担心离任后自己所做的不法事会被揭发，胥吏们自然也就不敢像之前那样随心所欲地专权擅权，那些有钱有势的人也就此收敛了许多，以至于开封府的监狱时常空置着。

赵光义对赵恒的表现非常满意，多次下诏褒奖他，赵光义的心中已经将赵恒当成了自己的继承人。

赵恒与大哥赵元佐是同母兄弟，他们的母亲李氏虽生有五子，却只有他们两人得以成年。赵光义即位后将李氏封为陇西郡夫人，但次年三月十二日，年仅三十四岁的李氏便去世了。李氏生前并没有获得高等级的封号，后来由于母以子贵，李氏才被追赠为皇后。

赵光义的第一任妻子是后周滁州刺史尹廷勋之女尹氏，婚后两年便去世了；第二任妻子是符彦卿之女符氏，符氏在赵光义即位的前一年也去世了。两位早逝的正妻以及赵恒的生母李氏死后都被追赠为皇后。虽然赵光义名义上有四位皇后，但明德皇后李氏是他唯一的正牌皇后。

李皇后是开国大将李处耘的次女，是赵光义的第三任也是最后一任妻子。李皇后唯一的儿子赵元亿早早夭折了，所以看到赵恒日益获得赵光义的宠爱，李皇后的心中很不是滋味。

至道元年（995年）八月十八日，赵恒被赵光义正式册立为太子。赵恒在参拜太庙回宫的途中，欢呼雀跃的百姓称赞他为“少年天子”。李皇后随后将此事添油加醋地禀告给多疑又敏感的赵光义。赵光义当即召来寇准，当初正是在寇准的竭力主张下，他才将赵恒册立为太子。赵光义怒气冲冲地对寇准说：“百姓但知有皇太子，而不知有朕。卿误朕也！”

面对盛怒的赵光义，寇准却毫不畏惧，他沉着冷静地规劝道：“太子乃是陛下子嗣，未来的社稷之主也。如若陛下所托非人，才是令人担忧之事。如今天下人竞相歌颂太子的贤名，微臣以为您应当庆贺才是！”见寇准如此说，赵光义心中的怒火渐渐消散了。自此之后，赵恒处处小心，以免自己会授人以柄，但一场始料未及的政治风暴依旧向他袭来。

至道二年（996年），开封府下属的十七个县遭遇多年不遇的旱灾，身为开封府尹的赵恒恳请朝廷减免当地百姓的赋税。这原本是件利国利民的大好事，有人却上奏赵光义，诬蔑赵恒蓄意夸大开封府的灾情，说赵恒想要借此收买人心。赵光义本就对众人心向太子有所不满，如今又听闻太子借减免赋税笼络人心，他当即下令调查此事。好在调查证实灾情属实，赵恒这才有惊无险地渡过了难关。

次年二月，赵光义病入膏肓，围绕皇位归属的一场暗战就此拉开了序幕。

南宋王明清《挥麈余话》卷一有这样一段记载，赵匡胤去世后，北宋朝廷在今河南省巩义市坞罗河南侧为他修造永昌陵。司天监苗昌裔奉命前往永昌陵占卜吉凶，他与内侍王继恩登上山巅，俯瞰四周，意味深长地说：“太祖之后，当再有天下。”

王继恩虽然默不作声，但心中已有了谋划。赵光义病重期间，王继恩企图“谋立太祖之孙（赵）惟吉”。

其实这段记载不太可信，当时与宦官王继恩暗中勾结、企图发动政变的有参知政事李昌龄、侍卫马军都指挥使李继隆①、知枢密院事赵镕、布衣潘阆以及兵部郎中、知制诰、史馆修撰胡旦，此外还有李皇后，不过为了给皇室遮丑，很多历史文献刻意隐去了她的名字。既然李皇后也参与其中，他们就不可能会拥立赵匡胤之孙赵惟吉。他们真正想要拥立的是皇长子赵元佐。

三月二十九日，宰相吕端入宫探视赵光义，见赵光义的左右只有王继恩与李皇后两人，却不见太子赵恒。吕端随即在自己的笏板上写下“大渐”二字，让亲信将自己的笏板速速交给赵恒，请他即刻入宫，以免局势有变。

赵光义驾崩当晚，吕端恰巧在中书门下值夜班。李皇后让王继恩深夜前去叩门，告诉吕端赵光义去世的噩耗。赵光义当年谋害赵匡胤时，王继恩就是重要参与者，尝到甜头的王继恩还想故伎重演。不过识大体的宰相吕端在大事面前向来不糊涂，他自然知道王继恩深夜前来的用意。吕端盛情邀请王继恩赏鉴赵光义生前赐给自己的墨宝，善于搞阴谋诡计的王继恩没有料到这会是一个阴谋。

就在王继恩饶有兴趣地欣赏赵光义的书法作品时，吕端将王继恩锁在了阁内，自己则悄然离开。过了一会儿，王继恩才惊觉上当，他用力摇晃阁门，拼命嘶吼，终究无济于事。王继恩预感到计划可能要失败了，上天不会永远眷顾篡位者。

吕端从容不迫地走进万岁殿。李皇后见他独自一人前来，顿觉事态不妙，但她还是试图拉拢吕端，说道：“如今宫车晏驾，立嗣先立长，如此一来才能顺应天下民意，不知宰相意下如何？”吕端据理力争道：“先帝生前已册立了太子，岂容再有异议，我们又怎能擅自更改呢？”

赵元佐并非李皇后的亲生儿子，李皇后拥立赵元佐只是想要攫取更大的政治利益。但赵元佐已然被废，赵恒又被立为太子，李皇后这么做显然是冒天下

---

① 《涑水记闻》卷六记载为李继勋，但李继勋当时已经去世，应为李继隆。

之大不韪。如今李皇后得不到宰相的支持，王继恩是死是活也不得而知，李皇后只能识趣地选择停手，也算是给自己留了一条后路。

登基大典时，吕端立在殿阶前，望着帘子后面的新皇帝，始终不肯下拜，因为他并不知道坐在帘子后面的人究竟是不是赵恒，如若不是，那么他之前所有的抗争都将是徒劳的。见宰相迟迟不愿下拜，文武百官只得站在原地观望。

吕端请求内侍卷起帘子，内侍照做了，但由于距离比较远，吕端看得并不是很真切，他只得进殿仔细观看。确认坐在御座上的人就是赵恒后，如释重负的吕端才走下台阶，率群臣山呼万岁。

赵恒就这样有惊无险地登上了皇位。他不似父亲赵光义那样狠辣冷酷，并未严惩那些政变参与者，只是将相关人员外调或者贬官。参知政事李昌龄被贬为忠武节度行军司马；侍卫马军都指挥使李继隆被解除兵权后改任镇安节度使；枢密院事赵镕被贬为寿州观察使；兵部郎中、知制诰、史馆修撰胡旦被贬为安远节度行军司马，后被削籍流放浔州（今广西壮族自治区桂平市）；宣政使王继恩被贬为右监门卫将军，安置在均州。

赵恒对胡旦与王继恩的处罚最重。胡旦身为知制诰，日常工作就是替皇帝草拟诏书，或许他已经按照李皇后和王继恩的要求伪造好了相关遗诏，所以性格温和的赵恒才会对两人痛下狠手，但依旧没有将他们置于死地。

不过赵恒并没有向李皇后发难，也没有难为大哥赵元佐。赵恒刚刚即位便恢复了赵元佐的楚王爵位，之后授予他太师、太尉、中书令等一系列高级职务。虽然赵元佐并无实权，但是他可以借此领取丰厚的俸禄。

赵元佐被废前种种怪异的举动究竟是因为精神失常而难以自控，还是他在刻意伪装，已然成了一个谜。不过自从被废后，赵元佐再也没有犯过病。

或许是叔叔赵廷美的惨死使赵元佐彻底看清了父亲冷酷无情的嘴脸，也彻底看透了政治阴暗血腥的本质，自此之后赵元佐对权力充满了忌惮，也对未来丧失了希望。虽然李皇后不遗余力地想要将赵元佐推上皇位，但那似乎并非他真正想要的，他渴望的只是没有阴谋与算计的平静生活。赵恒理解大哥，并没有因为那场政变而对大哥有所猜忌，而是让他去过自己想要的生活。

天圣五年（1027年）五月二十四日，六十三岁的赵元佐溘然长逝，比弟弟赵恒多活了五年。

随着赵德昭、赵德芳、赵廷美、赵光义等人的相继离去，围绕“金匮之盟”的种种争议似乎应当落幕了，但实际上并非如此，赵匡胤的子孙们一直都在不遗余力地想要找回原本属于自己的皇位。

至和二年（1055年）七月，左屯卫大将军赵从式向仁宗皇帝赵祯献上当年赵光义赐给自己的祖父赵德芳的那枚玉宝。这个时间点极为耐人寻味。就在前一年正月，赵祯最宠爱的张贵妃病逝。此时已经四十五岁的赵祯生育子嗣的梦想已然基本破灭了，所以他不得不考虑收养宗室子弟作为自己的接班人。

赵从式献上这枚玉宝时虽然什么也没说，但是其中隐藏的深意却不言自明，他希望后继无人的赵祯能够将皇位归还给太祖子孙。不过赵从式的愿望最终落空，赵祯选择了与自己血缘关系更近的堂侄，也就是后来的英宗皇帝赵曙。

不过历史的发展常常充满了令人意想不到的戏剧性。建炎三年（1129年）三月初五，南宋将领苗傅和刘正彦发动兵变，高宗赵构唯一的儿子在恐惧中离世。此时的赵构已经丧失了生育能力，他的近亲在靖康之难中又几乎全都被金人掳掠到了寒冷的东北。高宗面临着后继无人的困境。

恰在此时，孟太后做了一个奇怪的“异梦”，她将这个梦告诉高宗后，高宗也是唏嘘不已。《宋史》刻意回避这个梦的具体内容，但可以推测，闯入孟太后梦中的应该是赵匡胤。“太祖之后，当再有天下”这句话与其说是神秘莫测的谶言，不如说是民心所向的期待。

孟太后的梦对高宗皇帝产生了极大的影响，紧接着右相范宗尹也恳请赵构选择太祖的子孙作为皇位的继承者。经过一番权衡后，赵构最终决定顺应民意："太祖以神武定天下，子孙不得享之，遭时多艰，零落可悯。朕若不法仁宗，为天下计，何以慰在天之灵。"（《宋史·孝宗本纪》）

绍兴二年（1132年）五月十六日，赵构将年仅六岁的赵匡胤的七世孙赵昚（当时叫赵伯琮）正式地介绍给自己的嫔妃。当时张婕妤、吴才人和潘贤妃三人正坐在一起聊天，见到赵昚后，潘贤妃不禁想起了自己三岁就早夭的儿子赵旉，于是赶忙痛苦地转过头去。张婕妤却笑着向赵昚招了招手，赵昚随即扑入她的怀中。赵构见状，命张婕妤抚养年幼的赵昚。只可惜张婕妤没能等到养子赵昚即位的那一天，她死后被赵构追赠为贤妃。

绍兴三十二年（1162年），赵昚登基成为南宋的第二任皇帝，如若赵德芳地下有知，或许会感到一丝欣慰。

第二案

『帽妖』横行：诡异事件背后的权力斗争

天禧二年（1018年）是真宗皇帝赵恒继位的第二十一个年头，他虽是个政绩平平的皇帝，却因“狸猫换皇太子”的传说而变得家喻户晓。其实，围绕在真宗赵恒身边的诡异事件并非仅此一件。

当年五月，繁华的西京河南府（今河南省洛阳市）莫名地出现了帽妖，这种形状如同帽子的妖怪，纵横驰骋于当时最为繁华的西京河南府、东京开封府和南京应天府（今河南省商丘市）。那些热衷于神秘文化的人认为帽妖是天外之物，但帽妖还能够化身为犬狼伤人，搞得全国上下人心惶惶。

这究竟是一种怎样诡异的妖怪，居然会与仁宗皇帝赵祯的前途命运有着千丝万缕的联系，又对北宋历史的走向有着怎样的影响呢？

“帽妖”突然来了

天禧二年（1018年）的夏天出奇地热，真宗皇帝特地赐给宰执每人十匹花素布，这种布铺在身下会让人感到丝丝凉意。就在君臣饱受酷暑袭扰之际，一件令人震惊的事情发生了。

就在真宗赐布的前一日，也就是五月二十五日，河阳三城节度使张旻上奏了一件极其诡异的事情。在一个夏夜，帽妖突然降临西京河南府。帽妖也被称为席帽精，据说是一种状如席帽的妖精。席帽就是四周垂着丝网的帽子，通常还会饰以珠宝珠翠，无论男女都会戴，戴席帽与开封及其周边地区风沙比较大有关。

神秘莫测的帽妖还能幻化为犬狼对百姓进行攻击，西京的百姓对此惊恐万分，所以每到夜幕降临之际，家家户户都会关闭家门，后来即便是大白天，人们都时常感到惊疑不定。

张旻没有目睹过帽妖，从他写的“近闻西京讹言”这句话可以看出，他上奏的内容几乎都来自道听途说。关于帽妖出没的传闻已经传到了与西京毗邻的河阳，说明此事在当地已经传得沸沸扬扬了，很多惊魂未定的百姓甚至夜晚时兵器都不离身。

真宗皇帝接到上奏后惊愕不已，他没有想到富庶繁华的西京居然会有帽妖出没，更让他感到气愤的是，西京当地的大小官员全都蓄意隐瞒此事，竟无一人上奏，于是真宗当即派遣侍御史吕言驰前往西京，让他追究当地官员失职渎职之罪。除此之外，真宗还下诏举行祭祀活动，祛灾祈福，想通过举行祭祀活动来消弭这场诡异的灾祸，但效果并不理想，帽妖不仅没有销声匿迹，还悄然来到了都城开封。

帽妖将于六月十四日夜来到开封的传言在城中传得沸沸扬扬，传言还说帽妖此番就是来吃人的。因此，开封百姓陷入了巨大的惊恐中，真宗也真切感受到了帽妖给朝廷带来的巨大的威胁。

开封的百姓为了不被帽妖吞噬，全家人手持利刃围坐在一起，不安地等待着可能会来的帽妖。即便是军营中，将士们也是议论纷纷，躁动不安。不仅开封如此，开封以南的广大地区也是如此，关于帽妖的传言在中原大地上肆虐地传播着。唯独南京应天府是个特例。

其实关于帽妖来袭的言论也曾在应天府疯狂传播。传言还说帽妖专门吃小孩，因此天还没有黑，百姓便关闭门窗，熄灭火烛，将家中的小孩藏在黄色帷幕的后面。此外，百姓还会在门前专门放置熏炉，想借此让帽妖远离自家门庭。

知应天府的王曾是个颇有胆识和智慧的官员，他认为没有什么比恐惧本身更值得恐惧的了，于是他反其道而行之，下令让百姓在夜间打开各里（古代五家为一邻，五邻为一里）里门，让百姓自由穿行在各里之间。如若百姓纷纷效仿采用放置熏炉等方式进行辟邪的行为，势必会加重城中的紧张气氛，所以王曾下令严禁城中百姓这么做，并且下令追查谁是始作俑者。始作俑者被缉拿后判处笞刑，随后王曾将其驱逐。

王曾当众宣布，此后谁敢继续妄言帽妖，就将这个人即刻收押。因此，关于帽妖的传闻不久便在应天府停息了，当地百姓也很快恢复了正常生活。

真宗皇帝对果敢睿智的王曾赞赏不已，但都城开封的情形比应天府复杂许多。城内聚集了诸多奇人异士和高僧名道，这些人并不安生，总爱生出些事端，以至于妖异之事层出不穷。如今关于帽妖的传闻愈演愈烈，真宗想要尽快揪出幕后主使，却又一时间寻不到出击的方向，于是便发布了悬赏令，不惜花费重金寻找破案线索。

在朝廷的重赏之下，此案很快便迎来了转机。随着举报的线索越来越多，最终有六百多人被捕，这些人每到夜幕降临时，便会聚在一起图谋不轨，天亮之前便各自散去。这六百多人里面，绝大多数人应该与此案无关，顶多是想趁着帽妖传言引发的社会恐慌，干些偷鸡摸狗的事，当然也有不少人是被人诬告的。

随着逮捕的人越来越多，官府抓到了帽妖案的幕后主使——僧人天赏，术士耿概、张岗等人。不过在嫌疑人落网后，真宗没有将这些人交开封府审理，而是命起居舍人吕夷简和入内押班周怀政负责审理此案。

起居舍人相当于皇帝的机要秘书，负责记录皇帝的日常政务活动。周怀政是入内内侍省的押班，是负责管理服侍在皇帝后妃身边的宦官。宋代依照隋唐五代的老规矩，依旧设置了宦官机构内侍省，还新增了置入内内侍省。内侍省被称作“前省”，设置了左右班都知、副都知、押班等职，负责在殿中侍奉、打扫清洁之类的事儿，还有各种杂役。入内内侍省称“后省”，设都都知、都知、副都知、押班等职，负责在宫中侍奉、做些贴身的活儿，所以跟帝王后妃特别亲近。如果后省官员有缺，就用前省的官员来补上。到了南宋绍兴三十年（1160年），宋高宗裁撤内侍省，将之并到入内内侍省。

真宗将此案交由两名亲信负责，应该是担心案情会外泄。真宗之所以会有这样的担心，定然是因为此案极有可能与宫闱秘事有关。经过一番审理，天赏、耿概、张岗等六位罪魁祸首被认定施行邪法，在闹市中被处斩，还有很多与此案有关的人被流放。

七月十一日，知陈州的冯拯知河南府、兼西京留守司事。冯拯的父亲是名相赵普的家臣，阅人无数的赵普认定冯拯是个极为难得的人才，于是告诫冯拯的父亲一定要让冯拯好好读书，冯拯日后必然会出人头地。冯拯没有辜负赵普的期待，经过多年努力，终于位至参知政事。后来冯拯因患病而请辞，前往地方任职，不过很快他就迎来了自己的高光时刻。

原本知河南府的王嗣宗改知陕州（今河南省三门峡市）。帽妖案发端于洛阳，身为当地最高长官，王嗣宗既不上奏，也不处置，一直听之任之，让帽妖的传闻在中原大地上广泛传播，在社会上引起了极大的恐慌。

就在帽妖案渐渐平息之际，彗星突然闪现天际。六月二十日，彗星突然出现在北斗七星中的魁第二星的东北方向（北斗七星形似一个勺子，四颗像“量斗”的星称为“魁”，三颗像“勺柄”的星称为“杓”）。这颗彗星长三尺，一直向北行进，经过天牢星，穿过文昌星，从三尺长激增到三丈多长，接连在天空中出现了三十七天才渐渐消失。

彗星的出现一向被视为不祥之兆，真宗随即下诏大赦天下，但犯有十恶不赦罪行致人死亡的罪犯、有其他故意杀人行为致人死亡的罪犯以及“造妖惑众者”，不在真宗赦免的范围内。

随着告密者层出不穷，每日都有人惨遭逮捕。右正言刘烨上奏真宗称：“存在很多人为了赚取高额赏金而肆意诬告他人的现象，所以应当认真进行调查，以免让无辜百姓蒙冤。”

真宗对他说：“朕此前要求吕夷简审理案件时要谨慎，吕夷简调查后发现很多人是被人诬陷的。”

真宗果断下诏：“今日已前犯者，更不问罪。”随着抓捕行动的停止，开封的局势也渐渐稳定下来。由于此案的案卷资料严格对外保密，因此具体案情也就不为人所知。

不过梳理此案发生的时代背景便会发现，此案极有可能与立储有关。此案结案不久，也就是八月初八，群臣上表恳请真宗册立太子，遭到了真宗的拒绝，但群臣接连上了三份奏表，真宗才应允。

真宗皇帝共有六个儿子，温王赵禔、昌王赵祇、信王赵祉和钦王赵祈出生不久便夭折了，死的时候连名字都没有来得及起，他们的名字与王爵都是后来的徽宗皇帝赐给他们的。真宗皇帝的郭皇后为他生下一子赵祐，但赵祐九岁时也不幸去世了。

大中祥符三年（1010年），就在真宗苦于后继无人之际，他最小的儿子赵受益降生了，这就是“狸猫换皇太子”传说中那个被狸猫换掉的太子。大中祥符八年（1015年）十二月，赵受益获封寿春郡王。次年，真宗特地在元符观之南修建资善堂，将其作为赵受益的学习之所。“资善”这个名字是真宗亲自起的，真宗还特地命入内内侍省押班周怀政担任资善堂都监。

周怀政成为管理和陪伴赵受益读书的近侍，他们的关系颇为亲近，赵受益平时称呼周怀政为“周家哥哥”。赵受益闲来无事时喜欢画马，许多宦官都前来索要他的画作，周怀政也不例外，但他给周怀政写了六个大字：“周家哥哥斩斩。”“斩斩”是整肃整齐之意，或许只是巧合，或许是冥冥之中自有定数，周怀政最后的下场居然是被斩杀。

天禧二年（1018年）二月，赵受益由寿春郡王晋升为昇王，“昇”为上升之意。作为真宗唯一的儿子，他被册封为太子本就是毫无争议之事，不过此时他才刚刚九岁，一时还无法担当大任，很多人却已经等不及了。

从大中祥符九年（1016年）仲春开始，真宗便开始患病，迟迟未痊愈，皇后刘娥时常协助他处理政事，这引起了群臣们的警觉，他们担心武则天篡权的一幕会再度上演，于是急切地想确立赵受益的太子身份。这恰恰是刘娥不愿看到的，她手中隐形的权力来自真宗，一旦赵受益被册立为太子，等到真宗卧病不起后，群臣势必会恳请皇太子监国。如今太子年幼，他身边的那些人势必会趁机攫取权柄，如此一来刘娥便会被一步步边缘化。

一边是自己的皇后，一边是自己的独子，夹在中间的真宗有些为难。帽妖案就发生在这个大背景下。此案极有可能是周怀政一党暗中策划的，他们想借此昭告天下：太子一日不立，国家一日不宁。真宗极有可能对此心知肚明，于是特地将此案交由周怀政去审理，以防节外生枝。

恰在此时彗星降临，彗星的出现往往被赋予除旧布新的寓意。唐睿宗李旦在彗星出现不久，便出人意料地提前传位给儿子唐玄宗，甘愿成为太上皇。如今帽妖横行，彗星降临，朝中请立太子的呼声一浪高过一浪，真宗索性也顺势而为。

八月十五日，真宗皇帝正式册立昇王赵受益为太子，赐名赵祯，并大赦天下。九月初八，真宗皇帝亲临天安殿，举行盛大的册封皇太子的仪式。不过，太子的诞生没能消弭朝中的争端，一场新的权力战争随即打开了帷幕，因为重臣寇准要回朝了。

寇准东山再起的内幕并不光彩

景德元年（1004年）秋，辽朝萧太后与辽圣宗耶律隆绪亲率大军南下侵宋。面对来势汹汹的辽军，朝中很多大臣主张避敌南逃，真宗皇帝也有南逃之意，但在关键时刻，宰相寇准力劝真宗皇帝御驾亲征，真宗皇帝无奈只得来到澶州（今河南省濮阳市）督战。

面对士气如虹的宋军，辽军一时间陷入了进退维谷的境地。双方最终在当年十二月订立盟约，约为兄弟之国，但北宋每年要向辽国支付岁币银十万两以及绢二十万匹。因为澶州也被称为澶渊郡，所以这个盟约史称“澶渊之盟”。自此之后，宋辽两国百年间没有发生过大规模的战事。宰相寇准虽立下大功，但他是一个不太注重小节的人，担任宰相不到两年便遭到罢免。

其实长期和平带给北宋的收益远远大于其每年向辽国缴纳的岁币，但向被视为蛮夷的辽国缴纳岁币这件事，让真宗不得不承受巨大的舆论压力。为了粉饰太平，也为了神化自己，真宗与他的亲信们精心策划导演了一幕幕天降天书的闹剧。

大中祥符元年（1008年）正月初三，天书降于宫城左承天门南角；同年四月初一，天书降于大内功德阁；同年六月初五，天书降于泰山醴泉亭之北；大中祥符五年（1012年）十月十二日，被北宋朝廷奉为“天尊”的赵氏始祖赵玄朗降授天书于延恩殿。除此之外，真宗还大规模地封禅泰山，西祀后土（即土地爷），合称“东封西祀”。正是在当时大肆崇尚玄学的环境下，帽妖案才得以发生。

寇准原本对天降天书的闹剧嗤之以鼻，如今却想借此东山再起。帽妖案告破后，宦官周怀政从入内内侍省押班升为副都知。一直想出人头地的朱能借机攀附上了周怀政。朱能本是单州团练使田敏府上的一个下人，既擅长向上社交，又懂得自我包装，自称拥有特异功能，所以使见多识广的周怀政不禁对他刮目相看。在周怀政的举荐下，出身寒微又无功名的朱能一路升至御药使、阶州刺史。后来，朱能在终南山修建道观，假托神灵妄言过失，品评大臣。朱能还得到了寇准的赏识，在寇准手下出任巡检。为了捞取更大的政治利益，朱能决意利用自己的特长帮助寇准回朝，他投真宗所好，伪造了一份天书，谎称是上天降天书于乾祐山（在今陕西省商洛市柞水县）中。

天禧三年（1019年）三月，寇准将此事上奏给真宗，朝野上下大多怀疑天书的真实性，但真宗对此深信不疑。这出天书闹剧本来就是他自导自演的，他不信也要装作相信，否定朱能也就意味着否定他自己。真宗就此事询问过宰相王钦若[①]，王钦若说：“寇准之前一直不信天降天书之事，如今天书就降在他的辖境之内，如若令他亲自进献天书，之前那些对天降天书之事半信半疑之人定然会深信不疑。”真宗赞赏地点了点头，当即命周怀政去见寇准。但寇准起初不愿意这么做，因为他担心自己可能会因此晚节不保。

---

① 《宋史·寇准传》原本记载为王旦，但王旦在两年前，也就天禧元年（1017年）正月便已去世了，因此应为王钦若。

眼见此事陷入僵局，周怀政只得向与自己关系亲密的王曙求助。王曙是寇准的女婿，寇准对这个女婿一向青睐有加。在王曙的竭力劝说下，寇准才答应下来。对权力的渴望让寇准背弃了之前的行事原则。周怀政兴冲冲地返回开封复命。当年四月十二日，真宗皇帝征召山南东道节度使、同平章事、判永兴军（今陕西省西安市）寇准回朝。

五月二十八日，寇准踏上了西去开封的路。就在他动身之际，他的门生忧心忡忡地对他说："寇公抵达河阳后，假称患病，坚决请求真宗皇帝让您去地方任职，此为上策；如果您坚持入朝，就主动揭发天书乃是人为伪造，尚可保全您正直之名，此为中策；如果您选择进献天书，借机再度为相，此为下策。"听完后，寇准的脸色阴沉下来，在之前的十三年时间里，他几乎都在地方任职，他迫切地想回朝，因为他认为此时朝中已经发生了有利于他的变化。

身为次相的王钦若曾经不遗余力地帮助真宗皇帝策划实施了天降天书的闹剧，还大搞"东封西祀"，致使朝廷入不敷出，百姓怨声载道，因此他与丁谓、林特等五人被称为"五鬼"。

王钦若起初认为素来耿直的寇准不会冒天下之大不韪，向真宗进献天书，谁知寇准却为了能早日回朝，放弃了一贯坚持的原则。对此措手不及的王钦若不停地在真宗面前说天书必然是朱能等人伪造的。王钦若态度的转变使真宗很惊讶，也让真宗很为难，一旦这一次的天书被认定是伪造的，那么之前的天书也势必会受到世人的质疑。如此一来，真宗之前所做的一切都会变得毫无意义。

就在王钦若失宠之际，周怀政授意亲信诬告王钦若收受旁人送的黄金。王钦若得知后，赶忙在真宗面前为自己辩解，还恳请真宗让御史台出面调查此事。真宗皇帝面露不悦之色，说道："朝廷设置御史台难道就是为了分辨真假的吗？"诚惶诚恐的王钦若赶忙请求辞职，并恳请真宗让他去做地方官。恰在此时，商州捕获了一位得道士，此人不仅私藏刊载有邪术的禁书，还说自己能驱使六丁六甲神。更要命的是，他自称去过王钦若府上，说王钦若还给他写过信，赠过诗。这件事也成为压垮王钦若的最后一根稻草。六月初九，王钦若被真宗皇帝罢免了宰相职务，改任为太子太保。不久之后，王钦若离朝判杭州。

王钦若被罢相四天后，寇准再度被任命为宰相。就在同一日，保信军节度使丁谓被任命为参知政事。不久后，两人的斗争将决定着政局的走向。

寇准仅比丁谓大四岁，却比他早十二年进士及第，所以寇准的资历远在丁谓之上。寇准对能干的丁谓颇为赏识，丁谓却竭力迎合真宗皇帝造天书，搞祭祀，政治理念的差异让两人渐行渐远。寇准与首相向敏中、参知政事李迪、同知枢密院事周起、签书枢密院事曹玮等人关系亲近，此时的丁谓还无力与他们抗衡。由于王钦若被罢相，皇后刘娥在外朝没有了盟友，所以她急切地想寻找下一个王钦若。

丁谓此番回朝后对寇准颇为尊敬。一天，宰相和副宰相聚在一起用餐，寇准的胡须上不小心沾了些汤汁，丁谓赶忙站起来，轻轻地为他拂去汤汁，这也是“溜须”的由来。大大咧咧的寇准却笑着说：“参政，国之大臣，乃为长官拂须耶？”丁谓听后既羞又恼，此后便对寇准怀恨在心。

天禧四年（1020年）三月二十八日，七十二岁高龄的首相向敏中去世，朝中微妙的权力平衡就此被打破。当年六月，真宗的病情突然加重，甚至到了难以说话的地步，此时的朝政大多由刘娥代为处理。刘娥渐渐将丁谓视为自己在外朝的盟友，丁谓又与枢密使曹利用、同知枢密院事任中正结成了政治同盟。一场新的权力斗争就此拉开了序幕。

功败垂成的寇准与绝地反击的丁谓

真宗皇帝的病情迟迟没有好转的迹象，寇准看在眼里，急在心里。他与周怀政秘密商议，想让太子赵祯监国。随后，寇准在中书门下与诸位宰执们商议时，参知政事李迪旗帜鲜明地支持寇准，参知政事丁谓却说："如若皇帝痊愈之后，又当如何呢？"

明眼人看得都很清楚，真宗不过是丁谓手中的幌子而已。这场斗争名义上是皇帝与太子的权力博弈，实际上却是刘娥与寇准的权力之战。太子监国后，将会代替真宗皇帝处理朝政，但由于太子年幼，真正掌握权柄的将会是寇准等人。真宗一旦被架空，刘娥势必会大权旁落，这显然是她不愿看到的。

李迪当即呛声道："难道太子监国不是自古以来就有的制度吗？"皇帝患病或者出征期间，太子监国是理所当然之事。丁谓听后，一时间无言以对，也无法反驳。

天禧四年（1020年）六月的一天，寇准单独面见真宗时说："如今太子乃是众望所归，愿陛下以江山社稷为重，命太子监国，如此一来方能长治久安。

丁谓实乃奸臣，不可以辅佐少主，还望陛下选择方正大臣充作皇太子羽翼。”真宗皇帝当即便同意了寇准的请求。寇准当时恳请的是让真宗准予太子监国，不是让真宗提前传位给太子，这与之后周怀政发动政变的目的有着很大的区别。

见获得了真宗的首肯，欣喜若狂的寇准赶忙命翰林学士杨亿撰写诏书。去年十二月，参知政事丁谓升任枢密使，参知政事李迪一向对寇准颇为敬重，如若再将杨亿提拔为参知政事，那么寇准便可以彻底控制中书门下了。一旦太子监国变成现实，中书门下将会成为辅佐皇太子的核心机构，野心勃勃的丁谓将会被逐渐边缘化。

就在寇准沉浸在对未来的美好期待中时，太子监国的消息却意外泄露了。至于究竟是如何泄露的，历史文献记载不一。

苏辙所著《龙川别志》卷上记载，杨亿私下里对妻弟张演说：“数日之后，事当一新。”谁知张演却将这个消息泄露了出去。不过《龙川别志》的记载并不太可信。杨亿是个极为谨慎的人，为防泄露，他刻意选在夜深人静之际草拟诏书，还屏退了左右。在起草诏书的过程中，杨亿连剪烛芯这样琐碎的事儿都自己做。他如此小心，怎会轻易将此事泄露出去呢?

寇准一贯大大咧咧，眼见成功在即，本就喜欢喝酒的他自然是开怀畅饮。酒醉之际，他将此事向在座之人和盘托出。消息灵通的丁谓很快便得知了此事，当即求见真宗。在真宗的面前，丁谓竭力地诬陷、诋毁寇准，并且恳请真宗罢免寇准。

精神恍惚的真宗皇帝忘记了之前与寇准所谈之事，居然鬼使神差地同意了。丁谓比寇准心思更为缜密，为了防止夜长梦多，丁谓要求真宗当即草拟诏书。紧接着，真宗又干了一件有些荒唐的事情，他莫名其妙地征召知制诰晏殊入宫，让晏殊起草罢免寇准的诏书。晏殊听后不禁大惊失色，赶忙说：“臣掌外制，内制并非微臣职掌！”

草拟诏书本是中书舍人的职责，皇帝有时也会交由文学造诣比较高的其他官员草拟，这类官员称为“知制诰”，晏殊就属于此类官员。后来又设立了翰林学士院，翰林学士院负责撰写宰相任免等重要诏书，称为“内制”；中书舍人、知制诰只负责草拟一般性诏书，称为“外制”。虽然两者有着较为明显的职责划分，但是在紧急情况下，两者可以草拟对方职权范围内的诏书。晏殊以并非本职为由予以推脱，其实他对罢免寇准之事心存不满。

真宗只得紧急征召翰林学士钱惟演入宫。钱惟演是十国之一吴越国末代国王钱俶的第七子。钱俶投降了北宋，在端拱元年（988年）八月暴亡，很多人怀疑他是被太宗赵光义毒杀的，所以背负着国仇家恨的钱惟演不遗余力地想出人头地。钱惟演的妹妹钱氏嫁给了刘美为妻，刘美原本是刘娥的前夫，后来两人以兄妹相称；他还将自己的二女儿嫁给了丁谓的儿子。钱惟演通过联姻与刘娥和丁谓结为同盟。

入宫之后，钱惟演竭力在真宗面前抨击寇准专权误国，并请求真宗对寇准进行重罚。真宗对钱惟演颇为信任，询问他应当授予寇准什么官，钱惟演请求参照王钦若授予寇准太子太保，但真宗还是决意对寇准这位老臣予以优待，授予寇准太子太傅。真宗还想册封寇准为国公，钱惟演从袖中拿出员册让真宗看，真宗在小国中挑选了“莱”字。

寇准被罢免已成定局，钱惟演趁机又提出中书门下急需宰相，说丁谓已经从参知政事升任为了枢密使，寇准一旦被罢免后，中书门下便只剩下参知政事李迪一人。虽然钱惟演并未说破，却已不言自明，若是选择新宰相，丁谓无疑是首选。真宗却说此事等等再说，他想看一下朝野间对寇准罢相的反应，再决定下一步的人事安排。

天禧四年（1020年）六月十六日，宰相寇准罢相，降为太子太傅、封莱国公。诏书一下，朝廷上下惊愕不已。

寇准虽然被罢免了宰相的职务，但是他仍旧留在朝中，随时都可能会被真宗皇帝再度起用。钱惟演面见真宗时，竭力恳请真宗将寇准贬出朝，还说寇准将通晓天文和占卜的人召至府上，恐怕居心叵测。真宗听后心中一惊，但寇准毕竟是朝中重臣，若想将他贬出朝，势必要有个令人信服的理由。

钱惟演趁机说："我听说寇准已经写好表章想去河中府任职，但他见陛下迟迟未任命新宰相，便改了心思，于是将这份表章留在自己手中，想着有朝一日东山再起。"

真宗思虑良久道："让他去河中府可好？"

钱惟演听后欣喜若狂，又担心会再生变数，于是说："还望陛下即刻向李迪传达旨意。"

真宗点了点头道："你觉得李迪此人如何？"

钱惟演说："李迪的确是位忠厚的长者，不过此人才能有限，恐怕无力对抗寇准。如今朝中一员宰相都没有，还望陛下早日任命新宰相！"

真宗听后沉默不语。钱惟演意识到目前朝中或许没有令真宗称心如意的宰相，于是道："如若暂时还没有合适的宰相人选，陛下不如暂且先任命两三员参知政事。"

真宗苦着脸说："恐怕参知政事也难以找到合适的人选。你认为朝中何人的能力在李迪之上？"

钱惟演趁机推荐了曹利用、丁谓与任中正，三人为同一阵营。真宗听后却默不作声。钱惟演见状，赶忙推荐一向持中立立场的兵部尚书冯拯，虽然冯拯非丁谓一党，但他一向与寇准不合。

当年冯拯上表恳请册立赵元僖为太子，触怒了太宗赵光义，被贬知端州（今广东省肇庆市端州区）。冯拯并未就此消沉下去，到任后他上书朝廷，一举提出了十余条建议。赵光义对冯拯有了全新的认识，想将他召回朝中。但时任参知政事的寇准看不上冯拯，竭力阻挠，赵光义最终只得作罢。

至道二年（996年）正月，赵光义在圜丘祭祀天地。祭祀活动圆满结束，朝廷内外官员照例都要升官。在拟定升职名单时，寇准完全按照个人喜好行事，招致了很多人的不满。

冯拯身为广州左通判、左正言，一直位居广州右通判、太常博士彭惟节之上，这次冯拯升任虞部员外郎，彭惟节却升任屯田员外郎。工部下设工部、屯田、虞部、水部四个司，两人同为员外郎，但屯田司位居虞部之前。在向朝廷上表时，冯拯仍旧习惯性地排在彭惟节之前。因此，寇准特地出具了中书札子，将彭惟节列于冯拯之前，还公开斥责冯拯的所作所为。

冯拯知道这是寇准在故意让自己难堪，恨恨道："皇帝日理万机，怎会觉察到这些小事？定然是寇准挟私报复，恣意弄权！"

冯拯也不甘示弱，随即上表抨击寇准擅权，向赵光义说在前不久的集体升迁中，岭南地区很多官员的任免都严重违反了朝廷的规章，说寇准按照官员与自己的亲疏程度予以迁转。岭南东路转运使康戬也加入了声援冯拯的行列中。赵光义得知此事后大怒，随即罢免了寇准。寇准与冯拯的矛盾也就此变得不可调和。

对冯拯这个人选，真宗仍旧不置可否，反而问："你认为张知白如何？"

钱惟演说："张知白虽然清廉耿介，但只可担任参知政事，恐怕不适合担任宰相！"

真宗听后点了点头。钱惟演忧心忡忡地说："寇准不宜继续留在朝中，如今朝臣中已然有三分之二的人投在他的门下，他的女婿王曙又是太子宾客，谁不畏惧他的权势呢？臣自然知道言出祸从，又不敢不言，还望陛下明察！"

真宗赶忙安慰道："爱卿勿忧。"

天禧四年（1020年）七月十四日，真宗在滋福殿召集参知政事李迪、兵部尚书冯拯以及翰林学士钱惟演一同商议国事。真宗流露出想任命李迪为宰相之意，李迪却坚决推辞，他不愿贸然卷入当下的危局中。

就在这个关键时刻，太子赵祯却拜谢道："蒙恩用宾客为相，怎敢不谢呢？”赵祯被册立为太子后，真宗想任命李迪为太子太傅，李迪却以太宗朝没有先例为由予以拒绝，最终只兼任太子宾客。

真宗凝视着李迪说：“事到如今，你还有什么好推辞的呢？”

三天后，参知政事李迪升任为宰相兼任太子少傅。按照当初与钱惟演商议的结果，冯拯原本要被任命为参知政事，但真宗错误地征召翰林学士杨亿前来草拟诏书。杨亿听后赶忙说：“此乃中书舍人的职责！”

真宗意识到自己这次又搞错了，硬着头皮问道：“翰林学士负责任命什么官职？”

杨亿说：“枢密使、同平章事。”

病得不轻的真宗将两者关系误以为是并列关系，不假思索地说：“那就任命冯拯为枢密使、同平章事。”

在北宋前期，获得“同平章事”头衔的官员被称为宰相。不过有两个特例，第一个是节度使、同平章事，被称为“使相”；第二个是枢密使、同平章事，被称为“枢相”。这两类官员都不是真正的宰相，只是为了对当事人表示尊崇罢了，但能担任“使相”和“枢相”的官员大多担任过宰相。

这项人事任命发布后，迅速成了朝中热点。枢密使通常只设两员，如今已经处于满员状态，真宗却突然任命了第三员枢密使，于是两员枢密使曹利用、丁谓纷纷向真宗递交辞呈。

事到如今，真宗才意识到问题的严重性，他赶忙征召知制诰晏殊前来，想对冯拯的职务进行调整。晏殊再度犯了难，如今冯拯已经被任命为“枢相”，如若再调整他的职务，只能征召翰林学士起草内制。真宗无奈，只得再度征召翰林学士钱惟演，但钱惟演说：“冯拯之前担任过参知政事，所以拜他为枢密使并无不妥。如今当务之急是仅有李迪一员宰相，陛下不如从两位枢密使中提拔一人出任宰相？”

真宗问道：“你认为谁更合适？”

钱惟演说："丁谓为文臣，主持中书门下的事务更为妥当！"

当年七月二十一日，真宗皇帝下诏任命丁谓为宰相，还将他提拔为首相。为了表示对曹利用的尊崇与安抚，真宗授予他"同平章事"的头衔，让他与冯拯同为"枢相"。北宋坚持文武相制的原则，两府官员不像南宋那样会互相兼任，"枢相"享有宰相头衔，却只是荣誉性职务，仍旧负责枢密院的事务。

寇准被罢免后，杨亿便一直惶惶不可终日。那日，杨亿接到了丁谓的征召，他不敢去，却又不敢不去，只得硬着头皮去了。他见到丁谓后吓得面无血色，冷汗直流，丁谓看后不觉有些好笑。想必是杨亿误以为丁谓要借机刁难、迫害他，其实是丁谓从枢密使升任为宰相，想让才华横溢的杨亿为自己草拟诏书时费些心思，多写一些赞美之词。

寇准被罢免了宰相之职，却依旧活跃在朝中，真宗在玉宸殿宴请群臣时，还专门邀请他参加。寇准不甘心就此销声匿迹，时刻想着再度卷土重来，这令丁谓一党极为不安，于是丁谓一党谋划除掉寇准。

当年七月二十三日，寇准利用难得的面圣机会，向真宗大肆抨击丁谓与曹利用结党的行为。或许是由于惨遭罢免后太过气愤了，他居然说："臣若有罪，当与李迪同坐，不应当单独被罢免了！"

寇准这番话无异于将与自己关系亲近的李迪硬生生拖入了火坑。可见寇准是个极度情绪化的人，他觉得李迪无论是声望还是能力均不如自己，李迪却位居宰相之位，自然很不服气。盛怒之下，寇准不再分辨谁是敌人，谁是朋友，颇有些与所有人同归于尽的架势。

真宗立即征召李迪前来与寇准对质。李迪本不想与寇准起争执，寇准却不依不饶，以至于两人在真宗面前争辩了许久。真宗最厌恶大臣在自己面前互相攻讦，所以他渐渐失去了耐心。李迪觉察到了真宗的内心变化，赶忙示意寇准适可而止，并半推半拽地将余怒未消的寇准拉到了殿外。但真宗越想越气，让身边的宦官将李迪重新召进宫中，怒不可遏地对李迪说道："我要将寇准贬到很远的地方去，你与丁谓、曹利用全都贬出朝去。”

李迪听后不慌不忙地说：“臣现在就乞求知一州，对丁谓和曹利用的任命需要翰林学士草拟诏书。”

真宗慢慢冷静下来，心中的怒气也渐渐消了，冲着李迪摆了摆手，说：“你回去写奏章吧！”等到李迪将辞职的奏章递上来后，真宗却留中不发。

这场风波结束后，真宗没有惩处任何人。但一波刚平，一波又起！

铤而走险的周怀政

寇准被罢免后，刘娥与丁谓联起手来对他进行防范与打压。周怀政的日子也越来越艰难，他连见真宗皇帝一面都很困难。忧惧不安的周怀政苦苦思索着当下的对策，他决意拼死一搏，准备发动政变杀死丁谓及其党羽，让真宗恢复寇准的宰相之位，然后再逼迫真宗将皇位传给太子，再趁机废掉皇后刘娥。

之前寇准恳请真宗让太子监国是光明正大的阳谋，如今周怀政发动政变却是令人发指的阴谋。周怀政将自己的谋划告诉了弟弟礼宾副使周怀信，还秘密联络了客省使杨崇勋、内殿承制杨怀吉与阁门祗候、京城西面巡检杨怀玉，他们决意在天禧四年（1020年）七月二十五日起事。阁门是古代宫廷的内门，两宋以来，亲贵功臣子弟多被授以阁门祗候、阁门通事舍人（宣赞舍人）、阁门舍人等职，统称为阁门官，主要负责朝会、游幸、宴享等场合的礼仪赞导工作。

谋逆是灭族的大罪，周怀政兄弟能豁得出去，其他人却不似他们那么果决。就在政变前一日，也就是七月二十四日晚，杨崇勋秘密来到丁谓府上告密，将周怀政的阴谋向丁谓和盘托出。丁谓听后不禁倒吸了一口凉气，暗自庆幸有人提前来告密，否则他或许会死无葬身之地。丁谓想即刻联络同党，商议应对之策，又担心府门外会有周怀政的人监视，于是趁夜色乘坐府上妇人专门乘坐的车，秘密前往曹利用的府上。

枢相曹利用是北宋名将曹彬的侄子，曹利用依靠门荫当上了武官。他之前与丁谓没有多么亲近，只是因为与寇准积怨甚深才倒向了丁谓一党。

澶渊之盟时，鄜延路走马承受公事曹利用恰巧回朝奏事，却阴差阳错地被选为出使辽国的使者，真宗皇帝对他说："只要对方要求我们给他们支付一百万以下的岁币，我们都可以答应。"宰相寇准却将曹利用召进自己的幄帐，说："虽然皇上对你说一百万是界限，但只要超过三十万，我就砍了你的头。"见寇准的脸上腾起了杀气，"（曹）利用股栗"。（南宋朱熹《宋名臣言行录》前集卷四）好在辽人非贪得无厌之辈，只要求北宋每年缴纳银十万两、绢二十万匹，曹利用这才得以逃过一劫。

十年后，曹利用早已不是当初那个低级军官，他升任为枢密副使，身为枢相的寇准是他的顶头上司。但寇准瞧不起一介武夫曹利用，一旦两人意见不合，寇准便会轻蔑地对曹利用说："君一武夫尔，岂解此国家大体耶？"曹利用遭受如此轻视，自然对寇准恨之入骨。如今一旦周怀政的阴谋得逞，寇准势必会卷土重来，所以他必须全力阻拦。

丁谓的高明之处在于，如果他自己前去告密，真宗势必会对周怀政发动政变的事情半信半疑，但如果他让相对中立的曹利用去告密，真宗便不得不信了。次日一早，曹利用便急匆匆入宫，在崇政殿将周怀政的阴谋据实禀报给了真宗。此时周怀政就在崇政殿东侧走廊上当差，真宗随即下令宫中卫士捉拿周怀政，猝不及防的周怀政当即被擒获。

宣徽北院使曹玮和客省使杨崇勋奉命在御药院审问周怀政。没过多长时间，周怀政便全部招供。真宗在承明殿与周怀政见了最后一面，周怀政苦苦哀求，希望真宗能看在昔日情分上饶自己一命，但周怀政最终被押往城西的普安佛寺内问斩。

周怀政的父亲内殿承制周绍忠曾经对周怀政说："你小子迟早会连累到我。"弟弟周怀信也曾经规劝他："天书之事迟早会败露，不如早日自首，或许陛下还能从轻发落。"周怀政却仍旧要一意孤行。周绍忠和周怀信因规劝过周怀政，被真宗赦免了死罪，他们分别被发配到复州（今湖北省天门市）和岳州（今湖南省岳阳市）。

由于周怀政想拥立太子提前登基，他与太子之间的关系又一向密切，他被杀后，有人趁机恳请真宗问责太子。此人定然是得到了刘娥的授意，否则也不敢贸然与当朝太子为敌。真宗也因此对太子心生猜忌。

当时太宗皇帝的第八子赵元俨企图入继大统的传言一度传得沸沸扬扬，或许真宗皇帝的确动过这个念头。虽然儿子要比兄弟更为亲近，但真宗担心稚嫩的儿子难以承担如此重任，若是奸臣打着太子的名号趁机篡夺了权柄，北宋江山恐怕就要易主了。就在真宗对太子的态度摇摆不定之际，宰相李迪说："陛下有几子，乃欲为此计？"真宗听后顿悟，太子如今是他唯一的血脉，即便再难，他也要坚定地支持自己的儿子。

不过此后真宗对太子监国一事很是敏感，也极为厌恶。入内内侍省押班郑志诚与朱能有过书信往来，所以也接受了调查。调查人员在他的住处搜到了一份奏章，上面写有"皇太子亲政"之辞，真宗看后当即将郑志诚逮捕，将他免职后发配房州（今湖北省十堰市房县）。

如今朝野上下一致声讨谴责周怀政，丁谓利用这个有利时机，大肆揭发朱能进献造假天书之事。真宗也不再为朱能遮掩，派遣内供奉官卢守明、邓文庆驰驿前往永兴军（今陕西省西安市），逮捕朱能及其党羽乾祐观主王先等人。

丁谓如此大张旗鼓地逮捕朱能，实则是为了惩处寇准，因为寇准能再度拜相完全得益于朱能伪造的天书。

七月二十八日，寇准被降为太常卿，离朝知相州（今河南省安阳市）。他万万未曾想到，一年前他放弃毕生坚守的原则，借进献天书之名再度入朝为相，仅仅一年后，他便因进献天书而被贬出朝。直到此时，寇准才真正意识到门客为何说出任宰相实属下策。

丁谓仍旧不肯轻易放过寇准。他认为真宗将寇准贬往相州的处罚过轻，相州是首屈一指的重镇，而且与开封相距不远。因此，丁谓与李迪一同面见真宗时，向真宗提议将寇准贬往远处。真宗虽然同意了丁谓的建议，但寇准毕竟是功勋老臣，真宗觉得不应对其太过苛责，于是说将寇准贬往小州即可。丁谓退出宫后却给属下批示道："奉圣旨，除远小处知州。"李迪当即指出，真宗只是同意将寇准贬往小州，从未提及是偏远小州。见自己的小伎俩被李迪识破，丁谓不仅不及时改正，还理直气壮地说："君面奉德音，欲擅改圣旨，以庇准耶？"

擅改圣旨的人明明是丁谓，丁谓却倒打一耙，诬陷李迪为了庇护寇准擅改圣旨。其实此事并不难解决，只需当面询问真宗即可，但李迪选择了忍气吞声。

患病之后，真宗便时常记忆错乱，他是否还记得当时三人的谈话是一个大大的未知数。丁谓之所以如此有恃无恐，是因为他背后有刘娥撑腰，即便李迪不顾一切地去抗争，也未必能取得理想的效果，或许还会为自己招来无妄之灾。

寇准就这样改知安州（今湖北省安陆市），这非真宗的本意。寇准被贬一年多以后，越来越糊涂的真宗忽然问身边人："我为什么这么长时间都未见过寇准？"身边人全都缄默不语，生怕出言不慎刺激到他，当然更怕不小心会触怒刘娥。

寇准被贬谪后，京师广泛传播这样一首民谣："欲得天下宁，当拔眼中'丁'，欲得天下好，莫如召寇老。"可见寇准在京城百姓心中的威望之高。

民谣不会凭空产生，定然出自寇准亲信之手，想借此向主政者施压。

寇准此番被贬究竟冤不冤，取决于他是否参与了周怀政策划的政变。有的学者认为他绝不会将身家性命押在一个已经失势的宦官身上，即便他想拥立太子提前继位，也应当秘密联络手握兵权的枢密副使周起和签书枢密院事曹玮（刘广丰《寇、丁之争与宋真宗朝后期政治》）。

枢密院虽是最高军事机关，但只有调兵权并无管兵权，禁军平时由三衙来统领。政变历来讲究出其不意和攻其不备，如若公开调集禁军极易走漏消息，因此周怀政秘密联络的都是阁门祇候、京城西面巡检杨怀玉等直接统领兵马的将领。

政变的时间恰恰定在寇准与李迪论战两天之后，这恐怕绝非巧合。为了发泄心中的不满，抑或是要挟真宗再度起用他，寇准竟然说自己本应与李迪同进退，为何自己被罢免了宰相，李迪却升任宰相？这无异于将一向与自己亲近的李迪往火坑里推，由此可见当时的寇准已经被愤怒冲昏了头脑，到了做事不顾及后果的地步了。

见通过和平的方式夺权无望后，寇准只能联合身处险境的周怀政放手一搏了。主审周怀政案的曹玮是寇准的好友，他自然会竭力为寇准遮掩。后来丁谓被钉在奸臣的耻辱柱上，自然也就有不少人为寇准洗白，但行事偏激的寇准应该与这场未遂的政变脱不了干系。

《龙川别志》卷上记载："真宗晚年得风疾，自疑不起，尝卧枕宦者周怀政股，与之谋，欲命太子监国。怀政，东宫官也。出与寇准谋之。遂议立太子，废刘氏、黜丁谓等，使杨亿草具诏书。"按照《龙川别志》的记载，周怀政发动政变得到了真宗皇帝的授意。真宗认为自己将一病不起，于是枕在周怀政的大腿上向其下达了密令。

其实《龙川别志》与《宋史·寇准传》、陈绎的《拜罢录》、司马光的《涑水记闻》、张唐英的《仁宗政要》、曾巩的《隆平集》犯了同一个错误，那就是将寇准恳请真宗皇帝让太子监国的尝试，与周怀政逼迫真宗皇帝退位的阴谋混为一谈。南宋史学家李焘依据宋朝国史对其进行了修正，《钱惟演日记》和《江邻几杂志》也可以与国史相互印证，这原本就是两件事！

真宗起初同意了寇准提出的让皇太子监国的请求，不过他时常记忆错乱，在丁谓等人的构陷下，不仅太子未能监国，寇准也丢了宰相之位。当时杨亿撰写的是太子监国的诏书，不是真宗皇帝退位的诏书。

真宗的病情日益加重，但他不想就此彻底退出历史舞台，因为太子还很年幼，难以应对复杂的政治局面。

按照祖制，宗室和外戚不得担任要职、掌握实权，这是唐朝皇帝经过血淋淋的教训后总结出来的宝贵经验。真宗能依靠的只有朝臣，然而一旦朝臣起了异心，势必会改朝换代。赵匡胤就趁着北周皇帝柴宗训年幼之际，篡夺了后周江山。这也是真宗最为担心的，因此他动过册立弟弟赵元俨为皇储的念头，不过在群臣的劝诫下，他渐渐打消了这个念头。

面对当下的困境，真宗要想保证权力的平稳过渡，只能打造权力相互制衡的局面，因此沉稳睿智的皇后刘娥始终是不可或缺的。虽然有武则天这个前车之鉴，但宋朝士大夫的权势之大是唐朝无法比拟的，唯有宋朝的士大夫敢于公开宣称与皇帝共治天下，即便刘娥后来生出了些许非分之想，但慑于士大夫阶层巨大的政治能量，她也不得不有所妥协。有了刘娥的牵制，宰相势必不会专权；有了宰相的制衡，刘娥势必不会擅权。

周怀政铤而走险发动政变，绝非秉承真宗旨意，而是他想通过拥立太子提前即位，进而攫取更大的权力和更多的利益，寇准自然也是如此。

寇准被贬后，他的女婿枢密直学士王曙和亲信翰林学士盛度全都落职，王曙出知汝州，盛度出知光州，与寇准关系亲密的其他官员也相继被贬。率先告密的杨崇勋领贵州观察使，兼群牧使。京城西面巡检杨怀玉直到次日才来到枢密院自首，虽然免遭株连，但他还是被贬为杭州都监。

在寇准一党相继惨遭罢黜的同时，丁谓的亲信们却纷纷升迁至高位。八月初六，枢密副使任中正和礼部侍郎王曾升任参知政事，翰林学士钱惟演升任枢密副使。为了不授人以柄，丁谓提拔了相对中立的王曾。心思沉厚的王曾从不轻易表露自己的立场，即便是老辣的丁谓也看不透他，但他最终成了丁谓的掘墓人。

朱能听说捉拿自己的使者已经在来的路上，深知自己被捉拿进京后定然凶多吉少，于是集结兵马，披挂上阵，斩杀了前来逮捕他的内供奉官卢守明，随后率部叛逃。内殿承制江德明和入内供奉官于德润紧急征召周边兵马，前去抓捕胆大妄为的朱能。在大兵压境之际，朱能身边的士卒纷纷溃逃，沦为孤家寡人的他只得在桑林中自缢身亡。

当年八月二十三日，寇准因朱能公开叛变，再被贬为道州（今湖南省永州市道县）司马。九月十一日，寇准一党的枢密副使周起知青州，签书枢密院事曹玮为宣徽南院使、环庆路都部署，兼管勾秦州兵马。

如今朝中只剩下宰相李迪一人还在苦苦支撑，不过他还能支撑多久呢？

从孤军奋战到全军覆没

由于真宗皇帝的病情越来越重，丁谓一时间权势滔天，朝中官员的职位升降都是他一个人说了算，他既不与同为宰相的李迪商议，也不上奏真宗。李迪对丁谓的所作所为极为愤慨，对自己的同僚们愤愤不平地说："（李）迪起布衣，十余年位宰相，有以报国，死且不恨，安能附权臣为自安计乎？"

此事很快就传到了丁谓的耳中。因此，商议宰执们的兼职时，丁谓故意让李迪难堪。由于李迪拜相时已经是吏部侍郎兼太子少傅，如今他应当升为中书侍郎兼某部尚书，丁谓给他拟定的新职务却是中书侍郎兼尚书左丞，中书、门下两省侍郎此前根本就没有兼任尚书左、右丞的先例。李迪得知后怒不可遏，这恰恰掉进了丁谓的圈套。只有他在盛怒下做出什么过激之事，丁谓才可以名正言顺地将他贬出朝去。

天禧四年（1020年）十一月十九日，众大臣在等待上朝时，丁谓提议让亲信林特担任枢密副使兼太子宾客。林特一向逢迎巴结丁谓，每见必拜，甚至一日见三次便拜三次。

李迪联想到自己刚刚的遭遇，愤怒地说道："林特去年才升任尚书右丞，今年又升任工部尚书兼太子宾客，后又调任太子詹事，哪一次经过了众位臣僚的公推公选？如今他任职太子詹事的时间并不长，众人的议论之声又尚未平息，为何又迫不及待地提拔他呢？"当着诸位同僚的面，李迪与丁谓毫无顾忌地争吵起来。李迪情急之下竟然想用手中的笏板拍打丁谓，好在同僚们纷纷上前阻拦，将情绪激动的两人强行拉开，这才避免了事态再度升级。

此后不久，丁谓、李迪等人前往长春殿面见真宗皇帝。宦官将制书拿到真宗榻前，真宗对他们说："这是卿等担任东宫官的制书。"

兼任东宫官便可以有更多的机会与太子接触，对官员未来的仕途大有裨益，但此时的李迪仍在气头上，冷着脸道："臣不受此命。"真宗惊愕地看着李迪。李迪开始在真宗面前痛斥丁谓奸邪弄权，还说要与丁谓一同前往御史台当面对质。

李迪越说越气愤，咆哮道："林特判决不公，罚人致死，死者家属至今还在鸣冤叫屈。但在丁谓的包庇下，林特不仅没有被问责，反而一路升迁，这是何道理？"李迪继续说："寇准无罪却遭到罢斥，朱能罪不至死却惨遭显戮，现在陛下又大肆增置东宫官，如今朝中乱象丛生，臣痛心不已！"寇准、朱能一案之前已有定论，李迪再度向真宗提及此事显然不合时宜。

气愤至极的李迪想与丁谓一党同归于尽，于是道："钱惟演与皇后家乃是姻亲，按照祖制不宜身居要职。臣甘愿与丁谓、钱惟演一同被罢，还请陛下另择贤才！"

林特是丁谓的亲信，钱惟演是丁谓的姻亲，李迪大肆指斥两人自然无可厚非，可他随后又调转枪口，开始大肆抨击曹利用和冯拯结为朋党。其实曹利用和冯拯不过是为了自身利益附和丁谓而已，李迪此举无疑将原本相对中立的两人逼向了他的对立面。

曹利用见状赶忙上前解释道："若论舞文弄墨，臣自然不如李迪，但若论纵横沙场，为国征战，李迪却不如臣！”

面对李迪这番泄愤式的狂轰滥炸，丁谓始终一声不吭，刻意表现出一副与世无争的姿态，因为他知道真宗一向厌恶朝臣间的忿争，如今又身患重病，更听不得言辞激烈的抨击。

真宗怒火中烧，不过他也隐隐觉得素来温文尔雅的李迪今日如此动怒，定然是事出有因，于是询问沉默不语的丁谓：“中书门下近来可有什么处置失当之事？”

对于真宗皇帝的问话，狡猾老辣的丁谓觉得有些棘手。丁谓自然知道矛盾的导火索就是在前不久的职务调整时，他对李迪蓄意打压。如今无论是急于否认，还是直接承认，丁谓恐怕都会陷入被动，与其如此还不如暂且观望，于是他狡黠地说：“微臣不敢说，还望陛下询问微臣的同僚。”

丁谓这招以退为进的策略不仅为自己成功化解了危局，还显得他谦逊而又低调。真宗转而询问两位参知政事。任中正是丁谓的铁杆死党，自然会竭力维护丁谓。王曾虽然不是丁谓的党羽，但丁谓对他有提携之恩，况且如今李迪这么一闹恐怕不会有什么好果子吃，所以他也不会为了李迪而强出头。任中正和王曾全都异口同声地说中书门下近来并无不当之事，如此一来，李迪便成了无理取闹之人。

真宗冷着脸将李迪和丁谓统统斥退，留下枢密院的官员继续议事，言语间透露出要将李迪与丁谓交由御史台严加审问的意思。李迪的生死鲜有人关心，心系丁谓的却大有人在。两位枢密使曹利用和冯拯赶忙说：“两员宰相下狱恐怕会有损朝廷威严！况且丁谓本就无意与李迪忿争，只是那李迪太过咄咄逼人了！”

丁谓在人前表现得很无辜，但老谋深算的真宗并未就此轻信，说：“如今曲直未分，你们怎么能轻易下结论！”

过了一会儿，真宗的火气渐渐消了一些，但仍旧说：“今日之事决不能就此不了了之，朕不能不惩处他们！”

枢密副使钱惟演赶忙说：“臣与丁谓有姻亲关系，情愿一同被罢免。”虽然钱惟演资历尚浅，但真宗皇帝一直对他颇为器重。见钱惟演如此说，真宗赶忙对他好言安慰了一番，但仍余怒未消。

真宗命翰林学士刘筠草拟诏书，将丁谓和李迪各降一级，丁谓罢相后知河南府，李迪罢相后知郓州。不过真宗将诏书拟好后并未立即下发，这也为败局已定的丁谓留下了机会。

次日，李迪恳请真宗皇帝在承名殿召见自己，又在内东门请求太子召见自己，可李迪在宫内并无亲信同党，恳请召见的请求自然石沉大海了。

在关键时刻，丁谓的党羽们全都积极行动起来。钱惟演能有今日，仰仗于丁谓的提携，若今后还想更上一层楼，他必然要竭力保全丁谓。钱惟演对真宗皇帝说：“辽国使臣即将出使大宋，可宰相全都被罢免，恐怕会让他们看笑话！冯拯乃是旧臣，从枢密院调往中书门下多有不便。如若陛下任命旁人为相，难免会生出诸多变故，微臣恳请陛下三思而后行！”为了营救丁谓，钱惟演刻意揭了冯拯当年的伤疤。赵光义的长子赵元佐被废后，次子赵元僖成为太子最热门的人选，当年冯拯积极拥立赵元僖，但赵元僖中毒身亡，真宗皇帝这才顺利上位。钱惟演没有明说冯拯是何人的旧臣，但真宗心知肚明。

高明的钱惟演在不知不觉间堵塞了其他所有路，但真宗并未乖乖就范，只是让中书舍人院重新拟定了罢相诏书，这次的诏书言辞不再那么犀利，处罚也不再那么重。丁谓和李迪被罢宰相后分别以户部尚书、户部侍郎归班，刘筠之前草拟的诏书也就此被彻底废弃了。

尽管如此，丁谓还是没有放弃留任的努力。十一月二十二日，丁谓来到承明殿面见真宗，余怒未消的真宗厉声斥责他与李迪在众人面前忿争，有失宰相体统，有损朝廷威严。丁谓故意装出一副可怜兮兮的样子，满是委屈地说：“臣并不想与李迪忿争，是李迪一再苦苦相逼，臣又有什么法子呢？如今臣与李迪同时被罢，恐怕有失公允，恳请陛下能留臣继续为朝廷效力！”

真宗努力回忆着当时的情景，其实当日丁谓的所作所为并无不妥，反倒是李迪不依不饶。他心中对丁谓的不满渐渐消散了些，向身旁的宦官宫女们示意给丁谓赐座。众人赶忙去搬官秩一品的宰相、使相等坐的绣墩（其状如鼓的坐具），丁谓却突然回过头来对他们说：“有旨复平章事。”真宗没有明确表示同意他留任，丁谓却公然对众人如此说，无异于将了真宗一军。病恹恹的真宗不想再节外生枝，索性也就默认了。宦官宫女们赶忙去换宰相专属的杌子（一种矮小的凳子）。

诏书还未正式下发，两人罢相的消息就传得沸沸扬扬了。因此，在丁谓的恳求下，真宗派遣入内内侍省都知张景宗和副都知邓守恩护送丁谓一同前往中书门下，当众宣告让丁谓继续留任宰相。张景宗和邓守恩是入内内侍省级别最高的宦官，自然在很大程度上代表着皇帝。

丁谓死皮赖脸地留了下来，他的对手李迪却不得不离朝出知郓州。

其实翰林学士刘筠已经草拟了任命冯拯为宰相的诏书，冯拯拜相后领玉清昭应宫使、昭文馆大学士，将成为排位第一的“昭文相”，这道诏书拟好送交真宗审阅后却石沉大海了。几天后，丁谓却让刘筠为自己草拟复相的诏书，不过被刘筠断然拒绝。丁谓无奈之下只得将这项任务交给了晏殊，晏殊畏惧他的权势只得照做。

宰相李迪离朝这件事表面上是因为李迪与丁谓不和，实际上却是因为李迪得罪了一个得罪不起的人——皇后刘娥。刘娥出身寒微，长大后成为一名歌伎，歌声婉转动听，还善于打鼓。由于出身贫寒，她很小的时候便嫁给家乡一个名叫龚美的银匠，龚美带着她来到京城开封讨生活。他们初来开封，日子过得很艰难，于是龚美想将刘娥卖给他人为妻。当时还是藩王的真宗听闻四川出美女，派人四处寻找可心的四川女子，指挥使张耆将刘娥推荐给了他。

真宗皇帝册立刘娥为皇后时遇到了极大的阻力，李迪就是反对阵营中的一员，他专门上书痛陈刘娥“起于寒微，不可母天下”。李迪与刘娥因此而结怨。此事已经过去八年之久，刘娥已经渐渐释然了，但她对另外一件事一直耿耿于怀。

真宗患病后时而清醒时而糊涂。某日，他突然说：“昨夜皇后等人皆离朕而去，独留朕于宫中。”众人听后不敢接话，唯独李迪说：“若果真如此，陛下为何不将他们绳之以法呢？”过了许久，真宗渐渐清醒了一些，改口说道：“此事纯属子虚乌有！”

真宗皇帝所说显然是胡言乱语。即便刘娥不伺候在他的身旁，也肯定会有宫女宦官服侍在他的病榻旁，既是为了伺候他，也是为了监视他，不可能只留他一个人待在宫中。

两人谈话时，刘娥一直藏身在屏风之后。见李迪竟如此说，刘娥当即对他心生怨恨。《续资治通鉴长编》卷九十六记载道：“（李）迪所以不得留，非但（丁）谓等媒孽，亦宫中（即刘娥）意尔。”

这场政治风波后，真宗的身体每况愈下，他越来越感到力不从心，于是想放权给皇太子，这显然是刘娥不愿看到的，但她又不能不顾及朝野间的舆论。

天禧四年（1020年）十一月二十四日，真宗下诏中书门下、枢密院，自此之后凡是“该取旨公事”仍旧进呈皇帝，“常程事务”交由皇太子处置，太子在资善堂与宰执讨论后便可实施，不必再让皇帝批准。诏书下发后，太子上表推辞，但真宗没有同意。“常程事务”多是程序性事务，不过是走个过场而已，并不需要决策，重大政务仍旧需要听候真宗皇帝的旨意。真宗的病情时好时坏，他的旨意其实就是代为处理政务的刘娥的意见。

李迪被罢后，冯拯接任宰相。圆滑的冯拯从不与丁谓发生正面冲突，所以天禧五年朝中基本上很平静。在这一年里，丁谓的主要精力用于防范离朝宰相王钦若回朝。

乾兴元年（1022年）正月初一，病入膏肓的真宗皇帝改元“乾兴”，他想通过改元来乞求得到上天的眷顾，不过最终事与愿违。当年二月十九日，真宗皇帝驾崩于延庆殿。刘娥迅速召集诸位宰执，向他们宣读了真宗皇帝的遗命。年仅十三岁的太子赵祯正式登基称帝，是为宋仁宗。

宰执们需要根据真宗的遗命撰写遗诏，遗命的原话是“军国事兼权取皇太后处分”，但丁谓为了取悦刘娥，想去掉这个“权”字，因为“权”有临时之意。在关键时刻，一直隐忍不发的参知政事王曾出面反对道：“皇太后秉政本就不是常态，称‘权’更为妥当。如今先帝的遗命言犹在耳，你为何要擅自更改呢？”丁谓被他反驳得哑口无言，只得作罢。

王曾还说：“尊杨淑妃为皇太妃，可以他日再议，不必载于遗诏中。”杨淑妃并非仁宗皇帝的亲生母亲，因此尊奉她为太妃之事并不急。

丁谓本就憋了一肚子火，见王曾有些得寸进尺，便勃然大怒道：“参政想擅自更改诏书吗？”

王曾随即与丁谓高声争辩起来，但宰执中多是丁谓的亲信，王曾只得无奈地妥协。

讨论太后垂帘听政的模式时，王曾建议参照东汉旧制，每五天在承明殿召集群臣议事，皇帝在左，太后在右，一同垂帘听政。丁谓对此不以为然，他建议皇帝只在每月初一、十五会见群臣。在其他时间，如若遇到大事，由太后和皇帝征召宰执商议对策。如若遇到小事，由宦官雷允恭代为转奏即可。但究竟什么是大事，什么是小事，还是由刘娥说了算。

由于丁谓在中书门下有着很大的话语权，他提出的这个方案自然很快得以通过。这个方案由丁谓首先提出，但实际上是刘娥的意思。

二月二十七日，宰相丁谓加司徒，宰相冯拯加司空，枢密使曹利用加尚书左仆射兼侍中，参知政事任中正加兵部尚书，参知政事王曾加礼部尚书，枢密副使钱惟演加兵部尚书。

王曾原本不同意在先帝尸骨未寒之际大肆为宰执们加官晋爵，他规劝丁谓道：‘如今陛下尚幼，太后临朝，权柄尽掌在您的手中。您将数十年来空缺之官授予我等，难道就不怕惹来众人非议吗？”他说的是“我等”，但实际上主要针对的是丁谓与冯拯。太尉、司徒、司空合称“三公”，北宋立国以来，这些官职很少授予群臣。不过此时忘乎所以的丁谓根本听不进王曾的话。

就在丁谓等人升职两天后，道州司马寇准被贬为雷州（今广东省雷州市）司户参军，户部侍郎、知郓州李迪被贬为衡州（今湖南省衡阳市）团练副使。王曾觉得对两人的贬谪过重，提出了异议。丁谓却凝视着他，阴阳怪气地说：“居停主人恐亦未免耳。”

王曾曾经将自己的宅子借给寇准住，所以丁谓刻意称呼他为“居停主人”，也就是房东之意。丁谓威胁王曾即便是王曾自己都未必能够幸免，还有什么必要关心别人呢？

王曾顿时吓得三缄其口，因为他不止一次地领略过丁谓的狠辣。

那日，知制诰宋绶恰巧值班，负责撰写贬谪寇准的诏书，丁谓看完诏书后极为不满，鄙夷道：“舍人都不解作文字耶？”遭受如此奚落，宋绶却不敢争辩，只得交由丁谓随意修改。丁谓将对寇准的满腔怒意全都付诸笔端，写道：“当丑徒干纪之际，属先皇违豫之初，罹此震惊，遂致沈剧。”丁谓竟然将真宗皇帝的死归咎于寇准，可谓用心歹毒。

丁谓随后派遣信得过的使者给寇准和李迪传旨。使者用锦囊将剑系挂在马前，做出一副要代天子行诛戮之权的架势。使者抵达道州时，寇准正在宴请宾客，客人多是州内官吏。见朝廷使者气势汹汹地赶来，众人忙起身前去迎接，但使者始终冷着脸，充满了冷厉的杀气。众人询问使者前来道州所为何事，使者却始终避而不答，实际上想通过虚张声势来逼迫寇准自杀。

不过寇准是见过大风大浪之人，哪会如此轻易便被吓得心神失守。就在众人惶恐而不知所措之际，寇准镇定自若道：“朝廷若赐（寇）准死，愿见敕书。”

见寇准如此说，使者只得当众宣读诏书。寇准只是被贬官，而不是被赐死。贬谪如今对寇准而言已经是司空见惯之事了，因此他接旨后继续与众人饮宴，一直到很晚才结束。随后，寇准收拾行囊前往新的贬所雷州。次年，命运多舛的寇准病逝于雷州。

书生气十足的李迪远没有寇准沉稳，听闻朝廷派来的使者即将到达，李迪随即怕得要死，甚至一度想自杀，幸亏被儿子李柬之及时发现，才救了他一命。

使者见到李迪后直呼其名，还将一些发霉发臭的饭菜给他吃。李迪的门客邓余怒不可遏道："竖子想杀我的主公向丁谓献媚吗？我邓余不怕死，你等若是敢杀主公，我必杀你等！"见邓余怒目圆睁，怒发冲冠，有恃无恐的使者顿时收敛了许多，不再为难李迪。忠心护主的邓余追随李迪来到衡州，始终不离李迪左右，李迪这才得以保全。

有人对丁谓说："如果李迪被贬死，您难道就不怕遭受世人非议吗？"丁谓却毫不在乎地说："不过是会有好事书生写'天下惜之'罢了！"

此时的丁谓被权力冲昏了头脑，但鲜花着锦之下早已是杀机四伏，唯有他自己尚不自知！

擅改墓址引发的惊天大案

真宗皇帝驾崩后，他的葬礼便成为朝廷的头等大事。在举行葬礼前，需要为其修造山陵。此次修陵工程居然成为引发权力斗争的导火索。

身为首相的丁谓照例出任山陵使。宫中很多宦官都被派去监造皇陵，入内内侍省都知蓝继宗被任命为按行使、内侍省押班王承勛被任命为副使。刘娥却将亲信宦官雷允恭留在了宫中。

雷允恭屡次向刘娥恳请想前去为先帝修陵，均遭拒绝。他哭着说："臣侍奉先帝多年，却不知太后为何会独留臣在宫内，恳请太后准予臣为先帝尽最后一份力！"刘娥却面露难色，因为他深知雷允恭一向目无法纪，担心他出宫会惹出事端。不过在雷允恭的苦苦哀求下，刘娥还是应允了。

修陵人选已经正式公布十余天了，如今骤然调整恐怕会惹人质疑，因此在保持原有人员不变的情况下，刘娥另行任命入内内侍省都知张景宗与入内内侍省押班雷允恭"同管勾山陵一行事"。

雷允恭之所以不遗余力地想去修造山陵，是因为他怀有私心。为真宗皇帝修陵是当时的头等大事，朝廷为此不惜人力物力财力，所以他可以利用职务之便狠狠地捞上一笔。不过趁机捞钱不是他此行的唯一目的，他还想借助这个难得的机会立功。

雷允恭发迹于周怀政覆亡后，当时他揭发周怀政参与伪造天书一事，被真宗皇帝提拔为内殿崇班。仅仅八个多月后，他便被任命为太子宫都监，同管勾资善堂、左右春坊事。几乎与此同时，身为宰相的丁谓兼任太子少师。刘娥显然想通过他们来加强对皇太子赵祯的控制。

雷允恭随后又升任西京作坊使、普州刺史、入内内侍省押班。押班在入内内侍省的地位仅次于都都知、都知、副都知。《宋史・杨畋传》记载“旧制，内侍十年一迁官”，可雷允恭在一年多时间内屡次升迁，达到了普通宦官几十年都难以企及的高度，自然会招致同僚的嫉妒。因此，他急需通过再立新功来平息众人非议，当然他也想趁机升迁到副都知甚至是都知，成为“内臣极品”。

乾兴元年（1022年）三月初六，雷允恭来到修陵工地。判司天监邢中和无意间对他说起，山陵墓室上方百步的地方才是风水宝地，如若将先帝安葬在那里，子孙定然颇为兴旺。雷允恭听后眼前一亮。他来的时候，工程已经动工了，如若他没有令人眼前一亮的业绩，恐怕很难再度升迁。

蓝继宗和王承勋参与修陵的时间比他早，与他同来的张景宗品级又比他高，要想超越他们，他只能另辟蹊径。如今捷径就摆在面前，雷允恭自然不会轻易放弃。

雷允恭随即反问道：“既然如此，你为何不将先帝安葬在那处风水宝地？”

邢中和顾虑重重地说道：“我担心石头之下会有水！”

雷允恭却丝毫不在乎潜在的风险，说：“先帝唯有当今陛下一个儿子，其他儿子全都早夭，如若将先帝安葬在风水宝地能庇佑后世子孙，我们何乐而不为呢？”

其实邢中和只是说说而已，没有想到雷允恭居然会如此上心，于是邢中和忧心忡忡地说道：“修造山陵事关重大，时间紧迫，如若要迁址，势必要重新进行勘验，我担心会耽误七月竣工之期。”

在巨大利益的诱惑下，雷允恭已经全然不顾任何风险了，说道：“山陵迁址之事，我这便去禀报太后，旁人又怎敢不从呢？”

雷允恭当即回宫将此事奏报刘娥。刘娥却犯了难，说道：“山陵迁址可是大事，绝不可轻易更改！”

雷允恭依旧坚持道：“如若迁址后能对先帝的子孙有益，这个险值得冒！”

见雷允恭如此说，刘娥只得道：“此事你还是先与山陵使商议，看看是否可行？”

雷允恭当即去见丁谓，丁谓听后也是不免一惊。丁谓与雷允恭相交多年，早在天禧三年（1019年），那时丁谓还知江宁府，雷允恭奉命前往茅山公干，他热情地接待了雷允恭，雷允恭回宫后在真宗面前为他美言了几句，真宗一时兴起还特地赐诗给丁谓。雷允恭得势后成了刘娥的代言人，丁谓很多事都仰仗他来沟通斡旋。

丁谓虽然不认同贸然将山陵迁址，但他也不愿得罪雷允恭，索性不置可否，想就此敷衍过去。

雷允恭入宫后却欺骗刘娥说：“山陵使对迁址之事并无异议！”

此时的雷允恭还在自鸣得意，所有人都认为难以办成的事，他却轻而易举地办成了。如若将真宗皇帝安葬在他所选定的那块风水宝地上，这可是不世之功，刚刚即位的仁宗皇帝定然会对他感恩戴德。

将山陵建在新址上的工程轰轰烈烈地开工了，不久意外却突然发生了。工人们施工时挖到了一块巨石，巨石之下，水源源不断地流出，工程被迫停工。

负责具体施工的侍卫步军副都指挥使、威塞节度使夏守恩担心陵墓无法按期修造完成，赶忙将此事上报给山陵使丁谓。丁谓叫苦不迭，但事到如今他也只能暂且先将此事遮掩下来。不过他误判了形势，误以为刘娥依旧会像之前那样庇护他们，殊不知他们也不过是刘娥手中的一枚棋子罢了。

后来居上的雷允恭一贯盛气凌人，在同僚间的口碑一向不是太好，丁谓冒险为他遮掩，但其他宦官主动出面揭发了此事。

乾兴元年（1022年）三月二十四日，入内供奉官毛昌达从工地回宫后，将此事原原本本地禀报给刘娥。刘娥听后震惊不已，随即派人询问丁谓。事已至此，丁谓知道无法继续隐瞒下去了，只得责令按行使蓝继宗和副使王承勋前去调查山陵渗水之事。三月二十六日，刘娥派遣内侍省押班杨怀玉前来调查，次日又派遣内供奉官罗崇勋和右侍禁阁门祗候李惟新提审雷允恭。

由于对审问进度很不满意，刘娥于四月初二又派遣内殿承制马仁俊参与审问。此时的雷允恭已经意识到自己恐怕在劫难逃了！四月初四，龙图阁直学士权知开封府吕夷简、龙图阁直学士兼侍讲鲁宗道、入内内侍省押班岑保正和入内供奉官任守忠奉命来到工地进行勘验核查。

对于如何善后，朝中存在着两种意见，第一种意见是在原址上继续施工，第二种意见是另行寻找新址。采纳哪种意见，关系到雷允恭的生死：如果采纳第一种意见，那就说明原址并无问题，雷允恭擅自迁移到新址致使山陵发生渗水事故，如此一来，雷允恭必死无疑；如若采纳第二种意见，那就说明原址本身就存在问题，雷允恭才不得不迁移到新址。虽然在新址上营建山陵时发生了渗水事故，但也实属无奈，雷允恭的责任无疑会小得多。

经过一番实地调查后，吕夷简等人上奏朝廷，恳请在原址上继续施工，不过刘娥认为此事事关重大，让宰执们对此进行商议，还特地派遣王曾前往现场，考察众人所提的方案是否可行。

丁谓之前在王曾面前一向高傲清冷，如今却变得格外谦逊低调。修陵时发生了如此之大的事故，丁谓身为山陵使显然难辞其咎，他自然希望王曾在关键时刻帮助自己顺利度过这场政治危机。丁谓说等王曾回朝复命，与众人达成一致意见后，工地再继续开工。两人都是久经政治历练的老手，很多事情都不言自明，丁谓实际上想让王曾借机否定众人的提议，不过他未明说。或许是王曾伪装得太深，丁谓仍旧对他抱有不切实际的幻想。王曾不仅不会伸手相救，还会落井下石，他隐忍数年之久，就是想给丁谓致命一击，从而告慰寇准的在天之灵。

六月二十二日，雷允恭被刘娥下旨诛杀。雷允恭一意孤行将山陵迁往新址，虽然初衷是好的，但也怀有私心，导致意外发生。后来雷允恭贪污盗窃等诸多骄纵不法之事都一一被揭露出来，刘娥最终不惜对他痛下杀手。

不知是雷允恭感念旧情舍身相保，还是丁谓绞尽脑汁推卸责任，丁谓并未因这件事受到波及。这显然是王曾不愿看到的，不过他也深知丁谓不仅手段毒辣，还心思缜密，面对如此强敌，他不敢掉以轻心。

真宗皇帝去世后，王曾在一些政见上与丁谓有过严重分歧，但此后他在其他事情上竭力迎合丁谓，迅速弥合了两人之间的裂痕，让丁谓误以为他彻底臣服于了自己。如今苦苦寻觅的良机来了，蛰伏已久的王曾决定出手了，不过他需要找个机会单独面见刘娥，还不能引起丁谓的警觉。因此，他需要给自己找一个合适的理由，这关系到整个计划的成败。

《续资治通鉴长编》记载，王曾对丁谓说："我没有儿子，想将我弟弟的儿子过继到我的门下，明日退朝之后，我想留下来单独向太后禀报此事。"

《默记》的记载与此有所不同，更加曲折，细节也更为丰富。

近来，王曾总是一副伤心欲绝的样子。作为同僚，丁谓关切地询问原因，可他总是欲言又止。直到多日后，王曾才道出了实情，说道："我家中有一不幸之事，一直耻于对外人言讲。父亲在我很小的时候便过世了，姐姐辛辛苦苦将我拉扯大，我们姐弟素来感情深厚。姐姐有一个不孝子，为生活所迫去当兵，时常因一些小事而遭受上司杖责，日子过得苦不堪言！姐姐每每向我提及此事时都痛不欲生。”王曾说着说着流下了伤心的泪水，丁谓见后也不禁为之动容，赶忙道：“既然如此，你为何不将此事上奏给陛下和太后，恳请朝廷削去你外甥的军籍？”

王曾听后面露难色，说：“我如今忝居辅臣之列，可自己的外甥竟如此不堪，自觉辱没了朝廷威严，我实在没脸上奏此事！”

王曾说完后泣不成声。丁谓赶忙安慰道：“此乃人之常情，你又有什么可羞愧的呢？你还是早日上奏此事，也好让你的外甥尽快脱离苦海，重获自由！”

自此之后，丁谓多次催促王曾找机会上奏此事，可王曾总是说：“我并非不知身为军卒之苦，可我不知如何面对陛下和太后！”

见王曾总在借故推脱，那日，临近退朝之际，丁谓再度对王曾说：“此事万万不可再耽搁了！我在宫门外等你！”退朝后，王曾半推半就地单独留下来奏事，但让丁谓始料未及的是，他上奏的不是私事而是公事。王曾将这些年丁谓做过的那些不法事全都一一道出，以至于皇帝与太后用膳的时间到了，他都没有要离开的意思。

王曾长篇累牍地向太后抨击丁谓蓄意勾结宦官，图谋不轨，还说如若再对丁谓姑息纵容，恐怕他会危及社稷。王曾的话触碰到了刘娥最敏感的神经。

山陵渗水这么大的事故，身为山陵使的丁谓不仅不及时上报，反而想方设法为雷允恭遮掩，雷允恭又偏偏是刘娥身旁的近臣，两人勾结得如此之深，让她感到有些不寒而栗。自从共同的敌人消失后，刘娥与丁谓已经因为争夺权力而产生了裂痕，王曾对此看在眼里，也记在心中，所以才会铤而走险弹劾丁谓。

刘娥被誉为“女中尧舜”，但实际上她一直都有篡位之心。她以年幼的仁宗皇帝时常晚起恐会耽误国事为由，让亲信宦官前往中书门下传旨，说以后自己要单独接受百官朝拜，并独自处理政务。

那日恰逢丁谓请病假在家，一向唯唯诺诺的宰相冯拯又不敢得罪刘娥，便推说等丁谓病好之后再做商议。丁谓痊愈后，冯拯将此事告诉了他。刘娥说得冠冕堂皇，实际上是想将位于权力中心位置的仁宗皇帝渐渐边缘化。丁谓当即驳斥道："此事不妥！你当时为什么不直接拒绝呢？"

王曾还记录了这样一件事，丁谓与旁人谈论汉高祖刘邦时，满是鄙夷地说刘邦不过是个田舍翁而已，张良让他向左他便向左，陈平让他向右他便向右，言外之意就是皇帝不过如此而已。丁谓甚至还说，古往今来那些所谓的忠臣孝子不过是后人蓄意塑造出来的虚假人物罢了，并不足信，王曾应该会将这些话禀告给刘娥。

自从与王曾单独会面后，刘娥对丁谓的态度便有了极大的转变，将其视为必欲除之而后快的政治威胁。

王曾料定丁谓此番凶多吉少了，便心满意足地离开了。走到宫门口的时候，王曾发现丁谓仍在等他。见王曾迟迟没有出宫，丁谓心中已然升腾起不祥之兆。当两人再度相见时，刚刚还可怜兮兮的王曾却是一脸的不屑与鄙夷，也没有像往常那样向他作揖，而是从他面前从容不迫地走了过去。丁谓注视着王曾远去的背影，懊恼得顿足捶胸，他一生都在算计别人，不承想如今却被人算计了！

丁谓不甘心坐以待毙，当即恳请拜见刘娥，试图挽回败局。刘娥虽然答应见他，却已经对他失去了信任。丁谓毕恭毕敬地站在帘子前面，竭力为自己辩解，此时的刘娥却听不进他的任何解释，不耐烦地起身离开了。

宦官轻轻卷起帘子，对仍在滔滔不绝的丁谓说："不知相公在与谁说话？太后已经离开很久了！"（在如今很多电视剧里，相公是夫君之意，不过在唐宋时期，相公通常指宰相，还包括"使相""枢相"等荣誉宰相。）

丁谓凝视着珠帘后面空空如也的御座，感受到了从未有过的惶恐不安。丁谓一脸茫然地向殿外走去，事到如今，他才意识到轻信王曾是要付出惨痛的代价的！

雷允恭被杀三天后，也就是六月二十五日，宰执们正在资善堂用餐，刘娥突然征召众人议事，唯独不征召丁谓。丁谓预感到商议之事与自己有关，苦苦恳求同僚们在关键时刻帮自己一把。钱惟演当即道："丁相且放宽心，我们定会竭尽全力，你不会有事的！"冯拯狠狠地瞪了他一眼，钱惟演识趣地闭上了嘴。

众人来到承明殿后，刘娥生气地对众人说："丁谓身为宰相，却与内臣雷允恭相互勾结，图谋不轨！"刘娥拿出丁谓通过雷允恭请皇家工匠制造的金器，又出示了雷允恭恳请丁谓为他谋求主管皇城司之职等证据。

刘娥说："丁谓与雷允恭勾结，擅自更改陵址，还谎称与众位爱卿商议决定，所以我才会准奏，如今看来全都是一派胡言！"

刘娥看向诸位宰执中地位最高的冯拯。冯拯带头说道："自从先帝驾崩以来，政事便由丁谓与雷允恭共同议定，他们每次都称获得了宫内旨意，我们也难辨真假，幸亏太后及时察觉，此乃社稷之福！"

见冯拯已经率先表态，刘娥认为大局已定，趁机提出想诛杀丁谓。众人听后不禁面面相觑，冯拯赶忙劝阻道："丁谓固然有罪，不过新帝刚刚登基，如若此时诛杀宰相，恐怕会令天下人不安！况且丁谓并未犯有谋逆大罪，只是意欲包庇雷允恭，没有及时上奏山陵渗水之事，恐怕罪不至死！"

见众人反对，刘娥只得作罢，索性将这个皮球踢给了他们。

冯拯等人奉命前往偏殿，商议如何惩处丁谓。当时气氛极为凝重，钱惟演刚刚还信誓旦旦地对丁谓说要全力保他，被冯拯狠狠瞪了一眼之后，他便一言不发。钱惟演此举，表面上是因为畏惧宰相冯拯的权势，实际上却是权衡利弊后的高明之举。他不仅与丁谓有姻亲关系，与刘娥同样有姻亲关系，如今两人反目成仇，他当然知道该何去何从。

唯有任中正仍在试图挽救丁谓，说：“丁谓被先帝选为顾命托孤大臣，拥立陛下顺利登基可是大功一件。即便他真的有罪，也请先依律为其议功。”王曾自然知道他的小算盘，一旦认定丁谓有拥立之功，功过相抵后，丁谓便可以被从轻发落。王曾赶忙道：“丁谓对先帝不忠，包庇纵容雷允恭，才酿成如此大祸。他何功之有？”

任中正顿时被呛得不再说话。众人商议后，将惩处丁谓的方案报给了刘娥。曾经不可一世的丁谓被罢为太子少保，分司西京，不仅担任有职无权的虚职，还就此被赶出了朝廷。

按照惯例，罢免宰相应由翰林学士来草拟诏书，但由于时间仓促，他们只得命值班的中书舍人草拟诏书。为防夜长梦多，诏书拟好后直接贴在了朝堂之上，随后向天下公布。即便丁谓再深谙斗争之道，此番也回天乏术了。

丁谓的厄运才刚刚开始。女道士刘德妙时常出入丁谓府上，丁谓被罢免后，官府也逮捕了刘德妙，想从她的口中获取关于丁谓的不法之事。刘德妙平日里号称法力高深，但终究经受不住酷刑的折磨，当即将自己知道的和盘托出。

丁谓曾对刘德妙说：“你宣称自己可以求神占卜，不如假称太上老君附体，可以预知旁人祸福，这样才能在京城出人头地。”在丁谓的点拨下，刘德妙在京城的名气也越来越大。

刘德妙时常在丁谓府上摆设神像，设坛祭祀，雷允恭还多次参与。真宗皇帝去世后，丁谓还将刘德妙推荐入宫。刘德妙凿地时发现了龟蛇，丁谓令她将龟蛇带入内宫，宣称此蛇出自自家山洞。丁谓还教她说：“如若皇帝问你，你怎么知道你侍奉的就是太上老君，你就跟他说宰相绝非凡人，无所不知！”丁谓还为此专门撰写了两篇题为《混元皇帝赐德妙》的颂。

丁谓做的这一切不过是为了在仁宗皇帝面前神化自己罢了，但也犯下欺君大罪。七月二十三日，丁谓被贬为崖州（今海南省三亚市）司户参军，此番离朝后，丁谓便再也没能回来。

曾经为丁谓求情的参知政事任中正被罢为太子宾客、知郓州（今山东省泰安市东平县）。因丁谓而遭贬斥的多达十余人，丁谓的儿子、侄子都被免官。朝廷还查抄了丁谓的府邸，查获不计其数的金银财宝。

钱惟演之前唯丁谓马首是瞻，但他与刘娥是姻亲关系，所以此番未受到波及。王曾接替丁谓出任宰相后，钱惟演也从枢密副使升任枢密使，因为他此前的政治地位一直都在王曾之上，所以在王曾得到提拔重用的同时，钱惟演也得以升迁。

丁谓在崖州任职满三年后，被调到雷州任职。过了五年，他又被调往道州，不知是巧合，还是有意为之，这两个地方均是寇准昔日的贬谪之地，不知丁谓当时会作何感想？

明道二年（1033年）三月二十五日，太后刘娥突患重病，仁宗皇帝征召天下名医来京城为她诊治，还为了她大赦天下。丁谓被特许以秘书监之职致仕，被准予迁徙到光州（今河南省信阳市潢川县）。四天后，刘娥病逝。丁谓与刘娥的恩恩怨怨也就此随风而去。四年后，丁谓在光州与世长辞。丁谓惯于算计别人，终被人算计，这或许便是他的宿命。

第三案

韩虫儿怀孕事件：老太后与新皇帝的政治对决

仁宗皇帝一生都在努力地生儿子，但三个儿子却接连夭折，他不得不面对皇位无人继承的窘境。在重压下，仁宗病倒了，他歇斯底里地呼号：“皇后与张茂则谋大逆！”这究竟是他在病中的胡言乱语，还是藏着不为人知的隐情？

仁宗的病虽然好了，但也就此心灰意冷。他只得接受现实，将自己的堂侄赵曙册立为皇子。

在仁宗病逝前夕，身份卑微的韩虫儿却宣称自己怀孕了，还说这个孩子极有可能是个男孩。就在众人对未来政局感到困惑与不安之际，仁宗皇帝却突然暴亡了。

赵曙继承了皇位，但他在仁宗皇帝的丧礼上突然疯了，究竟是什么使这位新皇帝发疯？韩虫儿这个在后宫中微不足道的底层女子，又是如何成为各方势力博弈斗争的砝码？她所说的一切究竟是真是假？她究竟有没有为仁宗皇帝生下遗腹子？本就地位不稳的英宗皇帝赵曙，面对如此大的威胁又将如何应对呢？

没有儿子的苦恼

真宗皇帝和仁宗皇帝都因后继无人而感到苦恼。他们不是没有儿子，而是儿子全都不幸夭折了。

真宗有五个儿子，可惜全都没能成年，就匆匆告别了这个世界。时值中年的真宗只得以绿车旄节之礼，将弟弟商王赵元份的第三子赵允让迎入宫中抚养，不过真宗并未彻底放弃生儿子。大中祥符三年（1010年）四月十四日，四十三岁的真宗迎来了自己的第六个儿子，也就是后来的仁宗皇帝赵祯。真宗以隆重的礼节将赵允让送回商王府。赵祯也不负众望，平安健康地长大，不过他没有像父亲那么幸运。

仁宗皇帝成婚后迟迟没有儿子，只得于景祐二年（1035年）将宁江军节度使赵允让的第十三子赵宗实（后改名赵曙）养在宫中。年仅四岁的赵宗实不得不离开熟悉的环境，来到陌生的皇宫。

仁宗仿效自己的父亲，将宗族子弟养在宫中，这是他的无奈之举，仁宗只是希望能借助年幼的赵宗实给自己带来好运气。不过此时仁宗才二十多岁，随时都可能生下儿子，赵宗实也随时可能像父亲那样被遣送出宫。

景祐四年（1037年）五月初九，俞美人为仁宗生下了第一个儿子赵昉，但赵昉在出生当天便夭折了，连名字都是仁宗后来赐给他的。这是个不太好的开始，但包括仁宗在内的所有人都觉得，既然有了第一个儿子，那么第二个儿子的到来也就不会遥远了。

赵宗实依旧被养在宫中，但他在众人眼中只是个随时会被丢弃的备胎。赵宗实受尽了旁人的白眼，以至于二十多年后，仁宗再度征召他入宫时，他万般不愿。

宝元二年（1039年）六月十三日，仁宗命人将八岁的赵宗实送出宫，因为苗美人即将分娩了。此时仁宗还不知道这个孩子是男是女，但他在心中认定这是个儿子。不等这个孩子降生，仁宗便迫不及待地将赵宗实遣送出宫，或许是将长子赵昉的早夭归咎于赵宗实，担心继续将他留在宫中会对即将诞生的次子不利。赵宗实也就此结束了四年枯寂的后宫生活，唯一的收获就是从左千牛卫将军升为右千牛卫大将军。

当年八月十五，被仁宗寄予厚望的儿子降生了。大喜过望的仁宗专门下诏，将三京即东京开封府、南京应天府、西京河南府的罪犯罪减一等，徒刑以下的罪犯全部予以释放。他还诏命每月给这个儿子俸钱二十万，春天发放绫、绢各十匹，紫罗一匹，冬天发放绫十匹，绵五十两。

仁宗对旁人说，这个儿子降生后，神仙专程降临，对他意味深长地说了“最兴来”这三个字，这也成为次子赵昕的小名。

承载着仁宗殷切期望的赵昕却于庆历元年（1041年）二月突然病逝。当时北宋西北边境狼烟四起，西夏军队在好水川、定川寨等地接连大败宋军。很多朝臣力主推迟赵昕的葬礼，但沉浸在巨大丧子之痛中的宋仁宗根本听不进去，他不顾前方紧张的战事，力排众议，在当年五月为赵昕举行了极其隆重的葬礼。

仁宗的沮丧之情溢于言表，好在朱才人已经怀孕，或许能给他带来好消息。庆历元年（1041年）八月，朱才人顺利生下第三子赵曦。庆历三年（1043年）正月初一，仁宗迫不及待地加封年仅三岁的赵曦为鄂王、武昌节度使、同中书门下平章事，命翰林学士草拟诏书。诏命尚未下达，赵曦便在正月初二突然病逝了。仁宗得知后痛不欲生。

这一年，仁宗已经三十四岁了，但他的三个儿子全都夭折了。他的六个女儿中，除了长女福康公主之外，其他五个女儿也如同被施了魔咒般相继夭折了。在此之后，仁宗又接连生下了七个孩子，无一例外全是女孩，夭折率依旧很高，只有三位公主活到了成年。

自从赵宗实被遣送出宫后，仁宗想尽各种办法想要一个儿子。有人提出北宋的江山夺自北周，北周柴氏皇族却没能得到应有的优抚，仁宗的儿子接连夭折就是上天的惩罚。因此，仁宗大肆加封柴氏后裔。可无论仁宗如何努力，终究都是无用功。赵曦病逝后，后宫中再也没有皇子诞生。

随着年龄的增长，仁宗的身体每况愈下。嘉祐元年（1056年）正月初一，由于除夕夜的雪实在是太大了，有的宫殿的房梁都被积雪压折了，见此景，仁宗生出一种不祥之感。一整晚，他都赤着脚向上天祈祷，直到天色渐渐亮了，雪渐渐停了，他才赶忙穿戴整齐前往大庆殿。见仁宗皇帝已经在御座坐定，宦官轻轻卷起帘子，恰在此时一阵寒风猛地袭来，仁宗不由自主地打了一个寒战，头上的冠冕歪向了一边，口中流出口水来。宦官们见状不妙，迅速垂下帘子。等到仁宗稍事休整后，宦官们才再度卷起帘子。仁宗勉强支撑着身子参加了接下来的大朝，此时他还未意识到自己中风了。

正月初五，仁宗在紫宸殿宴请辽国使臣。宰相文彦博借敬酒之际来到御榻前，仁宗竟莫名其妙地对他说："你为什么不乐呢？"文彦博有些错愕，一时间不知该如何应对。不过宴会时，仁宗没有做出特别出格的事情，文彦博这才稍稍放宽心，但意外还是发生了。

正月初六，辽国使臣辞别归国，仁宗皇帝照例在紫宸殿举行宴会，为其饯行。辽国使者落座后，仁宗突然高声疾呼：“刚刚已经征召使者升殿，他们为何不来见朕？”

见仁宗说话语无伦次，宦官和宫女知道他肯定又发病了，赶忙搀扶着他回后宫休息。文彦博见状，赶忙对辽国使臣解释说：“陛下昨夜饮酒有些多，今日不能亲自赴宴，特地命我等前来款待贵使，还望贵使见谅！”

仁宗皇帝在辽国使臣面前突然发疯之事被文彦博遮掩了过去，文彦博开始为仁宗的身体担忧。如今仁宗没有皇子，一旦他暴亡后，朝中很有可能会引发内乱。

正月初七，文彦博来到内东门小殿等待仁宗的召见，但仁宗突然从寝宫内跑出来，还边跑边喊：“皇后与张茂则谋大逆！”

皇后曹氏出生于当时的世家大族真定曹氏。她的祖父为北宋名将曹彬，官至检校太师（正一品）、同平章事，后任枢密使。她的父亲曹玘的官职却要低许多，一生当的最大的官仅仅是虞部员外郎（从六品上阶）。

仁宗由皇后刘娥与杨淑妃共同抚养长大，他的第一任皇后是嫡母刘娥为他选的。刘娥去世后，仁宗便以无子为由将他的第一任皇后废黜，之后杨淑妃又为他选择曹氏为皇后。不过仁宗最宠爱的是姿色出众并且能歌善舞的张贵妃，张贵妃接连为他生下了三个女儿。曹皇后却没能为他生育子嗣。张贵妃仗着皇帝的宠爱，多次冒犯曹皇后，曹皇后只能选择迁就忍让。

文彦博听到仁宗的呼号后不禁大惊失色。宦官和宫女们见状，赶忙将发疯癫狂的仁宗架走了。

宰相文彦博、富弼等人随即在大庆殿为患病的仁宗昼夜焚香，设醮祈福，还派遣近臣前往京城各寺观，派遣地方长官前往供奉着五岳、四渎（即长江、黄河、淮河、济水）之神的庙宇，为患病的仁宗祈福消灾。

谁知一波未平，一波又起。张茂则是曹皇后身边的亲信宦官，可如今仁宗皇帝公然说他与曹皇后一同谋大逆，他一时间承受不了如此大的心理压力，居然要上吊自杀，幸亏被周围的人及时发现，才将他救了下来。文彦博听说此事后，紧急召见了自杀未成的张茂则，斥责他说："如今天子患病，因神志不清而胡言乱语，你却想寻死，你若是真的死了，置皇后于何地？"文彦博严令张茂则守候在仁宗皇帝床前，绝不能再有什么意外。这场风波后，曹皇后甚至不敢看望仁宗，只留下十几个宫女伺候在他的身旁。

仁宗皇帝因中风出现了意识混乱的症状，但他为何偏偏说皇后与张茂则谋大逆呢？其中恐怕另有隐情。

《闻见近录》记载："时相富文忠（即富弼）密通意光献（即曹皇后）立后，而慈圣（即曹皇后）意在英宗（即赵宗实），传道中外者，张茂则也。"曹皇后的谥号为"慈圣光献"，所以文中的"光献"与"慈圣"指的均是她。富弼恳请曹皇后早早选择继承人，曹皇后心中的理想人选是之前被养在宫中的赵宗实。由于曹皇后不能随意出宫，充当两人联络人的正是曹皇后身边的亲信宦官张茂则。

极有可能是在张茂则告诉曹皇后，富弼同意册立赵宗实为皇子时，仁宗意外地听到了两人的谈话，由于仁宗当时意识不清，误以为两人想谋逆。

好在仁宗的身体渐渐好了起来。当年十一月，大臣们再度劝他早日册立宗室子弟为皇子，知谏院范镇甚至在他面前哭着哀求，仁宗也不禁流下了泪水，哽咽道："爱卿所言极是，还望你能再等上两三年！"范镇随后辞去了谏官，以示对仁宗固执己见的不满。

面对朝臣的非议，仁宗不改初衷，仍旧拖着刚刚痊愈的病体，一心想生儿子，期望有朝一日能得到上天的眷顾。

不想当内廷养子却当上了皇帝

嘉祐三年（1058年）六月，宰相文彦博因遭弹劾而被罢为河阳三城节度使、判河南府（今河南省洛阳市）。文彦博离朝后，富弼升任首相，韩琦拜为宰相，两人一直共事到嘉祐六年（1061年）三月，富弼因母亲去世而离职服丧，在此期间仁宗多次想让他复出，却都遭到了他的拒绝。直到赵曙即位后，富弼才复出，被任命为枢密使、同平章事。

在宰相韩琦、枢密使富弼等人的竭力恳请以及曹皇后不遗余力的劝说下，身体每况愈下的仁宗同意收养宗族子弟。

古人一向极为看重血缘关系，仁宗的五个哥哥全都夭折，自然没能留下亲生骨肉，所以仁宗不仅没有儿子，连亲侄子都没有，只能从叔叔伯伯的孙子辈中选择。仁宗可选择的范围不小，仅仅是在史书与墓志铭中留有记载的赵允让的儿子，便多达二十二人，仁宗还可以选择其他堂兄弟的儿子。

仁宗皇帝能再度选择曾经被自己送出宫的赵宗实，曹皇后在中间发挥了很大的作用。庆历七年（1047年）三月，正是在曹皇后的撮合下，她堂姐的女儿、她的养女高滔滔嫁给赵宗实为妻，高滔滔随后被册封为京兆郡君。如若赵宗实能被仁宗收为养子，那么曹皇后既是赵宗实的嫡母，也是赵宗实的岳母，可谓亲上加亲。

嘉祐七年（1062年）八月初四，仁宗皇帝正式下诏将赵宗实册立为皇子，初九将其改名为赵曙，随后又将皇室宗亲全都召入宫中，当面向他们通报了此事，还命入内内侍省、皇城司在内香药库西侧营建皇子的居所。

仁宗经过艰难抉择终于下定了决心，但赵曙一直称病拒不接受皇帝诏命，或许是上次入宫带给他的心灵创伤太大的原因。皇族长辈同判大宗正事赵从古、虢国公赵宗谔奉命前去规劝，赵曙仍旧不肯入宫。赵宗谔恼羞成怒道："你既是人臣，又是人子，怎么能抗拒君父之命呢？我不是没有办法，我可以命人将你强行送入宫去，但如此一来你恐怕就彻底失去了臣子之义，我不想让你为此而恶名远扬！"

八月二十五日当晚，此时已经下诏二十余日，赵曙仍旧不愿奉诏。当天仁宗派遣的使者四度往返于皇宫与赵曙的府邸之间，皇宫宫门直到四更时分才关闭，但赵曙依旧没有进宫，此事也陷入了僵局。次日，仁宗按照原计划，将册立皇子之事祭告天地、宗庙与诸陵，赵曙已经没有任何回旋的余地了。就在众人不知所措之际，由于赵曙麾下记室周孟阳的规劝，赵曙突然改变了一贯的抗拒态度。

仁宗下令册立赵曙为皇子后，赵曙让周孟阳以自己患病为由予以推辞，但周孟阳认为他公然抗旨，有违大义。赵曙忧心忡忡道："（我）非敢邀福，以避祸也。"赵曙不想再被裹挟进政治风雨中，只想平平淡淡度过一生。周孟阳认为他此时已经没有了退路，劝道："主上为万世计而册立您为皇子，可如今您固辞不拜，即便主上违心地恩准了您的请求，您日后会安然无恙吗？"

周孟阳一席话点醒了赵曙。无论前面等待自己的是什么，他都只能一路向前，否则不仅是他自己，还有他的整个家族，或许都会遭受灭顶之灾。

赵曙听后当即从榻上坐了起来，道："我之前并未考虑得如此长远！"

八月二十七日，赵曙终于乘坐肩舆入宫。他入宫时仅仅携带不满三十个下人，行李也只有一些书籍，此举获得了朝中官员的一致赞誉，纷纷称赞他清心寡欲。赵曙入宫三天后才在清居殿见到了仁宗，但他们彼此间透着明显的疏离感。

自此之后，赵曙每日在内东门等候朝见，有时还能服侍在仁宗左右。不过仁宗对他这个毫无血缘关系的儿子并没有感情，很少单独召见他。

入宫以来，赵曙便断绝了与宫外亲友的联系，对手下人又打点不到位，以至于他这个皇子时常受到宦官的欺凌，有时连一日三餐都难以保证。曹皇后为了避嫌，不得不刻意与他保持距离，见他处境堪忧，又不忍坐视不管，却又担心会惹得仁宗不快，只得派遣亲信偷偷地给他送些吃食。赵曙对自己当下的处境看得很清楚，他明白自己极有可能再度沦为皇宫中的一位匆匆过客。

嘉祐八年（1063年）的前三个月，仁宗几乎都是在与病魔的抗争中度过的。正月二十七、八日，仁宗病情加重，不再前往崇政殿听政，改为坐在延和殿接受群臣奏事。登基以来，仁宗盛夏时没有命人挥过扇，寒冬时没有命人点过火。如今他身体虚弱，不得不命人在御座前架设火炉，还大幅压缩听政时间，减少听政流程，朝臣们无不对他的病情感到忧心忡忡。

二月十二日，仁宗的病情突然加重，以至于无法正常听政。到了三月二十四日，他的病情大为好转，宰执们闻讯后纷纷入宫向他表示庆贺。天有不测风云，仁宗病情的好转不过是回光返照罢了！三月三十日的白天，仁宗一切如常，可到了初更时分（大致相当于如今晚上七点四十六分），他的病情突然变得危急，身边人都措手不及，只得在第一时间征召御医前来，并将此事通报给曹皇后。

由于曹皇后的寝宫离仁宗居住的福宁殿并不远，她率先赶到。仁宗此时已经不能说话了，只是痛苦地指了指自己的心脏。急匆匆奔来的御医赶忙为他进行诊治，但无论是服药，还是艾灸，抑或是按摩，全都毫无效果。他的眼皮无力地垂下，渐渐没有了意识。到了三更时分，仁宗皇帝彻底没有了呼吸。

仁宗皇帝驾崩后，殿内的宦官和宫女七嘴八舌地说："恳请皇后速速打开宫门，征召宰执即刻入宫！"曹皇后表现得极为镇定，厉声道："如此紧要时刻，宫门岂可在夜间擅开！诸位宰执黎明时分入宫也不迟！"为防止仁宗皇帝驾崩的消息泄露，曹皇后命人从御厨取粥，并重新召回已经离开的御医，然后命人将他们看管起来。她想给人留下仁宗仍旧健在的假象，以免有人趁机作乱。

次日，即四月初一清晨，诸位宰执急匆匆入宫，径直来到仁宗的寝殿——福宁殿。对于后来发生的事情，不同文献记载不一。

根据《司马光日记》和《韩琦家传》的记载，曹皇后与诸位宰执商议如何处置仁宗皇帝的诸多身后事，众人同意拥立皇子赵曙即位。众人议定后，曹皇后命宰执前去征召赵曙，恳请他即刻即皇帝位。赵曙听到这个消息后，有些惊慌失措，不停地摆手道："某不敢为！某不敢为！"说着说着想借机逃走。宰执们似乎对此早有防备，当即将赵曙拦了下来，不由分说便给他披上了龙袍。

朝廷随后征召三衙副都指挥使、都虞候以及担任刺史以上职务的宗室前来福宁殿听旨。韩琦命翰林学士王珪撰写遗诏。王珪不敢下笔，韩琦对他说："大行皇帝在位多少年？"

仁宗皇帝在位将近四十二年，但在如此长的时间里，他都没能留下子嗣，所以皇子赵曙可谓天选之人。王珪顿时领悟了韩琦之意，随即挥笔写了起来。

等到日昳时分（即下午一点至三点），众人接到征召陆续前来。朝廷未正式对外公布仁宗皇帝的死讯，但很多人已经得知了这个消息，来时照常身穿吉服，却不约而同地解下腰间的金带与佩鱼，从垂拱殿外哭着向前走，缓缓来到福宁殿前。

哭声渐渐停了下来，韩琦向众人高声宣布仁宗皇帝的遗诏。赵曙在殿前即皇帝位，史称宋英宗。

蔡惇的《夔州直笔》中却有着截然不同的记载。仁宗皇帝驾崩后，曹皇后为防意外秘不发丧，派人将赵曙秘密召入宫内。次日，曹皇后在福宁殿召见诸位宰执。韩琦等人到来后，宦官指了指珠帘，说："皇后就在后面。"

韩琦恭敬地站着，听到帘后传来阵阵啼哭声。曹皇后哭着说："天下不幸，官家昨夜驾崩了！"

韩琦等诸位宰执听后，不禁垂下泪来。曹皇后继续说："诸位相公，官家无子，如今我们又该如何？"

韩琦厉声道："皇后何出此言？如今皇子就在东宫，您为何不尽快征召他前来？"

曹皇后却道："他不过是个宗室，若是立了他，我担心有人会来夺位！"

韩琦高声道："皇后想必是多虑了，皇子乃是先帝亲自册立，谁还敢有异议呢？"

曹皇后刚刚那番话其实是在试探众人，见韩琦的态度如此坚决，曹皇后满意地点了点头，道："皇子如今就在此处。"

曹皇后命人卷起珠帘，赵曙就坐在曹皇后身旁。韩琦不禁有些后怕，对诸位同僚心有余悸地说："幸亏刚刚没人乱发一言，否则后果不堪设想！"

侍卫马军副都指挥使[①]郝质对手下将士说："你们随我上殿时，先不要拜，一定要看我的眼色行事！"

郝质在殿门口遇到了韩琦等诸位宰执，径直道："我们想上殿拜见官家。"韩琦没办法做主，只得进殿禀报曹皇后。得到曹皇后准许后，郝质等人才进殿。赵曙披头散发，郝质看得并不是很真切，于是郝质举起手中的笏板，轻轻撩开赵曙披散的头发，确认此人就是皇子赵曙后，当即下拜。郝质身后诸

① 原文为殿帅，当时殿前副都指挥使为李璋，郝质为侍卫马军副都指挥使。

将见状，也纷纷跪下，殿内传来山呼万岁的声响。

邵伯温的《邵氏闻见录》中也有与《夔州直笔》类似的记载，其实两个文献的最主要区别是：赵曙究竟是被先召入后宫，还是被后召入后宫；对于即位，赵曙究竟是欣然接受，还是竭力抗拒。

综合分析赵曙即位前后的种种表现，《司马光日记》和《韩琦家传》的记载无疑更为真实。无论是司马光还是韩琦，他们都是这一重大历史事件的参与者。蔡惇与邵伯温均生活在北宋末年，难免会受到道听途说的误导。

赵曙对死去的仁宗皇帝并无多少情感，自然也就不想为其主持丧礼。赵曙一直都想借机逃避，让原本热衷拥立他为帝的曹皇后渐渐寒了心。随着两人矛盾的升级，朝中也发生了一次强烈的动荡。

忽然冒出来的先帝遗腹子

嘉祐八年（1063年）四月初四，赵曙已经即位四天了，但他还没有正式听政，群臣在这天上表请求他听政，却遭到了他的拒绝。虽然他还没有听政，但宰执们向他奏事时，他并没有敷衍推脱。对于上奏的每件事，赵曙都会详细询问来龙去脉与处理惯例，他处理的政务也得到了宰执们的一致认可，朝野上下称赞他是一代明主。

谁知赵曙在当天晚上突然患病，胡言乱语，行为怪异。原本因仁宗皇帝的死而被贬谪的御医们被紧急召回来，为突然患病的赵曙进行诊治，但赵曙的病情始终没有好转。

宋朝皇帝的丧礼极为复杂，主要分为三个步骤：第一步是治丧之礼，也就是举行哀悼仪式，期间会举行小敛，给先帝的遗体沐浴更衣后，将其放入棺材之中，但棺材不会盖盖子；随后举行大敛，将先帝的遗体进行包裹并放入棺材中；随后举行小祥、大祥、禅祭等祭祀仪式，禅祭后便可以脱去丧服，标志着治丧之礼基本告一段落。等逝者去世一百天后，通常还会举行“百日卒哭”。

第二步是安葬之礼，等到陵墓修好后，举行隆重的祭奠仪式，将灵柩安葬在陵墓中，随后举行虞祭，也就是将先帝虞主（即灵位）迎回城中并进行祭拜。第三步是葬后之礼，最重要的就是祔庙，将先帝虞主安放进太庙中，丧礼就此基本结束，但通常还会建神御殿，用来供奉先帝的神像；修功德寺，用来为先帝祈福。

原定在四月初八为仁宗皇帝举行大敛。作为嗣子，英宗赵曙在大敛中是不可或缺的，可如今他突然病了，礼部只得恳请将大敛延期，但司天监占卜后，说若是错过了四月初八，恐怕会不利于赵曙与曹太后。

大敛仪式按期照常举行，还没有正式开始，便蒙上了一层阴影，因为赵曙成为整个仪式过程中最大的变数。

众人担心的事情还是发生了，作为整个大敛仪式的焦点人物，赵曙突然呼号狂奔。韩琦早有准备，见状立即扔掉手中的杖子，撩开身旁的帘子，抱住突然发病的赵曙，并让宦官和宫女紧急护送赵曙回宫休息。随后仪式照常举行。

关于赵曙为何突然发病，史学界历来争论不休。长时间充当备胎的经历使赵曙处于精神高度紧张的状况，他身体一直都不太好，只活了三十六岁，实际在位时间还不到四年。除了因战争被俘或者殉国的钦宗赵桓、恭帝赵㬎、端宗赵昰和少帝（也称为末帝）赵昺之外，赵曙是和平时期在位时间最短的宋朝皇帝。

此时赵曙虽然有病，也不至于会病得如此之重。八岁出宫后，赵曙便一直陪伴在父亲赵允让的身旁，他的父亲于嘉祐四年（1059年）十一月不幸离世。二十多年的父子情使赵曙难以在短时间内接受另外一个人成为自己的父亲，况且此人还对自己格外冷漠。为了不参加仁宗皇帝的丧礼，赵曙只得故意装病。

嘉祐八年（1063年）四月十六日，也就是大敛八天后，翰林学士王珪便上奏，说道新皇帝赵曙的病情已经基本稳定，恳请曹太后撤帘。曹太后与仁宗是三十年的夫妻，虽时有矛盾，但也感情深厚。赵曙装病缺席了仁宗的丧礼，曹太后自然对赵曙生出诸多不满，不过并未苛责他，也没有贪恋手中的权力，当即同意了王珪的恳求，要求赵曙为自己草拟还政书。不过不知为何，撤帘之事暂时搁置了下来。

四月二十四日，正值仁宗皇帝的“大祥”。此时赵曙已经基本痊愈，出席了相关活动，一切似乎都朝着好的方向发展着。根据《司马温公集编年笺注》记载，三天后，知谏院司马光专门上书：“陛下思念先朝，欲报之德，奉事皇太后孝谨，抚诸公主慈爱。此诚仁厚之至，过人远甚。”在外人眼中，曹太后与赵曙这对母子相处得还算融洽。

五月二十七日，赵曙首次驾临延和殿，他显露出种种病态，这次他应该是真的病了，还特地命宰执们为自己祈福。六月初三，赵曙再度因病无法临朝，两府长官只得前往柔仪殿听取他的旨意，然后再前往东门小殿向曹太后汇报。

赵曙病了，但他极其厌恶吃药。宰相韩琦时常端着药杯给他喂药，赵曙只是象征性地喝几口便推开。有一次，赵曙用力过猛致使药杯内的药洒了出来，溅到了韩琦的衣服上。曹太后见状，赶忙将宫内的一套衣服赐给了他，但韩琦不敢接受，曹太后意味深长地说：“相公可真是不容易啊！”从此时开始，曹太后与赵曙的关系日趋紧张，其中的原因颇为复杂。赵曙因为不是仁宗的亲儿子，所以他登基后本就面临着诸多质疑与非议，这时他又听闻仁宗皇帝还有遗腹子，身份卑微的韩虫儿最终成为压垮赵曙的那根稻草。

在众多后宫佳丽中，韩虫儿显得有些暗淡无光。嫔妃们通常会被授予内官，她们收养的女子通常被称为“养女”。除了内官之外，后宫中还设有负责具体事务的宫官，宫官被皇帝临幸后也可以转为内官，通常情况下内官不会转为宫官，宫官之下便是普通宫女，宫官与宫女收养的女子通常被称为“私身”，是皇宫中专门伺候宫官和宫女的人。

对于韩虫儿这样的私身，只有攀上一个好养娘才能出人头地。司马光的《温公日录》记载，她的养娘为永昌郡夫人翁氏，但永昌郡位于今云南地区，不在北宋境内，而是在大理国的统治下，所以北宋朝廷应该不会授予她“永昌郡夫人”这样一个封号。欧阳修的《又三事》一文记载，韩虫儿的养娘为宫正柳瑶真，宫正属于品级较高的宫官，专门负责监察后宫内的不法行为。司马光当时只是天章阁待制、知谏院，关于韩虫儿一案多是道听途说。欧阳修当时是参知政事，属于最高决策层，还在案发后查阅过该案的相关卷宗，因此他的记载应该更为真实。

欧阳修听到的关于韩虫儿的版本是这样的：嘉祐七年（1062年），也就是仁宗皇帝去世前一年的腊月，仁宗闲来无事到后宫闲逛，见一个女子正在井旁打水，不禁停下了脚步，不是因为这个女子长得如何俊俏，而是因为仁宗看见一条小龙顺着井绳从井底缓缓升腾而起。仁宗惊愕地询问左右是否也看到了这离奇的一幕，众人都疑惑地摇了摇头。他揉了揉眼睛，虽然众人都不约而同地予以否认，可刚刚那一幕是如此的真切。仁宗向前走了几步，久久地凝视着那个正在打水的女子。

之后的某个夜晚，柳瑶真恰巧在阁中值夜班，不知是无心为之还是刻意安排，她让韩虫儿去阁内为自己取坐墩。仁宗恰巧正独自待在阁内，见来人是之前偶遇的打水女子，一时间气血上涌，当夜便临幸了她。随后仁宗对韩虫儿说：“你日后定会为朕生下龙子。”韩虫儿的两只手腕上各戴着一只金镯子，仁宗取下其中一只，交给了自己身旁的亲信宦官黎永德，还说日后父子可以凭借这个金镯子相认。

韩虫儿自称被仁宗临幸后不久，也就是在嘉祐八年（1063年）正月，她就发现自己已怀有身孕。自此之后，韩虫儿更是对仁宗的话深信不疑，认为自己怀有龙子，此事也在宫中传得沸沸扬扬。

刚刚登基的赵曙何时得知此事，已经无从知晓，但他得知后“籍籍不已”，这件事给他带来的心理压力可想而知。赵曙不知仁宗这个遗腹子降生后，自己该何去何从，索性便一直称病不理政事，此时他既有身体上的病，更有心理上的病。宰执们只得恳请曹太后垂帘听政，与皇帝同在内东门小殿内接受中书门下、枢密院的奏事。与刘娥有所不同的是，曹太后不参加大朝，也不接受群臣朝拜，只是通过召见两府长官来处理军国重事，处置时自称“吾”。

众人纷纷说韩虫儿将在嘉祐八年（1063年）八九月间分娩，赵曙也紧张到了极点，一向不理朝政的他在九月动作频频。嘉祐八年（1063年）九月十一日，赵曙下诏将皇子居住的地方改名为“兴庆宫”，后来有人提出唐朝时用过这个宫名，于是赵曙将其改名为“庆宁宫”。次日，赵曙的长子被赐名为赵顼，出任忠武军节度使、同中书门下平章事，被进封为淮阳郡王；次子被赐名为赵颢，出任明州观察使，被进封为祁国公；三子被赐名为赵頵，出任耀州观察使，被进封为鄠国公。赵曙所做的这一切，就是要抢在这个所谓的遗腹子出生前，确立儿子们的皇子身份，进而强化自己皇位的正统性。

就在众人殷切期盼仁宗皇帝遗腹子降生之际，此事却发生了戏剧性的逆转。

九月十七日，欧阳修因患病而告假，养病期间听到了一个令他震惊不已的消息：韩虫儿怀孕之事居然有诈，三个宫女、十余名医官以及三名接生的稳婆都被押往内侍省受审。九月十九日，欧阳修照例来到内东门小殿，在珠帘之前奏事，期间，曹太后突然命宦官将韩虫儿的案卷交给诸位宰执审阅。

根据韩虫儿自己的供述以及她身边人的证词，正月以来，她的月经其实一直没有停过，怀孕之事纯属子虚乌有。去年腊月，宦官黎永德奉使前往成都，至今都没有回来，仁宗不可能将韩虫儿的金镯子交给他保管。韩虫儿也交代了那只金镯子的下落，众人来到她所指认的藏匿处，在深一尺多的地方找到了那只金镯子。金镯子已断为三段，但将三段拼合在一起，与韩虫儿手上戴的那只金镯子一模一样，重量也都是一两半，由此可以断定两只金镯子原本为一对。

至于韩虫儿为什么要撒谎，她说自己时常遭受养母柳瑶真的责打，于是铤而走险宣称自己怀有龙子，这样她再也不用干活了，还可以轻松获得各种好吃的，每日还能得到两千贯钱。

曹太后与诸位宰执商议如何惩处胆大妄为的韩虫儿。欧阳修说："如今此事已经在朝野上下闹得沸沸扬扬，不如暂且留着此人，方可消除旁人的疑虑。"曹太后听后点了点头。

司马光的《温公日录》却记载，当时宰执们主张诛杀胆大妄为的韩虫儿，但曹太后说："如若杀了韩虫儿，那些不明真相的人还以为她是为先帝产下遗腹子才招致的杀身大祸，此人万万杀不得！"

次日，欧阳修前往福宁殿进献仁宗皇帝的谥册。办完事后，欧阳修恰巧碰见了入内内侍省都知任守忠，两人不知不觉又聊起了韩虫儿。任守忠说韩虫儿被杖责后，已经被送往承天寺出家。随着韩虫儿的离开，这桩案子就此结案了，但其中有着诸多细思极恐的细节。

韩虫儿仅仅是因为想逃避养母的责打，便假称自己怀有龙子，难道她没有想过此事败露后的后果吗？仅仅为了享受几个月的荣华富贵，她就会选择如此铤而走险吗？她说当时仁宗皇帝将那只金镯子交给了黎永德，但黎永德去年腊月就去了成都。宦官出使地方都会留有相关记录，戳破她的谎言并不难，在长达几个月的时间里，为何没有人深究此事呢？更为蹊跷的是，韩虫儿为何能在众目睽睽下，伪装孕妇长达九个月之久，直到临近分娩之际才露了馅？

仁宗皇帝去世时，韩虫儿已经怀有三四个月身孕了，宫中的御医无疑都是当时医学界的翘楚，即便是寻常医师，在孕妇怀孕一两个月时都能分辨出是否为喜脉，宫中的御医为何迟迟没有发现韩虫儿所说不实呢？在怀孕的最初几个月里，韩虫儿或许还可以勉强伪装，可随着分娩日期临近，孕妇体形会发生巨大变化，伪装的难度自然会变得越来越大，她又是如何骗过身边的那些宫女、御医和稳婆的呢？

韩虫儿败露后，遭受调查的宫女、御医、稳婆多达近二十人，这些人都与她有过近距离接触，甚至贴身服侍她。在她宣称自己怀孕的这段时间里，见过她的人恐怕就更多了。韩虫儿这样一个没有任何背景的小私身，能瞒天过海长达近九个月之久都未被人识破，仅仅凭借一己之力显然无法做到，此事肯定有着不为人知的内幕。

曹太后手中的棋子

一个身份卑微的私身宣称自己怀有龙种，身为后宫之主的曹太后不可能不进行调查便直接选择相信她说的话，因此如若没有曹太后的支持，韩虫儿恐怕瞒不了这么久。这一切不太可能是曹太后亲手策划的，因为赵曙一直是她心中理想的皇位继承人，如若再炮制出一个所谓的仁宗皇帝的遗腹子，显然会动摇赵曙的政治地位。不过随着曹太后与赵曙矛盾的不断升级，韩虫儿渐渐成为曹太后手中制衡赵曙的重要棋子。

韩虫儿宣称自己曾经被仁宗皇帝临幸，极有可能不是她编造的。仁宗最小的女儿宝寿公主生于嘉祐六年（1061年）七月，说明在人生的最后阶段，百病缠身的仁宗仍旧想要一个儿子，只可惜自从他的第三子赵曦夭折后，接连降生的七个孩子全是女孩。不过他并未彻底绝望，因为从概率上判断，他认为他的下一个孩子更有可能是个男孩。

韩虫儿被仁宗皇帝临幸后，应该是遇到了月经延期的特殊情形，这让她误以为自己怀上了仁宗的孩子，于是将此事及时上报。在怀孕初期，很难判断她所说究竟是真是假。当然还有一种可能，那就是她的确曾经怀有身孕，可惜后来不慎流产了，但曹太后希望她继续装下去。

嘉祐八年（1063年）六月间，曹太后与养子赵曙之间的矛盾日益激化，以至于宰执们纷纷进行规劝。关于两人交恶的原因，正史几乎都众口一词地归咎于宦官。曹太后平日里居于深宫之中，只在垂帘时才会与外臣有所接触，所以她最信任的人自然就是与她朝夕相处的宦官。赵曙偏偏又不善于笼络身边人，还与入内内侍省都知任守忠等人有过节，所以很多宦官在曹太后面前故意诋毁他，让两人心生芥蒂。

嘉祐四年（1059年）十一月，赵曙的生父赵允让病逝，死后被追封为濮王。任守忠奉命前去护葬，在举办葬礼的过程中，他向赵允让的子孙们大肆索贿，捞取了近万贯好处，但他仍旧嫌少，也因此与赵曙及其兄弟们结怨。嘉祐六年（1061年）正月二十四日，在任守忠的构陷下，赵曙的哥哥赵宗懿从郢州防御使降为信州团练使，赵曙由此对任守忠恨之入骨。

仁宗皇帝要册立赵曙为皇子，想要让任守忠前去宣召，任守忠却避而不行。虽然任守忠无法阻拦赵曙成为皇子，可一旦有了合适的机会，任守忠便会在曹太后面前大肆诋毁赵曙，期望有朝一日能将他赶下台。

曹太后与赵曙交恶绝不仅仅因为宦官的挑拨。孤身进宫的赵曙深知养子难以服众，他偏偏又不善于维系各方关系，也无法承受各方压力，所以很多皇室成员和官员将领都与他离心离德。赵光义第六子赵元偓的儿子赵允弼就曾愤愤不平地质问韩琦："岂有团练使为天子者，何不立尊行？"

由于没有接受泰州防御使之职，赵曙被册立为皇子前的职务仅仅是岳州团练使，在亲近宗室中这个职务并不算高。赵允弼与赵曙的父亲是同一辈，担任武宁军节度使、侍中，还被册封为北海郡王，所以赵允弼认为自己比赵曙更有资格当皇帝。

不仅皇室成员不服气，禁军将领们对这位新皇帝也是多有微词。当年年幼的仁宗皇帝即位之初，太后刘娥想笼络人心，所以赏赐时给禁军的食物中藏有金子。如今英宗赵曙即位后，也照例赐予禁军将士御食，众人根本无心食用，七手八脚地伸手去抓食物，想从中翻出金子，可翻了个遍也没找到，众人的失望与不满之情溢于言表。殿前副都指挥使李璋见状赶忙将麾下将领叫来，斥责道："你们平日里吃的喝的哪一样不是朝廷赐予的，如今新皇帝尚未正式临朝便给众将士赐食，对我们而言已是莫大恩典，我们本就无功，还奢求什么金子？谁再敢胡言乱语，我定斩不饶！"李璋的训斥使这场风波得以悄然化解，但禁军将士并未真心归附新皇帝。

在重压下，赵曙病倒了，渐渐变得自暴自弃。那些对赵曙不满的宦官们趁机在曹太后面前煽风点火，还将赵曙失礼之事广为传播，使赵曙对曹太后的怨恨越来越深。

在赵曙的皇位岌岌可危之际，宰相韩琦却坚定地站在赵曙一边。韩琦对曹太后说："臣等只能在外朝见得到官家，在宫内照顾官家的重任全都落在了太后身上。若是官家有什么闪失，太后恐怕也不会安稳！"

见韩琦公然威胁自己，曹太后惊道："相公何出此言？自家的事，吾自当用心！"

韩琦继续说："太后看顾好官家，众人自然也会看顾好太后！"

见韩琦在太后面前表现得极为强硬，众人不禁为他捏了一把汗，事后关切地说："您刚刚的话是不是有些过分了？"

韩琦心有余悸道："如今局势危急，我不得不如此！"

赵曙的种种不当行为在朝野间传得沸沸扬扬，韩琦对此嗤之以鼻道："陛下在殿上不曾说错一语，退朝后却频频犯错，天下岂有这样的道理？这些传言根本就不可信！”

此时朝中已然分化为两大阵营：以宰相韩琦为首的中书门下坚定地站在皇帝一边，总是在规劝曹太后要忍耐；以枢密使富弼为首的枢密院坚定地站在太后一边，多次规劝赵曙要尽孝。根据《曲洧旧闻》卷八记载，富弼和韩琦曾经联名上书赵曙：“千官百辟在廷，岂能事不孝之主？伊尹之事，臣能行之。”虽然奏书是两人联名所上，但应该主要是富弼之意。富弼与曹太后关系一向亲密，听闻曹太后无端遭受各种委屈，他自然怒不可遏。富弼的话说得极为严厉，也说如若赵曙再敢对曹太后有什么不孝的举动，他将会效法伊尹。伊尹为商朝名臣，辅佐商汤灭掉了夏朝。后来伊尹拥立商汤的嫡长孙太甲为王，但太甲为政暴虐，恣意妄为，伊尹毅然决然地放逐太甲，自己摄政当国。太甲在桐宫闭门思过三年后，渐渐有所悔悟，伊尹这才还政于太甲。

不仅富弼有废立皇帝之意，曹太后也渐渐对赵曙失望至极。《续资治通鉴长编》卷一百九十九记载：“（曹太后）左右谗间者，或阴有废立之议。”不过曹太后究竟想拥立谁为新皇帝，史书中语焉不详。

曹太后将韩虫儿视为手中的一枚棋子，利用其怀孕之事不断给赵曙施压。或许在身边人的怂恿下，曹太后也考虑过更为大胆的计划，那就是炮制出一个所谓仁宗皇帝的遗腹子，这样她就可以顺理成章地将赵曙赶下台。不过这么做的风险极大，一旦骗局被人揭露，曹太后势必会遭到世人唾弃，失去目前所拥有的一切。要么是因畏惧主动收手，要么是因阴谋意外泄露被迫收手，曹太后最终放弃了这个大胆的想法，不过她需要妥善处置韩虫儿。

欧阳修是从任守忠的口中得知朝廷对韩虫儿的处理结果，此案应该就是任守忠审理或者参与的。如此大的案件，最多只用了两天时间便草草结案了。九月十九日，曹太后已然将结案的卷宗递交到诸位宰执面前了。

对于这桩惊天大案，主审官员却如此草率，将所有罪责全都推到韩虫儿的头上。韩虫儿看似是政治牺牲品，不过在将近九个月的时间里，她享受到了之前想都不敢想的荣华富贵，也成为我国历史上唯一一个留下姓名的私身。

珠帘被宰相毅然扯下

嘉祐八年（1063年）十月二十七日，仁宗皇帝被安葬于永昭陵。他生前享有崇高威望，死后也享有极高声誉，但他此生最大的遗憾便是后继无人。他努力了大半生，最终还是花落他家。

皇帝死后，宰执大臣之首通常会出任山陵使。山陵使可是一个高危职位，为真宗皇帝修造陵墓的丁谓、为神宗皇帝修造陵墓的蔡确、为高太后修造陵墓的吕大防以及为哲宗皇帝修造山陵的章惇全都落得被贬死于异地的凄惨下场，但韩琦得以善终，因为他始终不遗余力地维护饱受争议的新皇帝。

十一月初二，仁宗皇帝的虞主从永昭陵被迎回开封城中。皇帝下葬后要为其举行隆重的祭祀活动，称为“虞祭”。

十一月初九，仁宗皇帝的祔庙典礼如期举行，众人将仁宗皇帝的神主供奉进太庙中，这样便于后世子孙定期祭拜，只可惜仁宗皇帝没有真正意义上的后世子孙。

仁宗皇帝顺利下葬后，身为山陵使的韩琦顿觉如释重负。恰在此时，曹太后派遣亲信宦官给他送来了一封密信，他看完后刚刚松弛下来的神经不得不再度绷紧。这封密信通篇都在痛斥赵曙的种种过失，韩虫儿的怀孕风波已经过去，但曹太后并未打消罢黜赵曙的念头。根据《曲洧旧闻》记载，韩琦曾对曹太后说："臣观太皇太后按似多一'太'字。"曹太后明明是皇太后却想成为太皇太后，其政治用意不言自明。如今赵曙的长子赵顼已经十六岁了，赵曙已然让曹太后深感绝望，曹太后便想趁机迫使赵曙退位，让他将皇位提前传给听话懂事的孙子赵顼。无论是身患重病不能处理政务，抑或是对嫡母不孝不能以身作则，都可以成为曹太后罢黜赵曙的理由，不过曹太后必须要得到韩琦的支持。

韩琦看完密信后，脸色顿时阴沉下来，当即将这封密信焚毁，让那名宦官转告曹太后："如今官家不慎染病，即便是因心神不宁而做出一些不合时宜的举动，太后也没有必要大惊小怪！"之后，韩琦来到帘前向曹太后奏事时，曹太后再度将赵曙做过的不孝之事一桩桩、一件件说了出来，说着说着竟然呜咽不止，声泪俱下。

曹太后悲痛欲绝地说："如今在这宫中已经没有吾容身之处，还望相公为吾做主！"

曹太后悲痛的情绪没能感染韩琦，韩琦不以为意地说："这皆是因为官家患病所致，等官家的病好了，自然也就不会这样了！如今儿子病了，岂有母亲容不下儿子的道理？"

见韩琦执意袒护赵曙，曹太后的脸上露出了愠怒之色。见此情形，参知政事欧阳修赶忙劝道："太后侍奉仁宗皇帝数十载，仁圣之德，传遍天下。嫉妒本是妇人本性，您却容得下骄纵的张贵妃，又岂会容不下您的儿子呢？"

曹太后的怒意消散了些，说："卿家所言极是！"

欧阳修继续说："您刚刚说的那些话，只有臣等知晓，外人是不会知道的！”欧阳修的话打消了曹太后心中的顾虑。既然得不到宰执们的支持，如今最好的处理方式便是一切都好似没有发生过。见曹太后不似之前那般愠怒了，欧阳修也趁机敲打了她几句：“先帝在位多年，世人无不对其感恩戴德。先帝晏驾后，天下人尊奉先帝遗命，拥立嗣君。如若太后所作所为有悖于先帝遗命，普天之下谁又肯听从呢？”曹太后听后沉默不语，如今韩琦和欧阳修都坚决反对另立新君，如若她一意孤行，恐怕也没有多少胜算。

之后，韩琦等人朝拜赵曙时，赵曙居然公开说：“太后待我无恩。”韩琦等人虽然没有反驳，但巧妙地提到了舜。舜从小就受到父亲、继母以及他们所生的弟弟的陷害，舜却以德报怨，掌权后一如既往地孝敬父母、爱护弟弟，由此深得百姓拥戴。韩琦意味深长地对赵曙说：“父母慈爱，儿子孝顺，此乃人间常事，并没有什么可称道的。如若父母不慈爱，儿子依旧孝顺，才会为人称道，恐怕是陛下做得还不够，岂有不爱儿子的父母呢？”

赵曙听后不禁深受触动，此后再也没有对外人说过曹太后的不是，但他与曹太后的关系并未得到修复。

如今韩虫儿已经遁入空门，仁宗皇帝也已下葬，赵曙的心病自然也就没了，病很快也好了，于是开始临朝听政。不过曹太后仍旧不肯撤帘，她非贪权之人，但赵曙对她的漠视与无礼让她很没有安全感，只得死死地攥紧已经到手的权力。中书门下、枢密院两府长官在退朝后，仍旧要前往内东门小殿向曹太后复奏。这让韩琦感到很不爽，心中跳出来一个极其大胆的想法：逼迫曹太后撤帘。此举可谓前无古人，后无来者！

在此之前，韩琦想大张旗鼓地为赵曙造势，为他最大限度地争取各方支持。即位以来，赵曙大部分时间都在养病，一度淡出人们的视野。如今正值天下大旱，韩琦恳请赵曙出宫求雨，赵曙自然知晓他的良苦用心，随即点头同意。当日，天子依仗穿行在熙熙攘攘的开封城中，百姓一时间交口相传，吸引了不计其数的人前来驻足观看。此举意在向世人宣示赵曙已经痊愈了，可以独立执掌朝政了。

此后不久，韩琦特地选取了十余件事上奏，让皇帝进行裁决，赵曙也不负众望，处理得极为妥当。不过皇帝决断的军国大事照例还需得到曹太后的复核。在前去面见曹太后的路上，韩琦对另一位宰执曾公亮说："如今先帝已经入土为安，我的使命完成了，我原本应该隐退，但看到官家一直都没有痊愈，才拖延至今。如今官家的病好了，是可喜可贺之事。一会儿面见太后时，我会主动要求隐退，到时希望你们能合力赞成！"

曾公亮是个没有存在感的宰执，一直湮没在韩琦的光辉下，见韩琦主动要求隐退，赶忙规劝道："此事万万不可！朝廷怎么能没有您呢？"

韩琦却淡然一笑，对曾公亮等人说："你们一会儿看我眼色行事即可！"

韩琦等人缓缓来到内东门小殿，此时曹太后已经端坐在殿内珠帘之后。韩琦将皇帝裁决的十余件事一一呈送曹太后，曹太后也赞赏地点了点头。韩琦朝众人使了个眼色，曾公亮等人心领神会地退了出去，留下韩琦一人在殿内。韩琦凝视着珠帘后曹皇后若隐若现的身影，提出自己想退隐的想法。曹太后惊愕地望着珠帘之外的韩琦，说："相公为何要突然请辞呢？老身本应身居深宫享清福，如今依旧要操心这许多国事，虽身不由己，却也是无可奈何！若是要隐退，还是先让老身隐退吧！"

之后韩琦刻意与曹太后谈起了东汉时期临时听政的马太后和邓太后，这两人是后世公认的贤后，但都不免贪恋权势。韩琦趁机说："如若太后能主动撤帘归政，马太后和邓太后都会望尘莫及！"

曹太后此时才意识到韩琦是想逼宫，猛地从御座上站了起来。但韩琦没有给她留任何抗争的机会，厉声吩咐仪鸾司的人速速撤去珠帘。曹太后没有料到韩琦做事居然会如此决绝，事到如今她也只能忍气吞声，默默接受，快步向殿后走去。由于这一切来得太过突然，珠帘被扯下后，韩琦还能隐隐见到她的衣襟。

垂帘听政是特殊时期的非常之举，皇帝成年抑或是局势稳定后，几乎每一位垂帘的太后都会面临着撤帘的压力，但像韩琦这样不由分说便直接撤掉帘子，在宋朝历史上是绝无仅有的，遭受如此羞辱的曹太后可谓颜面尽失。

曹太后是个苦命的女人，丈夫在世时最宠爱的是张贵妃，丈夫去世后自己亲手扶上皇位的养子公然与自己交恶，能给她带来安全感的只有手中的权力，如今也被韩琦夺走了。治平元年（1064年）五月十三日，皇太后写了还政书，不过谁都知道她是不得已而为之。

富弼对韩琦的恣意妄为强烈不满。富弼比韩琦先拜相，两人同时为相时，他位居韩琦之上，当时韩琦遇到复杂疑难之事往往会事先听取枢密院的意见。可等到富弼担任枢密使后，除非朝廷下旨令两府共同商议，否则韩琦从不主动找富弼商议，这让富弼很是不悦。当曹太后与赵曙的矛盾日趋尖锐，两人的政治立场又各不相同，彼此间的隔阂越来越深。逼迫曹太后还政如此重大之事，韩琦事先不曾与富弼商议，所以富弼得知后生气地说道："看来老夫不过是个摆设而已！其他事不与老夫商议也就罢了，太后撤帘这么大的事，也居然都不提前知会老夫一声，简直是目中无人！"自此两人的关系恶化，到了老死不相往来的地步，以至于韩琦去世后，富弼都不曾登门吊唁。

韩琦的所作所为也曾招致旁人非议，但韩琦事后这样辩解道："此事唯有出其不意，攻其不备，方能成功，事先我又怎敢告诉旁人呢？"韩琦归根到底还是不信任富弼，他担心富弼会提前将此事泄露给曹太后，一旦曹太后事先有所防备，他不仅会功败垂成，还有可能遭遇不测。

治平四年（1067年）正月初八，年仅三十六岁的赵曙不幸病逝，此时他即位还不到四年时间。他的长子赵顼随后即位，史称宋神宗。神宗皇帝上台后尊奉曹太后为太皇太后，将她居住的宫殿改名为庆寿宫。在此后十二年的时间里，曹太后对孙子神宗极为疼爱，神宗对曹太后也很是孝顺。

随着年龄越来越大，曹太后的身体也是每况愈下。元丰二年（1079年）十月二十日，六十二岁的曹太后病逝于庆寿宫。她的卧室内摆着一个小柜子，柜门上贴着封条，没人敢擅自开启，没人知道这里面究竟存放着什么物件。

正史记载里面装的是在仁宗皇帝的“天下合同之宝”。一个皇帝同时拥有多枚御印，比如赵光义曾经拥有“天下合同之宝”“御前之宝”“书诏之宝”三枚御印，各有自用途。“天下合同之宝”在一场火灾中不慎丢失，仁宗只得重新刻了一枚，原先的御印后来被找到了，所以后来重新刻的已然作废的御印便被曹太后一直珍藏着。

曾在哲宗朝监修国史的宰执大臣吕大防上奏说，曹太后在病逝前将那个珍藏多年的小柜子送给神宗，特意叮嘱他，等到她去世后再打开。神宗一直谨记着祖母的话，祖母去世后，他打开一看发现里面装的是书信，写的是“垂帘时事，非世所得闻”，意思是外人不得而知的曹太后垂帘时的秘闻。南宋史学家李焘亲眼见过吕大防当初所上奏章，所以这个说法应该是可信的。

生活在两宋之间的邵伯温在《邵氏闻见录》中记述，曹太后临终前交给神宗的是一个小匣子（即函），而不是小柜子（即匮），还特意叮嘱他一定要等自己去世后再打开，还要求他承诺不要因此怪罪任何人，神宗流着泪答应了。曹太后去世后，神宗打开匣子，发现里面装的是当时群臣反对册立赵曙为皇子的奏疏，此时他才真正体会到曹太后当初拥立赵曙上位是何等艰难。

随着赵曙、曹太后等人的相继故去，那段历史也渐渐被尘封在历史深处。神宗皇帝波澜不惊地登上皇位，但他年幼的儿子哲宗皇帝的即位过程却扑朔迷离，以至于至今都是一桩公案！

第四案

宣仁之诬：究竟是谁在诬陷谁

元丰八年（1085年）三月初五，三十八岁的神宗皇帝含恨而终，他的变法大业也随即面临着重大变数，好在他的儿子哲宗皇帝赵煦顺利继位，使变法的火种得以延续下来，但哲宗的即位过程成了一个谜。

以高太后为首的旧党宣称，作为最年长的皇子，哲宗皇帝即位时风平浪静。以宰相蔡确为首的新党却说，当时觊觎皇位的大有人在，在他们的不懈抗争下哲宗才顺利登基。新党宣称自己拥有定策之功，蔡确也因此触怒了垂帘听政的高太后，最终被贬死于荒凉之地。

南宋时期甚至还出现了这样的说法，说当年蔡确等人企图拥立神宗皇帝的弟弟赵颢，失败后诬陷高太后，说她想扶持自己的儿子上位。由于高太后的谥号为“宣仁圣烈”，这桩历史公案也被称为“宣仁之诬”。

从高太后垂帘时期，到哲宗皇帝亲政时期，再到徽宗皇帝掌权时期，再到南宋时期，对此事的定性几度发生重大反转。蔡确一会儿是朝廷的罪人，一会儿又是社稷的功臣；一会儿被捧上天，一会又被摔在地。当年究竟发生了什么，以至于这件事竟会变得如此扑朔迷离？

宰相蔡确的厄运

关于哲宗皇帝的即位过程，正史普遍是这样记载的：元丰八年（1085年）三月初一，宰执们从内东门急匆匆进宫。在这些宰执中，为首的尚书左仆射兼门下侍郎王珪属于新党中的温和派，次之尚书右仆射兼中书侍郎蔡确属于新党中的激进派，还包括门下侍郎章惇、中书侍郎张璪、尚书右丞李清臣，以及知枢密院事韩缜和同知枢密院事安焘。

高太后端坐在帘子后面，神宗年仅十岁的长子延安郡王赵佣毕恭毕敬地站在帘子前面，显得有些局促不安。王珪等人到来后，高太后对他们说："皇子聪明好学，能背诵七卷《论语》。难得他还是个孝顺懂事的孩子，皇帝患病以来，他手写了两卷佛经，借此来为皇帝祈福。"高太后随即命人将赵佣所写的佛经展示给王珪等人看，赵佣的字体略显稚嫩，看上去却极为工整。

高太后的上述举动是想让群臣认可年幼的赵佣。王珪心领神会，见状赶忙率领众人向高太后拜贺。群臣随后前去拜见奄奄一息的神宗皇帝，在他们的恳请下，神宗皇帝同意册立赵佣为太子，改名赵煦，并下令认真筹备册立大典，还命高太后处理军国大事。未刻（约为如今下午一点至三点），王珪等人再度前来拜见高太后，将神宗的旨意说与高太后听。高太后语重心长道："如今太子已立，大事已定，天下事还需卿等用心！"王珪当即表态道："朝廷法度纲纪俱在，臣等怎敢不悉心奉行？"

在正史记载中，哲宗皇帝赵煦一直是高太后心仪的接班人，在他被册立为皇太子的过程中，高太后与王珪的功劳最大。不过事情恐怕并非如此，否则之后也不会引发那么大的政治争端。

元丰八年（1085年）三月初五，神宗皇帝驾崩。仅仅两个多月后，六十七岁的王珪也病逝了，蔡确接替他出任尚书左仆射兼门下侍郎，顺理成章地成为山陵使，全权负责神宗皇帝的山陵修造事宜。陵墓修建完毕后，蔡确又马不停蹄地筹办神宗皇帝的葬礼。灵驾发车前的那天晚上，蔡确没有留宿在灵驾近前，灵驾行进途中，他也没有扈从跟随。葬礼刚刚结束，侍御史刘挚、监察御史王岩叟等旧党人士就对蔡确展开了猛烈弹劾，认为蔡确的行为是对神宗皇帝的大不敬之举。随后事态不断升级，旧党人士指斥蔡确"不恭不忠，贪权罔上，无廉耻之节，失进退之义，营私立党，阴害政事"。

知枢密院事韩缜被提拔为尚书右仆射兼中书侍郎，高太后想用他来制衡蔡确。就在蔡确饱受御史弹劾之际，韩缜也出面揭发他，说他时常在旁人面前吹嘘自己有定策之功，说他居心叵测。

元祐元年（1086年）闰二月初二，四面楚歌的蔡确被罢免了宰相职务，以观文殿大学士（从二品）出知陈州（今河南省周口市淮阳县），已经升任为知枢密院事的章惇也在当月二十三日被赶出了朝廷，以正议大夫（从三品）出知郑州（今河南省郑州市）。他们此时还算体面，虽然实权被削去，但品级待遇基本得以维持，不过旧党人士对他们的打压才刚刚开始。

对蔡确抨击最为猛烈的两位御史全都升了官，侍御史刘挚升任御史中丞，后来位至尚书右仆射兼中书侍郎；监察御史王岩叟升任左司谏，后来位至签书枢密院事，成为当朝执政。由此可见，这两人抨击蔡确要么是受到了高太后的指使，要么就是他们猜透了高太后的心思。

就在蔡确被罢相的同一天，旧党领袖司马光取代他成为尚书左仆射兼门下侍郎。仅仅两个月后，旧党另一位领袖吕公著取代韩缜出任尚书右仆射兼中书侍郎，朝政就此彻底被旧党操控。两位被压制多年的旧党领袖终于迎来了大展宏图的机会，但此时他们年事已高，尤其是百病缠身的司马光，他一直都在休病假，甚至被任命为尚书左仆射兼门下侍郎后，他都无法进宫谢恩。当年九月初一，六十八岁的司马光因病逝世。体弱多病的吕公著也多次向朝廷递交辞呈。元祐三年（1088年）四月初五，吕公著如愿被免职，但依旧被授予“平章军国重事”，虽然未完全退休，但也算退居二线了。次年二月，吕公著也病逝了。

随着旧党两大领袖的先后离世，高太后提拔吕大防和范纯仁分别出任尚书左、右仆射。吕大防的门第并不显赫，祖上未出过什么大官，父亲吕贲仅仅是比部郎中（从五品上阶），因此吕大防颇为感激高太后的知遇之恩，他也成为高太后最信赖之人，得以连续执政六年多。范纯仁与吕大防刚好相反，他的父亲是仁宗朝的参知政事范仲淹，所以始终顶着名臣之子的光环。高太后依靠两人积极推行“元祐更化”，将神宗皇帝推行的新法几乎全部废除。高太后去世后，这些人全被冠以“元祐党人”的名号，遭到了残酷的政治清洗。

在北宋中后期，新、旧两党的党争愈演愈烈，经常是你方唱罢我登场，但不管彼此间有着怎样的深仇大恨，双方通常不会对对方痛下杀手，可高太后执意要将蔡确这位前朝重臣逼上绝路。元祐二年（1087年）二月十五日，右谏议大夫梁焘控告蔡确的弟弟军器少监蔡硕盗用官钱，索取贿赂，赃款多达上万贯，应当按照律法将其处以极刑。梁焘还指责蔡确对弟弟有意袒护。蔡硕以购买制造兵器所需物料为名，向朝廷申请了二十万贯钱，为了掌控这笔巨款，他举荐军器监的下属窦长裕和刘仲昕具体负责采买事宜。然而，工部对此提出了异议，认为应当由吏部选派合适的官员负责此事，但当时身为宰执的蔡确坚定地支持蔡硕，给了蔡硕伙同窦长裕、刘仲昕等人大肆贪污的机会。基于此事，梁焘恳请朝廷严惩蔡确兄弟。

高太后在接到弹劾奏章的次日，便以哲宗皇帝的名义下诏，将蔡确落职，免去了蔡确观文殿大学士之职，将他贬知亳州（今安徽省亳州市）。右谏议大夫梁焘认为朝廷对蔡确惩处太轻，难以起到以儆效尤的效果。当月二十八日，还未前往亳州赴任的蔡确又被贬知安州（今湖北省安陆市）。蔡确怀着沉痛的心情来到安州赴任，公务之余游览了当地的名胜——车盖亭，一时心血来潮写了十首《夏中登车盖亭》，谁知日后这十首诗给自己招来了塌天大祸！

蔡确早年追随吴处厚学习作赋，蔡确当上宰相后，吴处厚想凭借两人昔日的情分获得高官厚禄，却未能如愿。后来在王珪的举荐下，吴处厚得以出任大理寺丞。自此之后，他与昔日的学生蔡确便渐行渐远。新党中，御史中丞舒亶是个惯于清除异己的狠角色，他曾经肆意陷害苏轼，最终酿成乌台诗案，所以朝中官员大多对他畏惧三分，唯独尚书左丞王安礼敢于与他抗争，两人互相攻讦，争斗不止。

一日，两人在神宗皇帝面前互相指控，神宗只得命大理寺展开调查，身为大理寺丞的吴处厚深知王安礼与王珪过从甚密，于是便上奏，说舒亶擅自盗用官烛。蔡确与舒亶的关系一向亲近，自然不能坐视不管，于是暗中派人向吴处厚打招呼，希望他能高抬贵手，却被吴处厚断然拒绝。蔡确自此对吴处厚恨之入骨，想将他逐出朝廷。不过在王珪的庇护下，蔡确一直未能如愿。王珪奏请神宗授予吴处厚清贵之职，但因为蔡确的阻拦，此事最终不了了之。

王珪去世后，独掌大权的蔡确终于可以将吴处厚赶出朝去。吴处厚先知通利军（今河南省鹤壁市浚县），后知汉阳军（今湖北省武汉市汉阳区）。蔡确来到安州赴任后，州内驻扎有静江卒，原本应当换防为汉阳军，可蔡确迟迟不肯放静江卒离开。吴处厚对他的恨意自然又增加了几分，决意寻个合适的机会狠狠地报复蔡确。

蔡确后来从安州被调往邓州（今河南省邓州市），他在安州任职期间所写的十首《夏中登车盖亭》不慎落入政敌吴处厚的手中，吴处厚看完如获至宝，其中一首诗是这样写的：

矫矫名臣郝甑山，忠言直节上元间。

钓台芜没知何处，叹息思公俯碧湾。

郝甑山指的是唐朝名臣郝处俊，曾被封为甑山公，所以被后世尊称为“郝甑山”。蔡确一时兴起，思古幽情，写一首咏怀当地名人的诗句，再正常不过了。吴处厚却认为蔡确之所以讴歌郝处俊，是因为他居心叵测。当年郝处俊劝谏唐高宗不要让皇后武则天干政，吴处厚揭发蔡确，说他写这首诗是想用武则天来影射高太后，想通过歌颂郝处俊来号召众人对抗高太后。

蔡确在另外一首诗中写道：

纸屏石枕竹方床，手倦抛书午梦长。

睡起莞然成独笑，数声渔唱在沧浪。

蔡确这首诗描绘的是他出游时懒散闲适的生活，吴处厚认为他“独笑”其实是在嘲笑朝廷。吴处厚的解释明显是在牵强附会，但这些都不重要。高太后一直想将蔡确置于死地，吴处厚恰恰给她提供了这个机会。

元祐四年（1089年）五月十二日，蔡确被贬为左中散大夫（从五品）、守光禄卿（从四品）、分司南京（今河南省商丘市）。从地方大员沦为有职无权的虚职，他的品级从贬谪之初的从二品降为从五品，可谓断崖式下降。尽管如此，已经升任左谏议大夫的梁焘仍旧认为对蔡确的贬谪太轻，上书恳请朝廷重新考虑对蔡确的任命。

六天后，高太后召集宰执议事时，突然说罪大恶极的蔡确应当责授英州（今广东省英德市）别驾，应被安置在新州（今广东省云浮市新兴县）。宰执们听后面面相觑，尚书左仆射兼门下侍郎吕大防等一众旧党人士，连一贯与蔡确为敌的刘挚都认为此举太过了。蔡确的母亲年事已高，新州路途遥远难行，环境复杂恶劣，因此他们认为将蔡确贬往岭南不妥。高太后听后不悦道："山可移，此州不可移。"见她的态度如此坚决，吕大防和刘挚随即闭上了嘴，但尚书右仆射兼中书侍郎范纯仁想为蔡确争取一下。众人奏事完毕退下后，范纯仁单独留了下来，竭力劝说高太后"不宜置（蔡）确死地"，但此举触怒了高太后。次月，范纯仁被罢相，知颍昌府（今河南省许昌市），可见高太后对蔡确的恨意之深。

高太后专门召集三省高级官员，对贬谪蔡确之事进行说明。她指责蔡确公然对外宣称自己有定策大功，想借此来迷惑皇帝，以求东山再起。她越说越气愤，高声道："何以（蔡确）独更有定策功耶？此人他时若令再来，皇帝年少，如何制他？"高太后之所以要对蔡确下狠手，是因为她担心蔡确有朝一日会卷土重来。慑于高太后的权势，几乎没人敢在她的面前公然为蔡确鸣冤叫屈，但实际上很多人对高太后的所作所为心存不满。

高太后将同知枢密院事安焘提拔为知枢密院事，安焘就此成为枢密院主官。由于安焘迟迟不签发枢密院记录的"亲闻圣语"，也就是哲宗皇帝和高太后对一些重大问题的指示，右谏议大夫范祖禹将此事禀报给高太后，恳请高太后派专人向枢密院索要"亲闻圣语"交给实录院，这样才能将相关内容记载在元丰八年的《实录》中。范祖禹还说只有这样才能让世人知道，高太后垂帘听政是为了江山社稷不得已而为之，蔡确一党根本就没有定策之功。

由此可见，安焘虽然得到了高太后的提拔，但他并不认可高太后蓄意抬高自己、贬损蔡确的做法，但他也不敢公然触怒作风强硬的高太后，否则可能会落得与范纯仁相同的下场，只能通过消极怠工来进行无声的反抗。

被贬新州四年后，曾经叱咤风云的蔡确在偏远的新州孤独地死去。关于他是否有定策之功的争论却并未随着他的离去而平息，反而出现了戏剧性的反转。

同为宰相死后却不同命

哲宗皇帝登基后，一直生活在高太后的阴影中，他尚且年幼，手中又没有实权，所以刚开始是个任人宰割的傀儡皇帝。

随着年龄越来越大，高太后的身体也是每况愈下。临终之际，高太后特意将宰执吕大防和范纯仁叫到自己身边。范纯仁曾为被贬的蔡确求情，被免去了尚书右仆射兼中书侍郎，出知颍昌府（今河南省许昌市），后徙知太原府、河南府，但高太后于元祐八年（1093年）七月初一再度任命他为尚书右仆射兼中书侍郎。凝视着两人，高太后意味深长地说："我死后，皇帝势必不会再用你们，你们还是早日递交辞呈为好！"

元祐八年（1093年）九月初三，高太后病逝。哲宗终于彻底掌握了权柄，他照例任命吕大防为山陵使。吕大防也像上一任山陵使蔡确那样，山陵建成之日便成为他遭殃之时。

元祐九年（1094年）二月初七，哲宗将高太后安葬在永厚陵。次月，哲宗便迫不及待地将吕大防贬知颍昌府，这也成为吕大防噩梦的开始。卷土重来的新党将对旧党过去九年的所作所为进行清算。

哲宗决意继承父亲遗志，继续推行新法，他将贬谪在外的新党人士陆续召回朝中。当年三月初二，王安石的女婿、知陈州的蔡卞被任命为中书舍人，随后哲宗命其修撰国史，新党由此掌控了修撰史书的话语权。四月初九，知江宁府的曾布被任命为翰林学士。仅仅八天后，哲宗毫无征兆地将本年改元绍圣，“绍”为继承之意，“圣”指的是他已经故去的父亲神宗皇帝。改元通常都会安排在正月初一万象更新之际，哲宗在四月改元，说明他急于从高太后的政治阴影中挣脱出来。

绍圣元年（1094年）四月二十一日，提举洞霄宫章惇被哲宗任命为尚书左仆射兼门下侍郎，就在同一天，范纯仁离朝知颍昌府；紧接着曾布知枢密院事；蔡卞先任尚书右丞，随后升任尚书左丞；蔡卞的哥哥蔡京升任翰林学士兼侍读，以章惇为首的新党推行的变法运动随即如火如荼地展开。

在这种大背景下，为蔡确平反的呼声也愈演愈烈。绍圣元年（1094年）四月初三，七十四岁的旧党重臣冯京去世，他的葬礼成为蔡确命运的转折点。

冯京曾在仁宗朝担任参知政事，因与主持变法的王安石意见不合而被贬出朝。后来，神宗命他知枢密院事。哲宗即位后也想重用他，但年事已高的冯京因不想再度卷入政治争斗而坚决推辞。虽然冯京与蔡确分属不同的政治阵营，但两人私交很好，蔡确的儿子蔡渭（后改名蔡懋）迎娶了冯京的女儿为妻。哲宗听闻冯京去世的噩耗后，亲自前往冯府进行悼念，身为冯家女婿的蔡渭利用这个千载难逢的机会为死去的父亲申冤。

蔡渭告诉哲宗，高太后当年想要拥立自己的儿子赵颢，正是在他的父亲蔡确的据理力争下，哲宗才得以顺利登基，但他的父亲也因此触怒了高太后，最终被贬死于岭南。蔡渭恳请哲宗为无辜惨死的父亲平反昭雪。

蔡渭替父鸣冤很快便收到了效果。几天后，也就是四月十三日，哲宗皇帝下诏恢复了蔡确右正议大夫的职务，还准予新党领袖王安石配享神宗皇帝的庙庭。

绍圣二年（1095年）十一月三十日，高太后漫长的丧礼落下了帷幕。就在这个月，右正言刘拯上奏，说神宗皇帝病重期间，左仆射王珪首鼠两端，蔡确不负神宗皇帝嘱托，最终庇佑哲宗万全。蔡确随后却蒙受不白之冤，“而后（即高太后）移定策之功于王珪”。刘拯指责高太后将原本属于蔡确的功劳归于王珪。

为蔡确鸣冤的呼声此起彼伏。就在这一年，蔡确被追赠为太师（正一品）。在宋朝官制中，太师虽然不是权力最大的，却是地位最高的，朝廷还授予他谥号“忠怀”。哲宗特地派遣宦官将当时草草下葬的蔡确厚葬，还将开封城中的一座豪宅赐予他的后人，对他的儿子蔡渭也是委以重任。

绍圣四年（1097年）二月，宫苑副使、西京第七副将高士京将父亲高遵裕临终前告诉他的一件秘事上奏朝廷。神宗病重期间，左仆射王珪曾经秘密召见高士京的哥哥高士充，他们的父亲高遵裕是高太后的堂伯，王珪想利用这层关系打探高太后对于立储的意见。高士充随后将此事转告父亲，高遵裕却怒道：“奸臣敢如此！况国家自有正统，何决于我？”高遵裕转而呵斥高士充道：“你要是再与王珪来往，我便将你杖杀！”

鉴于已经故去的永州团练使高遵裕在大是大非面前的坚定态度，哲宗特地将他追赠为奉国军节度留后，高士京也升任为皇城使，高士充则被贬为毫无实权的散官。

与此同时，御史中丞黄履也出面弹劾王珪。他说当时讨论册立哲宗皇帝为太子时，王珪对李清臣说：“他自家事，外廷不当管他。”正是在蔡确、章惇等人的逼迫下，王珪在迫不得已下才转而支持哲宗。哲宗就此认定首鼠两端的王珪对自己不忠，于是在当年四月将已经死去的王珪追贬为万安军司户参军。

对于王珪此番惨遭贬谪，成书于南宋时期的《哲宗新录》有着另外一番解读。

蔡确去世后，御史中丞邢恕对王珪恨之入骨，无时无刻不在想着要报复他。某日，邢恕设宴款待高士京。席间，邢恕故意对高士京说："你知道高太后垂帘时为何唯独没有封赏令尊吗？"高士京摇了摇头。

邢恕继续问："你可还有弟兄？"

高士京说："我有一个哥哥高士充，不过前些日子已然亡故了。"

邢恕说："当初，王珪想拥立雍王，派遣令兄高士充给高太后传话。你可知此事？"

高士京摇了摇头说："不知道！"邢恕随后以高官厚禄利诱高士京，最终借他的口将此事上奏朝廷，王珪也因此获罪。

按照《哲宗新录》的记载，王珪其实是被冤枉的。不过南宋朝廷之所以要废弃《哲宗旧录》，另起炉灶编纂《哲宗新录》，就是为了给高太后及其亲信们正名，所以《哲宗新录》的真实性值得怀疑。

元符末年，高士育上书自称是高遵裕的幼子，并说自己最得父亲喜爱。高太后垂帘期间，他任环庆路经略安抚司干办公事。高遵裕病重期间，高士育一直未离开过父亲左右，可他从未听父亲说起过，王珪当年试图通过父亲来探听高太后对于立储的意见。高士育还说高士京只是高遵裕的假子，假子就是妻子再婚时带过来的孩子，彼此之间并无血缘关系。当时高遵裕病重期间，高士京不在父亲身旁。高士育与高士京所言究竟孰真孰假也成了一个谜。

随着政治风向的剧变，故去的王珪与蔡确的命运发生了戏剧性的变化，曾经被认定为奸臣的蔡确被尊为忠臣，被认定为功臣的王珪却成了首鼠两端的佞臣。不过此事到此还远未结束。

震惊朝野的“同文馆案”

就在已故宰执王珪被追贬四个月后，同文馆案爆发，这起惊天大案源于一封发牢骚的书信。

历仕四朝、出将入相的宰执重臣文彦博之子文及甫曾在史馆任职，还担任过秘阁校理，邢恕曾任馆阁校勘。由于两人同在崇文院任职，接触频繁，他们渐渐成为无话不谈的好友。父亲文彦博致仕后，文及甫的仕途大受影响，以集贤殿修撰（正六品）之职知河阳，后来母亲去世了，他只得丁忧在家。文及甫悲观地认为今后自己的仕途将会更加黯淡，回朝似乎变得遥不可及。情绪低落的文及甫给远方的好友邢恕写了一封信。其实当时邢恕的日子也不好过，蔡确被贬后，邢恕被降为监永州（今湖南省永州市）酒税，此后辗转各地任职，同样是回朝无望。

文及甫在信中写道：“司马昭之心，路人所知，又济之以粉昆，朋类错立，欲以眇躬为甘心快意之地。”“眇躬”通常是皇帝、皇后或太后的自称，不过有时也会作为普通人的自称，是“我”的意思。正因这个词有多重含义，文及甫事后狡辩“眇躬”指的是哲宗皇帝而不是自己。“甘心快意之地”虽然语义隐晦，但是明眼人一看便知是指密谋罢黜哲宗之事。

这封书信后来被蔡确的弟弟蔡硕看到，蔡硕曾因被人控告贪污而被朝廷除名。蔡确恢复名誉后，他也得以重新入朝为官，被委任为内殿崇班。蔡硕对迫害他们的旧党人士恨之入骨，觉得可以利用这封信大作文章，于是将此事告诉了自己的侄子，也就是蔡确之子蔡渭。蔡渭如获至宝，随即将此事上奏给哲宗，道：‘微臣的叔父在邢恕处见到文及甫在元祐年间写给他的一封书信，上面记载着这些奸臣大逆不道的阴谋。文及甫是文彦博的爱子，想必对当年之事也有所耳闻。”哲宗亲政前就屡屡听闻高太后企图罢黜他而另立他人的事情，所以对此事极为敏感，接到蔡渭的奏报后，当即派人前去调查此事。

不过文及甫如今并不在朝中。绍圣四年（1097年）五月初四，两度出任宰执的四朝元老文彦博去世，此时已经升任工部侍郎的文及甫不得不再度辞官回家丁忧。蔡渭等人担心文及甫情急之下会自寻短见，于是从朝廷刚刚任命的新任官员中挑选精明强干之人，将文及甫押解来京，这项重任最终落到了提举广南东路常平孙磐的肩上①。

孙磐并未贸然前往洛阳见文及甫，而是先行前往郑州文及甫妻子的娘家，成功求得一封家书，然后以送家书为名前来文府。府中下人自然不会阻拦，将他的名帖呈送给正在服丧的文及甫。文及甫见到孙磐的名帖后，赶忙出府相迎。两人客套地寒暄了几句，孙磐故意骗他说：“我此番前来其实是奉朝廷之命征召您速速入朝！”文及甫一直期盼着自己能够被朝廷起复，见他如此说，自然是欣喜不已。此时朝廷派来的相关吏员也到了，文及甫兴冲冲地跟随孙磐一同回朝。

---

① 北宋朱彧《萍洲可谈》记载此事发生于元符二年，孙磐于绍圣四年十月初五由通判应天府改任提举广南东路常平，因此《萍洲可谈》记载有误。

孙磐来之前专程前去拜见宰执，向宰执们说要在沿途驿站盛情款待他们，这样文及甫才不会起疑心，宰执们欣然应允。孙磐将对未来满怀期待的文及甫带到了开封，让知等待文及甫的却是一场牢狱之灾！

当年八月，哲宗命翰林学士承旨蔡京和吏部侍郎安惇在同文馆审理此案，因此这个案件也被称为"同文馆案"。开封城流传着这样一首民谣："二蔡二惇，必定沙门，籍没财产，禁锢子孙……大惇小惇，入地无门；大蔡小蔡，还他命债。"大惇指的是章惇，小惇指的就是安惇，大蔡指的是哥哥蔡京，小蔡指的是弟弟蔡卞，此时身为执政的蔡卞地位在哥哥之上，不过哥哥后来居上，在徽宗朝四度拜相。权势显赫的四人主导着这起震惊朝野的大案的走向。

文及甫到案后，蔡京意味深长地对他说："此事事关重大，朝廷定然不会让你蒙混过关，不过我们也知道你并未参与其中，既然如此，你如实供述便是了！"文及甫没想到自己多年前写的一封信，如今在朝中引发如此轩然大波，自然是懊恼不已，可事到如今他也只能听天由命。

明眼人一看便知文及甫口中的司马昭指的便是吕大防。吕大防在高太后垂帘听政期间担任宰执长达六年之久，期间还一度担任独相。当年文及甫丁母忧后自认为仕途无望，在吕大防的举荐下，他不仅得以回朝，还升到了工部侍郎的高位。哲宗亲政后，吕大防被贬为舒州团练副使、安置在循州（今广东省惠州市）。绍圣四年（1097年）四月十六日，七十一岁高龄的吕大防在贬谪途中郁郁而终。

文及甫不愿让刚刚故去的恩人吕大防继续遭受政敌们的羞辱，但此事总要有人来背锅，他在权衡之下，将打击的矛头对准了与父亲有过节的刘挚。当年高太后想让德高望重的老臣文彦博再度出任宰执，刘挚竭力阻拦，文彦博最终只是被授予"平章军国重事"的头衔，父子二人自此对他恨之入骨。文及甫对办案人员说："父亲临终前屏退左右对他说，刘挚等人曾经密谋废黜陛下，父亲为此而感到惶恐不安，随即便辞去了平章军国重事。"

文彦博已经去世，刘挚又坚称并无此事，文及甫说的是真是假也就难以分辨了，不过正史几乎都认为文及甫是为了自保而肆意诬陷刘挚。

文及甫还必须对“粉昆”做出合理解释。其实“粉昆”指的就是仁宗、英宗、神宗三朝宰执韩琦的长子韩忠彦。他的弟弟韩嘉彦迎娶了神宗第三女淑寿公主，驸马都尉通常会被称为“粉侯”，昆乃是兄长之意，“粉昆”指的就是驸马的哥哥。韩忠彦曾在高太后垂帘期间知枢密院事，哲宗亲政后，将其贬知真定府（今河北省石家庄市正定县），不过他仍旧得到了哲宗的赏识。文及甫担心他有朝一日会东山再起，因此坚称“粉昆”指的不是韩忠彦而是两个人。“粉”指的是王岩叟，因为他面白如粉；“昆”指的是梁焘，因为他字“况之”，“况”与“兄”字形相近，“兄”与“昆”是同义。

当年抨击蔡确最猛烈的三个人恰恰就是刘挚、梁焘与王岩叟。如今大权在握的章惇等人显然想要借助此案为死去的蔡确报仇，当然他们更希望将火烧向将蔡确迫害致死的高太后。蔡京大肆搜罗证据，想证实刘挚通过高太后的亲信宦官与她相互勾结，密谋罢黜哲宗。陈衍和张士良是高太后生前最信任的两个宦官，很多隐秘之事高太后都会交由两人去办。陈衍总能提前得知三省、枢密院次日上奏之事，因此他往往会提前为高太后写好处理意见，等到垂帘听政时，高太后照着念便是了。高太后病重期间，陈衍甚至代替高太后处理朝中政事，以至于很多事哲宗事先都不曾知晓。

哲宗亲政后，将张士良贬往郴州（今湖南省郴州市），蔡京和安惇命人将他押解回开封，对他威逼利诱道：“如若你能出面指证太皇太后曾经密谋废黜当今圣上，你便能将功赎罪，很快便会官复原职！”张士良听后缓缓道：“若是我能回朝复职，自然是求之不得，但我不能信口胡说，否则上至太皇太后，下至朝中大臣，岂不是都会因我的不实之言而遭殃！”蔡京、安惇等人随后对张士良施以酷刑，但宁死不屈的张士良始终紧咬牙关。由于他曾是高太后身边的亲信宦官，蔡、安等人也不敢做得太过，因此始终没能获得希望得到的口供。

关于哲宗与高太后的关系，高太后的亲信们认为高太后始终对孙儿呵护备至，是别有用心者不断进行挑拨才使两人心生嫌隙。

北宋理学家邵雍之子邵伯温生活于两宋之间，邵伯温官位不高，却留下不少著作。他曾在环庆路经略司担任幕僚，当时宦官徐安道恰好担任环庆路走马承受，两人也因此而结缘。徐安道因为受到高太后的牵连被贬，后来幸运地遇到大赦得以回乡。邵伯温前去探望他，两人不禁谈起了已经逝去的高太后。

哲宗小的时候有些胆怯，高太后放心不下他，特地命徐安道手持绣伞，寸步不离地跟随在他的左右，悉心照料他的饮食起居。在徐安道的眼中，哲宗是一个生性仁慈之人。哲宗幼时，见到宦官宫女将滚烫的汤泼在地上，他总会出面阻止，说："此举不可！这样恐会伤及蝼蚁！"有一次，哲宗来到后苑，有个卫士因躲避不及只得藏匿在沟内，哲宗的左右将此事禀报给他，可他并未动怒，也没有照例惩处那个卫士，而是假装什么都没有发现，嘴上却说："我见到此人定然会重重惩处！"不过哲宗亲政后，当年伺候高太后的很多宫女宦官都被逐出宫去，还有很多人被杀。徐安道认为哲宗之所以变得如此冷酷血腥，定然是因为受到了章惇、蔡卞等人的唆使与蛊惑。

邵伯温还记载了这样一件事：高太后丧期未满之际，章惇、蔡卞等人便撰写了罢黜高太后的诏书，恳请哲宗前往供奉着高太后灵位的灵殿当众宣读。哲宗的生母朱太妃此时刚刚睡下，得知此事后急匆匆披上衣服，还没来得及穿鞋便跑来灵殿，哭着对自己的儿子说："太皇太后乃是陛下的祖母，你为何要如此辜负她呢？"见母亲如此，哲宗只得收手，高太后这才得以保住了皇后尊号。

邵伯温的记载看上去很是惊险刺激，但可信程度并不高。高太后丧期未满时，以章惇为首的新党出于对她的尊敬，同时也为了成全哲宗的孝道，没有采取针对高太后的行动，企图罢黜高太后之事是在"同文馆案"案发之后，过程也没有邵伯温记述得那么扣人心弦。邵伯温一向仇视新党，他将北宋灭亡的原因归结为王安石变更祖宗法度，以至于天下纷乱。他在记载新旧党争时一向偏袒旧党，诋毁新党。

《哲宗新录》的编纂者虽吸纳了邵伯温的部分记载，但也根据其他史料进行了相应的调整，《哲宗新录》关于此事的记载无疑更为可信。当时的情形是：向太后与朱太妃一同前来劝阻哲宗，但并没有急迫到顾不上穿鞋的地步。两人哭着劝道："我们两人一直侍奉太皇太后，如今天日在上，太皇太后从来没有说过想罢黜陛下的话，也没有动过这样的心思，如若陛下非要一意孤行，我们就与你恩断义绝！"哲宗没想到嫡母与生母居然会以与自己断绝关系相要挟，索性也就打消了废黜高太后的念头，取出章惇、蔡卞等人的奏疏放在蜡烛前焚毁了。

次日，章惇、蔡卞等人与哲宗商议政事时再度谈起了此事，哲宗勃然大怒道："你们难道不想让我做英宗子孙了吗？"高太后无论做过什么，但她毕竟是英宗赵曙的原配妻子。身为英宗之孙，哲宗即便再恨自己的祖母，也不可废黜祖母的皇后名号，否则在九泉之下无颜再与祖父相见了。

恰在此时，天象突变。绍圣四年（1097年）八月二十八日，彗星突然出现在天际。直到九月十八日，彗星才彻底消失不见，这一现象在朝野间引发了巨大的恐慌，大家纷纷认为这是上天在示警。哲宗也变得惶恐不安，宣称要从正殿迁居到偏殿，还下令裁减御膳，停止秋宴，恳请各方人士直言进谏。旧党人士借助星变这个天赐良机，将攻击的矛头指向了负责审理"同文馆案"的蔡京与安惇。

为了平息众人非议，哲宗只得下令停止调查，特地在九月初五下诏大赦天下，诏令："朕遵祖宗遗志，未尝戮大臣，释勿治。"苟延残喘的旧党人士终于迎来了一线生机，但已经无法全身而退的蔡京和安惇又岂会善罢甘休呢？奄奄一息的张士良被编管于白州（今广西壮族自治区玉林市博白县）。他的搭档陈衍此前已经被流放到了海南岛，但新党仍旧不肯放过陈衍，朝廷派遣使臣诛杀了他。

案发前，也就是当年春，刘挚已经被贬为鼎州团练副使，安置在新州。十二月初三，刘挚病死于新州，朝廷还不允许他归葬故里。恰恰就在七天前，梁焘也病逝于贬所化州（今广东省化州市）。两人的死亡时间如此接近，以至于朝中不少官员怀疑两人的死暗藏蹊跷。可如今新党当道，气焰正盛，这些官员只得将怀疑埋藏在内心深处。

在一些历史文献中，御史中丞邢恕被认为是“同文馆案”的重要推手，其实并非如此。绍圣二年（1095年）十二月，邢恕入朝担任刑部侍郎。绍圣四年（1097年）正月，邢恕改任吏部侍郎，五月升任吏部尚书，直到十月才调任御史中丞，因此，“同文馆案”案发时，邢恕还没有到御史台任职，不过在此之后，他成为新党打击异己的关键人物！

事情再度出现了反转

凡是与高太后关系亲近之人无一例外全都遭了殃，哲宗的皇后孟氏也不例外。虽然孟氏没有在新、旧两党之间选边站队，但她毕竟是高太后选定的皇后，身上自然而然被贴上了旧党标签。

深受哲宗宠爱的刘婕妤觊觎皇后之位，一直在等待取而代之的机会。在办理“同文馆案”时，宰执章惇等人为了获得高太后涉案的重要证据，将孟氏身边的宦官和宫女作为重要突破口，不过章惇等人毕竟属于外朝官，具体操作起来多有不便。为了笼络章惇，刘婕妤特地让自己的亲信宦官郝随从旁协助。虽然最终未能如愿，但章惇依然很感激她，如今她有求于自己，章惇自然倾力相助。

恰在此时，孟皇后身边人的无心之失使她陷入极度危险的境地。孟皇后的女儿福庆公主患上了重病，眼见药石罔效，孟皇后心急如焚。孟皇后的姐姐略懂些医术，曾经治好过她的病。为了尽快医好外甥女的病，她的姐姐擅自携带道家治病的符水入宫，这犯了宫中大忌。见到姐姐擅自带进宫的符水后，孟皇后大惊失色，赶忙命她将符水藏好。哲宗前来探视女儿时，她主动向其坦白了此事，还当着他的面将姐姐带来的符箓焚烧了。哲宗也并未责怪孟皇后，反而安慰她此乃人之常情，不必太过在意，但此事随后在宫内传得沸沸扬扬。

刘婕妤意外打探到孟皇后的养母听宣夫人燕氏、尼姑法端与供奉官王坚曾经为孟皇后“祷祠”，就是为了求得福报而进行祭祀。因此，刘婕妤联合尚书左仆射章惇，诬陷孟皇后在暗中诅咒哲宗，哲宗对孟皇后起了疑心，命入内内侍省押班梁从政和勾当御药院苏珪这两个宦官负责审理此案。两人随即抓捕了三十多名宦官和宫女，将他们押到皇城司进行审问。这些人起初不肯诬陷孟皇后，但他们被打得体无完肤，割舌断肢者不计其数，最终只得违心地指认孟皇后暗中诅咒哲宗。

绍圣三年（1096年）九月二十九日，哲宗皇帝下诏：“皇后孟氏旁惑邪言，阴挟媚道，废居瑶华宫，号华阳教主、玉清妙静仙师，法名冲真。”此后不久，刘婕妤如愿以偿地成了刘皇后。哲宗后来觉得如此对待结发妻子，有些太过冷酷无情，恨恨地说：“章惇坏我名节！”不过事已至此，他也只得将错就错。

虽然早已死去的蔡确与孟皇后并无交集，但蔡确后来的命运与这个女人息息相关，但那已然是三十多年后的事情了。

哲宗长时间生活在极端压抑的环境下，年少时便开始咯血。高太后去世后，他便再也没有了顾忌，纵情于酒色间，最终为自己的放纵付出了生命的代价。元符三年（1100年）正月十二日，年仅二十五岁的哲宗驾崩于福宁殿。由于哲宗并未留下子嗣，他的死亡随即引发了一场新的皇位争夺战。在向太后的竭力支持下，哲宗皇帝的弟弟、神宗皇帝的第十一子赵佶最终登上了皇位。

势单力孤的徽宗赵佶自认为立足未稳，于是邀请向太后垂帘听政。向太后有一个心结，孟皇后是她与婆婆高太后为哲宗精心挑选的儿媳妇，可哲宗不仅废了孟皇后，还册立一向桀骜不驯的刘氏为皇后。徽宗皇帝一直感念向太后的拥立之恩，自然不想驳向太后的面子，只得同意为孟皇后恢复皇后名号，但并未废除刘皇后的皇后名号。

元符三年（1100年）五月初九，一身道士装扮的孟氏乘坐牛车返回皇宫。走到内东门的时候，向太后特地差人给她送去了皇后冠服，令她换去道衣，让她风风光光地回宫。见到此情此景，孟皇后一时间感慨万千，颇有几分恍如隔世之感。次日，翰林学士院撰写并下发了恢复孟皇后名号的诏书。

向太后在徽宗皇帝登基的次年便去世了，失去婆婆庇佑的孟皇后的处境也越来越艰难。狠辣任性的刘皇后不愿让她位居自己之上，不遗余力地想要再度罢黜她。当时徽宗正任用蔡京为相，积极恢复新法，孟皇后的身上被贴上了旧党的标签。刘皇后曾经暗中帮助蔡京回朝，还一路协助他升迁到了尚书左仆射的高位，对她感恩戴德的蔡京自然要投桃报李。《宋史·后妃下》记载："崇宁初，郝随讽蔡京再废（孟皇）后。"心领神会的蔡京随即上书恳请徽宗罢免孟皇后的皇后名号。

在享受了两年零四个月的皇后待遇后，孟皇后不得不再度返回冷清的瑶华宫，她前前后后在那里居住了将近三十年，将自己最宝贵的青春全都留给了这座道观。历史发展往往极富戏剧性，后来历史的滚滚洪流将这位早已被世人遗忘的废后推上了历史舞台最中央，她也在荣耀中走完了自己的一生。

在蔡京的提议下，徽宗准予蔡确配享哲宗皇帝的庙庭，这对朝臣而言可是至高无上的荣誉。蔡京还恳请徽宗手书"元丰受遗定策殊勋宰相蔡确之墓"赏赐给蔡家，还同时肯定了蔡确的定策之功。

蔡京与同为宰相的郑居中不合，后来郑居中因丁忧离职，但蔡京担心他丧期结束后会被重新起用，因为郑居中有着一层特殊身份，他是已故宰执王珪的女婿，于是便想着利用蔡渭来打压他。在蔡京的授意下，蔡渭在徽宗面前大肆宣扬父亲蔡确的功勋，竭力贬低蔡确当时的搭档王珪，实际上是想借此阻断郑居中的复出之路。徽宗下诏追封蔡确为清源郡王，还亲自撰写了册文，特地立在他的墓碑前。作为功臣子弟，蔡渭一路升迁至同知枢密院事，后升任尚书左丞，从罪臣之子被提拔为当朝执政。不仅蔡渭一人获得重用，蔡确的子侄、女婿们也全都身居高位，蔡家一时可谓风光无两。

靖康元年（1126年）九月，金军大举南下，西路军统帅完颜宗翰攻克了防守坚固的太原府，与东路军会师在开封城下。闰十一月二十五日，开封外城被金军攻破，钦宗仍旧幻想着通过割地赔款来恳请金军撤军，但金人对于一贯出尔反尔的北宋皇帝彻底丧失了信任，不仅俘获了太上皇徽宗、钦宗以及几乎所有皇室成员，还按照后宫嫔妃名册逐一清点后妃人数，凡是有位号的嫔妃无一幸免，全被金人抓走了。

此时被废的孟皇后已经在枯寂的瑶华宫内居住了二十四年之久。靖康元年（1126年）年初，瑶华宫突然失火，她不得不移居延宁宫。其实钦宗皇帝登基后，与近臣商议过想恢复她的皇后之位，谁知诏书还没有下达，开封便被金兵攻陷。孟皇后再度与皇后之位擦肩而过，但也因祸得福。靖康二年（1127年）二月，延宁宫发生了大火，孟皇后只得徒步前往相国寺，寄居在侄子通直郎、军器监孟忠厚的府上。由于她已经被废黜多年，早就被世人遗忘，并不在嫔妃名册中，幸运地逃过了一劫。

四月初一，金军押送着太上皇徽宗皇帝、钦宗皇帝、亲王、皇孙、驸马、公主、妃嫔等一大帮人北上。临行之前，金人册立曾在金营当过人质的张邦昌为皇帝，张邦昌不愿，就在他左右为难之际，有人告诉他孟皇后如今就在开封城中。如获至宝的张邦昌随即迎接孟氏入居延福宫，为其上尊号为“宋太后”，随后又恢复了她“元祐皇后”的名号，还恭请她垂帘听政。

康王赵构是徽宗皇帝在“靖康之耻”中唯一幸免被俘的儿子。在第一次开封之围时，赵构与少宰张邦昌一同前往金军军营充当人质，当时张邦昌吓得浑身战栗，赵构却始终镇定自若。赵构与金国皇族子弟们一起射箭，连发三箭全都神奇般命中，金人怀疑他不是生长在深宫中的皇子而是将门子弟，于是便将其放回，朝廷只得另换肃王赵枢作为人质。

金人再度入侵时，钦宗特地派遣此前与金人打过交道的赵构前往金国议和，不过赵构走到半路的时候被名将宗泽拦了下来。金兵对开封进行合围已成定局，北宋宗室如今全都在开封城中，一旦城破，后果恐怕不堪设想。因此，宗泽竭力恳请赵构留下来，以便在非常时刻担当大任。宗泽一语成谶，后来赵构的父兄被俘，皇室罹难。赵构在应天府（今河南省商丘市）即皇帝位，史称宋高宗。

孟皇后听闻高宗登基的消息后，当即撤帘不再听政。高宗随后带着孟皇后南下杭州，建立了南宋。虽然孟皇后只是高宗的伯母，但高宗父亲徽宗的皇位便继承自哥哥哲宗，高宗只有获得了哲宗的妻子孟皇后的认可，才能强化自身皇位的合法性。

北宋的骤亡使以蔡京为代表的新党沦为众矢之的，变法亡国的论调一时间甚嚣尘上。为了赢得军心和民心，高宗势必要对新党进行清算。孟皇后与高太后、向太后的私人感情一向很好，还曾遭受章惇、蔡京等新党的迫害，自然对新党人士恨之入骨。随着南宋大张旗鼓地肃奸，蔡确也就此跌落神坛，从清源郡王、太师被追贬为武泰军节度副使，他的儿子蔡渭也被罢官后流放英州，在那里度过了人生最后的时光。

高宗认为当初蔡京主持编纂的《哲宗实录》对新党赞扬过多，对旧党贬斥太重，于是下令重新撰写《哲宗实录》，为了进行区别，前者称为《哲宗旧录》，后者称为《哲宗新录》。实录是后世编纂史书的重要依据，随着《哲宗新录》的出炉，新党重要成员吕惠卿、蔡确、曾布、章惇、蔡卞等人全都以负面形象示人，即便是新党领袖王安石也险些被判定为奸臣。

蔡确被贬死前之所以饱受抨击，是因为旧党人士认为他妄称拥有定策之功，但自始至终都没有提及过“宣仁之诬”。直到南宋时期，才首度出现了这个说法，被记载于《哲宗新录·宣仁圣烈皇后传》。

元丰七年（1084年）冬，神宗告诉诸位朝臣明年将要册立皇储，有意让司马光和吕公著担任太子太师、太子太保。这两位太子之师就是未来的帝王之师，政治前途不可限量，朝中官员全都绞尽脑汁地想要结交两人。为了巩固自己的权位，蔡确也倾力结交与两人颇为熟识的邢恕。

神宗病入膏肓之际，蔡确让邢恕邀请高太后的侄子高公绘在府中一叙，却被高公绘婉言谢绝了。次日，在蔡确的授意下，邢恕违心地对高公绘说自家桃树开出了白花，还说这种颇为罕见的白花可以治愈神宗的疾病。就在高公绘对此兴趣浓厚之际，邢恕趁机邀请他前来府中观看白花。高公绘兴冲冲地赶来，可映入眼帘的却是寻常的红桃花，随即不悦道："不知白桃花在何处？"邢恕赶忙向他赔罪，拉着他的手热络地说："今日将您骗至此处，是因为蔡相有要事想与你商议。如今圣上病重，皇子年幼，朝廷应当早日立储。听闻雍王、曹王皆贤王……"还未等邢恕说完，面露惊恐之色的高公绘便打断他道："君欲祸吾家！"说完后，高公绘便拂袖而走。

望着高公绘远去的背影，邢恕的心头充斥着不安与懊恼。为了防止他将这件事说出去，邢恕索性倒打一耙，"反谓后（即高太后）与（王）珪为表里，欲舍延安（即赵煦）而立其子（赵）颢，赖己（即邢恕）及（章）惇、（蔡）确得无变"。

按照《哲宗新录》的说法，蔡确等人原本想拥立雍王赵颢或曹王赵頵，在遭到高太后家人的断然拒绝后，他们为求自保才转而诬陷高太后和王珪，还大肆鼓吹自己有拥立之功，想借此向哲宗邀功请赏。

其实上述记载根本经不起推敲。司马光与吕公著均为旧党人士，即便神宗认可两人的才学与品德，也不大可能将培育皇储的重任交给素来反对变法的旧党人士。当时邢恕只是小小的职方员外郎（正七品），先拜在理学大师程颢的门下，后时常出入司马光、吕公著府邸。身为宰相的蔡确与邢恕这个七品小官交往，主要是看重邢恕的才华，当然也想通过他来争取当时在士大夫中久负盛名的司马光与吕公著对新法的支持，绝非想通过他来攀附两人。

神宗病重时，长子赵煦（此时尚名赵佣）年仅九岁，还是个涉世未深的孩童。仁宗赵祯也是少年登基，他的八叔赵元俨却在真宗赵恒病重期间，以服侍皇兄为名擅自逗留在宫中，实则包藏祸心。宰相李迪对此忧心忡忡，偷偷在送给赵元俨的茶水中滴入了一滴墨水，赵元俨倒茶时发现茶水颜色有些异样，于是便怀疑有人给自己下毒，只得乖乖地出宫回府去了。如今面对相似的局面，赵颢和赵頵难免不会有所心动，因为之前有过赵光义成功上位的先例，况且他们的母亲高太后又拥有着很大的权势。

蔡确等人与赵颢兄弟的关系并不密切，怎么可能会冒着被灭族的风险贸然拥立他们呢？赵颢是高太后的亲儿子，若论关系亲密程度，高太后与赵颢的关系岂不是要比蔡确等人与赵颢的关系亲近许多？

究竟是高太后诬陷蔡确，还是蔡确诬陷高太后，一直是新、旧两党进行权力争斗的重要砝码。也正因如此，这段历史也变得扑朔迷离，不过所谓的“宣仁之诬”应该是后人为了维护高太后而蓄意伪造的。既然“宣仁之诬”不可信，那么蔡确是否拥有定策之功呢？从常理推断，如若哲宗皇帝即位时如正史记载得那样波澜不惊，蔡确即便再狂妄也不至于擅自编造根本就不存在的拥立之功。即便他要自称拥有定策之功，恐怕也要等到哲宗皇帝亲政后，到了那时，当事人大多已然离世了，还不是他说什么便是什么。

哲宗皇帝即位时究竟发生了什么

哲宗即位时并非正史记载得那么风平浪静，由于当时哲宗年龄很小，赵颢兄弟对皇位不有觊觎之心，高太后的态度一直不明。恰在此时，蔡确以极大的政治勇气拥立哲宗成功即位，所以高太后才会残忍地将其贬死岭南。

作为政治斗争的老手，蔡确绝不会愚蠢到在哲宗皇帝登基之初便编造所谓的定策之功，此时除了王珪之外，当事人全都健在，他编造的谎言岂不是很容易被人戳穿？况且当时哲宗还年幼，朝政掌握在垂帘听政的高太后手中，他这么做不仅不会取悦于哲宗，反而会因此触怒高太后。

当时的蔡确身为宰执之首，只需小心谨慎、不授人以柄即可，有什么必要冒着如此之大的政治风险，当着这么多当事人的面，去编造所谓的定策之功呢？哲宗皇帝登基前后到底发生了什么？蔡确在这中间究竟扮演着怎样的角色呢？

宦官阎守懃府中藏有蔡确之子蔡渭在宣和初年，给徽宗皇帝写的上殿劄子，上殿劄子是大臣上殿前向皇帝写的汇报稿，虽然其中一些细节不免有夸大的嫌疑，却是难得的第一手史料，将其与新旧《哲宗实录》进行对照，并结合当时的政治形势，可以大致还原出当时的历史真相。

元丰六年（1083年）秋，蔡确与中书侍郎张璪在崇政殿奏事时，神宗莫名地哭了起来。这些年来，神宗不遗余力地想改变北宋“积贫积弱”的局面，可到头来却是毁誉参半。他虽有雄心壮志，却也无可奈何，绝望而又悲凉地说：“天下事止此矣！”

神宗说天下事只做到这里了，蔡确赶忙询问原因。神宗说如今皇子年幼，他却越发觉得自己的身体每况愈下。蔡确赶忙安慰道：“陛下春秋鼎盛，怎会突然说出如此不祥之言？”神宗并未回答，而是突然问道：“天下事当得长君维持否？”神宗显然是听到了关于储君的种种议论，他在立储这个重大问题上摇摆不定。他担心自己的儿子太过年幼，无力应对复杂的政治局面，若是不慎引发变乱，或许会害了自己的儿子。神宗虽极不情愿，也不甘心，但他的确认真考虑过要将皇位传给已经成年的弟弟雍王赵颢，抑或是曹王赵頵。

见神宗如此说，蔡确坚定地说：“微臣眼中只有陛下的长子，并无旁人！如若陛下有意将皇位传给旁人，微臣宁死也不会奉诏！”

蔡确这番铿锵的话给了神宗极大的信心。神宗说：“难得爱卿如此为江山社稷考虑！皇储之事应当早定！”

蔡确与张璪异口同声道：“臣等敢以死守。”

蔡确是如此说的，也是如此做的。不管此后面对多么险恶的局面，他都不曾退却，不惜粉身碎骨也要完成神宗的嘱托。

次年春，神宗特地安排年幼的儿子赵佣在集英殿侍宴，向外界传递出一种强烈的信号：他开始大力培养这个儿子，日后必将委以重任。蔡确随后与神宗商议，明年春天让赵佣出阁。出阁对皇子而言可是一件大事，意味着他不再是居住在皇宫中的小孩子了，今后会承担起更大的政治责任。然而，上天留给他们的时间已经不多了。元丰八年（1085年）正月二十六日，神宗的病情突然恶化，彻底打乱了两人的原定计划，也让别有用心之人看到了可乘之机。

雍王赵颢渐渐生出了觊觎皇位之心，经常以探视患病的哥哥为名进宫来，旁若无人地穿行在皇宫中，还总是前往太后的寝宫，两人经常在一起密探许久，似乎在密谋什么紧要之事。对于赵颢的到来，神宗自然是心存厌恶，不过此时病重的他已然没有了昔日的威严，只能狠狠地瞪着他。赵颢却没有丝毫的忌惮，仍旧我行我素。

赵颢的种种异动让向皇后很是惶恐不安，赶忙出钱在佛寺中进行斋戒活动。活动现场张贴的文告上赫然写着“延安郡王祈祷”，她要借此来为延安郡王赵佣延誉，让全天下的人都知道神宗的这个儿子已经长大了，而且还是一个颇为恭孝的好孩子。二月，神宗的病情不仅没有好转的迹象反而日益加重，他只得拖着虚弱的病体，征召宰执前往紫宸殿议事。赵颢虽然没有得到征召，但他也入宫了，还在廊下拦住宰执，对他们说：“军国事，当请皇太后垂帘。”

眼见哥哥行将就木，赵颢以侍奉哥哥为名请求留宿在宫中，实则是想在哥哥咽气后近水楼台先得月。向皇后对他的险恶用心看得一清二楚，坚决予以反对。这对原本还算和睦的叔嫂就此彻底撕破了脸，向皇后当着众人的面驱赶赵颢，可赵颢仍旧赖着不肯走，弟弟曹王赵頵见状只得挽着哥哥的胳膊将他拉出了皇宫。

蔡确意识到册立皇储之事已经刻不容缓，于是秘密会见尚书左仆射王珪商议对策，可王珪却“唯唯而已”，只是敷衍了一番，始终没有明确表态。王珪模棱两可的政治态度使蔡确起了疑心。邢恕随后告诉蔡确，王珪通过高太后的堂兄高士充向高遵裕打探高太后心中理想的皇储人选，蔡确由此认定王珪对神宗皇帝不忠。

王珪当时有无异心呢？应该没有。当时他已经六十七岁了，年事已高又身居宰执之首，平日里一贯谨慎小心。他被戏称为“三旨相公”，上殿进呈时，他会说“取圣旨”；皇帝做出决定后，他会说“领圣旨”；退朝后，他布置公务时会说“已得圣旨”。依照王珪的性格，他不会贸然卷入皇储之争。在局势彻底明朗前，他一直都在观望等待。

蔡确始终不曾忘记神宗的嘱托。他联合章惇和邢恕共同肩负奏请立储的重任，还通过弟弟蔡硕联系到了殿前指挥使燕达，燕达表态道：“愿尽死力，上助相公。”

在蔡渭所写的上殿劄子中，当时蔡确还联系了知开封府的蔡京，告诉他：“如若奸党有异动，你就将他们全都明正典刑！”蔡京命刽子手随行，以便应对突发状况。

蔡渭这段记载显然是在违心地恭维时任宰执蔡京，即便蔡京当时参与了拥立哲宗的活动，他发挥的作用也颇为有限。当时怀有异志的人全都位高权重，蔡京自然不敢随意处置，随身携带刽子手之事自然也就不太可信。

蔡渭的叔叔蔡硕当时担任军器监，因公务与内侍阎守懃接触较多，两人关系也较为密切。阎守懃将赵颢和赵頵近来种种可疑的举动全都告诉了蔡硕。赵颢和赵頵总是进宫面见高太后，谈话时还会屏退身边人，一谈便是大半天，似乎正在密谋什么。阎守懃说病榻上的神宗很是可怜，曾经对他抱怨“我足趺头痛”，也曾对他叹息“我好孤寒”。如今的神宗已经不能说话，只能通过写字与旁人进行沟通。

二月的某一天，神宗身旁只剩下阎守懃一人。神宗莫名地写了一个“太”字，阎守懃看了许久也不解其意，神宗随即有些失落地将自己刚刚所写的“太”字用笔涂黑，随即写下：“不入局做甚？”阎守懃将此事告诉了蔡硕，蔡硕若有所思道：“圣意深远，莫非圣上想要写‘皇太子’？如若大臣们主意已定，圣上无须多说；如若大臣们不忠，圣上便不能多说，否则将会为自己徒增祸端，所以陛下不能将此事讲明，不过陛下却知道你我时常相见，想要借助你向我传达圣意！”濒死的神宗意识到摆在自己面前的是一个错综复杂的局，既然无法挣脱，索性便勇敢入局。

蔡硕随后又向国舅向宗回打探宫内情形，向宗回沉吟良久才道："若问所闻，寒心难言。前闻雍王乞于内中止宿，中宫厉声纷争乃已！"可见雍王赵颢要求留宿皇宫之事在朝野上下激起了轩然大波。蔡硕还听主管御药院的内侍刘惟简说，王珪曾命人将一个纸条递进宫里来，刘惟简在张茂则房中偷窥到上面写着："今来建储事，上系皇太后圣断，非外廷所当预！"蔡确与王珪议事时，王珪也曾经说："立嗣，人主家事，吾曹不要管他。"

蔡硕又去见仁宗的外孙李嗣徽①，李嗣徽也忧心忡忡道："万一让奸人捷足先登，半夜时分从宫中颁出盖有御宝的遗诏，你们又该如何呢？"

蔡确顿觉事态严峻，阎守懃也让蔡硕提醒蔡确，在当前危局之下，立储之事需要先由宰执们提出来，神宗才能恩准。蔡确意识到此事万万不能再拖了，于是让蔡硕秘密联络将领燕达与内侍刘惟简、阎守懃等人。蔡确曾问燕达，如若高太后在立储问题上提出异议，你会怎么做，燕达说自己一定与诸位宰执一同抗争到底，见他说得坚决，蔡确心中顿时多了几分底气。蔡确随即通过阎守懃与向皇后取得了联系，让向皇后近来密切关注赵颢和赵頵的异动，明天奏请立储时，向皇后务必要坐在高太后的身旁，这样会对高太后形成一种无形的压力。向皇后当即表示同意，让阎守懃转告蔡确宫中一切准备停当，她担心宫外会有异动。阎守懃与蔡确见面之后回禀向皇后："还请皇后放心，蔡相已然布置停当！"

自从神宗病入膏肓后，高太后一直都在试图主导立储大权，明眼人对此看得极为真切。但老谋深算的高太后并未轻易透露心中的储君人选，因此绝大多数官员选择了观望，因为一旦不慎触怒了高皇后，抑或最终登上皇位的不是皇子赵佣，他们或许将会死无葬身之地！

"是时，辅臣韩缜、安焘、张璪、李清臣阴持两端，噤不语，（蔡）确独

① 李嗣徽过继给宋仁宗福康公主的驸马李玮，本为李玮之兄李璋第十一子。

约门下侍郎章惇共力”。唯有蔡确和章惇不惧风险，敢于仗义执言，这也为蔡确后来被贬死于岭南植下了祸根。

二月二十九日，蔡确召集诸位宰执大臣在南厅讨论立储之事，他再度逼问王珪的态度，王珪依旧“俯首不语”。蔡确恼怒道：“如今已然火烧眉毛了，你居然还在缄默观望？”他随即给章惇使了个眼色，章惇语气严厉地对王珪说：“言之是则从，不则与公偕死。”

见现场气氛很是紧张，蔡确又开始试图缓和气氛，恭维道：“王相每每遇到大事，总是一如既往的稳重，他不会有不同意见的。”见蔡确如此说，章惇也就不再逼迫王珪。蔡确继续耐心地劝解：“去年圣上宴请群臣时，特地让皇长子出面款待众人，说明圣上已经将其视为自己的接班人了！”在蔡确、章惇等人的轮番围攻下，王珪只得表态支持赵佣，说：“上有子，何议之有？”章惇仍旧不依不饶，质问道：“此是第一句尔，不知第二句云何？”

神宗皇帝死后，朝中有两件大事急需确定，最紧要的事情自然是由谁来继任皇帝，第二件事是如若拥立年幼的赵佣继位，究竟由谁来垂帘听政。虽然王珪在众人的威逼下被迫在第一件事上表态，但是对第二件事避而不谈。王珪身居高位却只知明哲保身，章惇自然是气愤不已。不过在蔡确看来，只要逼迫王珪同意拥立赵佣，彻底断了赵颢、赵頵等人的夺嫡之心才是当务之急。至于第二件事，可以待日后再慢慢解决。

为了防止王珪变卦，蔡确当即命人取来纸，让章惇写了一个奏请册立赵佣为皇太子的劄子，并让在场的所有宰执共同签字画押。当天日晡（申时，即下午三点至五点），王珪、蔡确等诸位宰执前往神宗居住的福宁殿东寝阁，恳请神宗皇帝册立赵佣为太子。此时已经不能说话的神宗皇帝看了看劄子，又看了看蔡确等人，居然流下泪来。神宗强忍着泪水，点了点头。见到此情此景，蔡确等人也是呜咽不止。

得到神宗皇帝的首肯后，蔡确拿着劄子去见高太后的亲信宦官入内内侍省都知、延福宫使张茂则，厉声说："已得圣旨，立延安郡王为皇太子，请都知禀告皇太后，某等特来道贺。"张茂则见事关重大，只得带领众人来到帘前，此时向皇后就坐在高太后的身旁。高太后"熟视状奏"，看了许久，但她并未提出异议，随后派遣宦官前往翰林学士院起草诏书。

三月初一，朝廷正式册立赵佣为皇太子，改名赵煦。神宗皇帝特地调拨了亲信宦官服侍年幼的赵煦，以防别有用心之人情急之下对他下毒手。三月初五，神宗皇帝驾崩。在进宫的路上，蔡确对王珪说："如若陛下驾崩，我等要立即恳请皇太子登基！"

王珪却说："待到帘前取旨。"

见事到如今王珪仍在首鼠两端，蔡确怒道："如今陛下已经册立了皇太子，皇太子登基乃是天经地义之事，根本不需要再得到太皇太后首肯。"

望着怒不可遏的蔡确，王珪有些胆怯，只得说："惟命是听！"

由于哲宗皇帝继位之初事务繁杂，蔡确在宫内一连留宿了七天之久。等一切全都布置停当后，他才拖着疲惫的身躯走出皇宫。蔡确见到母亲明氏后不禁号啕大哭，说自己总算没有辜负神宗皇帝的托付。没有人知道这段日子蔡确所承受的巨大压力，稍有不慎，赵煦便会皇位不保，他自己也会粉身碎骨！

蔡确的母亲明氏和妻子孙氏随后进宫觐见向太后。向太后对她们说，当时蔡确来到帘前向高太后奏请册立赵煦为皇太子时，向皇后特地将年幼的赵煦交给宦官刘惟简照料，自己就坐在高太后的身旁。高太后突然伸出手指，在她的胸前狠狠地戳了一下，恶狠狠地说道："你这回放心了吧！"由于高太后当时用力过猛，向皇后的前胸至今还有瘀青。两人随后又去觐见朱太妃，朱太妃哭着对她们说："若非相公，我子母几无去处。"

高太后是否在神宗皇帝弥留之际企图密谋拥立儿子赵颢？从情感角度看，儿子自然要比孙子更为亲近，况且哲宗的生母朱氏仍旧健在，哲宗与她这位祖母的关系自然要疏远一些；不过从利益角度看，贸然废孙立子，势必要承受极大的政治风险，即便成功了也势必会遭受世人的口诛笔伐，况且儿子赵颢已成年，登基后定会将权力紧紧攥在自己手中。

高太后内心的天平一直摇摆不定。恰在此时，蔡确忠勇无俦地力挽狂澜，高太后也彻底丧失了立储的主导权。如果哲宗长大后得知了这些真相，势必会亲近蔡确而疏远她，所以她在听闻蔡确宣称自己有定策之功后才会以雷霆手段将其一路贬谪到生存环境极端恶劣的岭南，最终将其迫害致死，这样才能将拥立之功据为己有。后来又有人炮制出所谓的“宣仁之诬”，想通过抹黑蔡确来洗白高太后。历史的真相或许会被遮蔽，却很难被彻底隐藏！

第五案

宋江的殒落：比《水浒传》更为曲折离奇

随着《水浒传》的广泛传播，宋江的英雄形象早已深入人心，但大家对历史上真实的宋江并不了解。宋江及其手下兄弟纵横驰骋数千里，数万官军都不是其对手，可他却毫无征兆地遭受了灭顶之灾。在生死攸关之际，宋江是否接受了朝廷的招安，又是否征讨过方腊？是否抗击过辽国呢？他最终的结局又是怎样？

由于史书对宋江的刻意回避，这一切成了千古之谜，下面我们就透过史料去寻找历史深处的真相！

宋江的大本营并不在梁山泊

《水浒传》描绘的梁山泊“山排巨浪，水接遥天，满目芦花，茫茫烟水”，如今已然无处寻觅了，北宋时期的梁山泊是否如此壮观呢？

宋朝许多文人墨客的笔下都留下过关于梁山泊的记载。“唐宋八大家”之一的苏辙写下《梁山泊见荷花忆吴兴五绝》：

花开南北一般红，路过江淮万里通。
飞盖靓妆迎客笑，鲜鱼白酒醉船中。

仁宗天圣年间甲子科状元宋庠写有一首《坐旧州驿亭上作》：

废垒孤亭四面风，座疑身世五湖东。
长天野浪相依碧，落日残云共作红。
渔缶回环千艇合，巷蒲明灭百帆通。

恍然归兴无人会，闲向青冥数塞鸿。

这首诗的下面有一行小注：亭下即是梁山泊，水数百里。

当时还流传着这样一个讽刺王安石的笑话：有个人得知王安石热衷争名逐利，于是向他建议将八百里梁山泊开辟为良田，王安石问道："梁山泊中的水要排往哪里呢？"见那人答不出来，刘贡父赶忙调侃道："在旁边再开凿八百里水泊。"（《闻见从录》）

王安石因推行改革而饱受旧党抨击，这则笑话显然是别有用心之人在故意诋毁王安石，不过透露出一个信息：北宋时，梁山泊的确方圆八百里。既然如此，那么梁山泊是否适合农民起义呢?

宣和元年（1119年），郓州升为东平府。烟波浩渺的梁山泊就位于东平府与济州的交界处。隐于水泊中的梁山位于东平府寿张县（今山东省济宁市梁山县）境内。这里并不像苏辙、宋庠等文人笔下描写得那么安静祥和，梁山泊盗贼横行，百姓苦不堪言，当地官员不得不出台严刑峻法对违法犯罪活动进行打击。

知郓州的蒲宗孟对小偷小摸这种社会危害性较小的人，依然会割断他们的脚筋。在如此严苛的整治下，梁山泊的治安形势得以缓解，但死亡伤残人数急剧上升。许几知郓州时推出了"保甲法"，规定每十个人为"一保"，互相监督，相互连坐。每天清晨，百姓出外打鱼，日暮收工回家，谁要是没有按时出工或回家，其他人必须立即上报官府，否则就会获罪。

提点京东刑狱任谅的办法跟许几有些类似。他的办法是让五户人家为一伍，在他们的渔船上刻上标示，以便日后按船找人，以船定罪。任谅还在两县交界处立下石碑，准确划分边界，一旦有刑事案件发生，任谅可以凭借这些界碑准确界定这起案件究竟属于哪个县管辖。这个方法根治了因管理边界不清晰导致的互相推诿的情形，使盗贼们无处遁形。

梁山泊的渔民们铤而走险也是被生活所迫。政和元年（1111年），为了解决财政困难，徽宗皇帝设立了西城括田所，将整个梁山泊都收为“公有”，凡是入湖捕鱼、采藕、割蒲的行为，一律按照船只大小课以重税，犯禁者按盗贼论处。当地很多农民和渔民承担不起沉重的赋税，不得不依托梁山泊抗租抗税，袭击官兵。那么历史上真实的宋江是否也如《水浒传》中描写的那样盘踞在梁山泊呢?

南宋李埴《皇宋十朝纲要》记载：“宣和元年十二月，诏招抚山东盗宋江。”徽宗皇帝专门下诏对宋江进行招安，说明宋江义军渐成规模，引起了当朝皇帝的关注。

《皇宋十朝纲要》称呼宋江为“山东盗”，北宋方勺《泊宅编》称呼宋江为“京东贼”，说明宋江的主要活动区域就在如今的山东地区。北宋时期的京东路指的是黄河以南、淮河以北以及东京汴梁以东的广大区域，包括山东大部以及河南、安徽、江苏的部分地区。后来京东路分为京东东路与京东西路，不过金朝的都城不在开封而是远在会宁府（今黑龙江省哈尔滨市阿城区），后来金国君主海陵王完颜亮迁都燕京（今北京市）。无论是哪个都城，都位于京东东、西路的北面，京东东、西路变得名不副实，所以将其改为山东东路和山东西路，后人时常用“山东”来指代北宋时期的“京东”。南宋汪应辰《显谟阁学士王公（师心）墓志铭》记载：“河北剧贼宋江者，肆行莫之御。既转略京东。”《宋史》也记载：“宋江起河朔。”宋江起义的发生地应该在河北地区，后来他们才转战京东等地。

南宋王偁《东都事略》称呼宋江为“淮南盗①”，《宋史》也沿袭了《东都事略》的称谓。“淮南盗”无外乎有两种含义，一种是指宋江义军的主要活

① 有的学者认为《东都事略》的作者“王偁”应该是“王称”。这主要是因为汉字简化导致的，本书沿用传统说法。

动区域在淮南，另一种则是指宋江是淮南人。

可能很多人会困惑，宋江不是山东郓城人吗？其实正史中并没有关于宋江籍贯的任何记载。在成书于宋末元初的小说《宣和遗事》中，宋江为郓城县押司，元代杂剧也大多沿用此说，于是“家住水堡在郓城，姓宋名江字公明”成为宋江籍贯的通用说法。

1947年在郓城发现的《水堡宋氏家谱》记载，郓城宋氏的原籍是淮南，到宋江的祖父这一代，宋氏才举家迁来郓城，并在城西北三十里的宋庄落户，此处距离梁山仅七十里。这份家谱的真实性还有待考证，尚不能排除后人附会《水浒传》的可能，不过这份家谱对正史为何称呼宋江为“淮南盗”给出了的解释。

《宋史》记载侯蒙被罢免中书侍郎的职务后离京知亳州（今安徽省亳州市），在此期间他向朝廷献言：“宋江义军纵横驰骋，数万官军都无法与之抗衡，宋江的才能必然过人。如今方腊祸乱江南，不如赦免宋江，命他征讨方腊以自赎。”徽宗得知后龙颜大悦，对他颇为赞赏地说：“（侯）蒙居外不忘君，忠臣也。”徽宗随即命侯蒙知东平府。梁山泊恰在东平府管辖范围之内，如若征调侯蒙前去招安宋江，应该授予其相应的招抚权力，史书中却没有相关记载。

在北宋地缘政治版图中，东平府有着极其重要的地位，一度是京东西路的治所。徽宗命侯蒙知东平府，或许只是对侯蒙能够为君分忧的一种奖赏，并不是要让他去招安宋江，况且六十八岁高龄的侯蒙还没来得及赴任便与世长辞了。

元初文人陈泰的《所安遗集·补遗·江南曲》序记载：“余童丱时，闻长老言宋江事，未究其详，至治癸亥秋九月十六日，舟过梁山泊，遥见一峰，嵽嵲雄跨。问之篙师，曰：‘此安山也。昔宋江议事处……’宋（江）之为人，勇悍狂侠，其党如宋江者三十六人，至今山下有分赃台……”“至治癸亥”指的是1323年，此时是元英宗统治时期，距离宋江起义已经过去了二百年。水浒故事早在南宋时期就已经家喻户晓，陈泰听到老人们讲述宋江的故事并不为奇。如果这些老人生活在两宋之交，距离宋江生活的年代不远，那么他们说的话或许可信，但陈泰认识的那些老人充其量生活在南宋末年，此时距离宋江起义已经过去了一百余年，那么陈泰的记载就不算口述历史，只是口头文学。

陈泰在字里行间透露着谨慎。“闻”说明他是在听老人们讲宋江的故事，至于宋江征战梁山泊的事情则是他听篙师说的，一个船工的话怎么能作为历史依据呢？陈泰是为了创作《江南曲》去的梁山泊，属于文学采风活动，而不是历史考察活动，篙师所说的“宋江议事处”并不是梁山，而是距离梁山十余里的“小安山”。

南宋龚开在《宋江三十六人赞》中多次提到“太行”，成书于宋末元初的《宣和遗事》更是直接说：“（晁盖等人）前往太行山梁山泊落草为寇。”难道我们就能武断地认为梁山泊真的位于太行山吗？无论是《宋江三十六人赞》还是《宣和遗事》，都属于文学作品，在一定程度上反映了当时的社会现实，却不能当作史书来读。

靖康之耻使宋人，尤其是具有优越感的宋代文人的自尊心遭受重创，汉族民众情绪高涨。在这个大背景下，一位可以定国安邦、抵御外侮的大英雄也呼之欲出。经过文化沉淀与社会筛选，宋江最终成为那个传奇英雄。由于太行山是南宋初期抗金斗争最激烈的地区，南宋人自然将梁山泊与英雄辈出的太行山联系在一起。南宋最北部的边境线为淮河一线，除了极少数使臣和商人外，绝大多数南宋文人并未到过北方，因此南宋文人将梁山泊错误地安在太行山也就不足为奇了。

南北对峙的局面在元朝得以终结，对水浒故地心存向往的学者们实地考察后，很快便发现了这个常识性错误。因此，元代杂剧将宋江起义发生地从太行山转移到了山东。有名可考的元代杂剧大约有三十种，只有《李逵负荆》《双献功》《燕青博鱼》《还牢末》《争报恩》《黄花峪》六部杂剧的内容流传下来，其他的只是留下个剧名而已。这六部杂剧中描绘的梁山泊的场景与小说《水浒传》惊人地相似。以《黄花峪》为例，剧中的宋江有这样一段宾白：“寨名水浒，泊号梁山。纵横河阔一千条，四下方圆八百里。东连大海，西接咸阳，南通巨野、金乡，北接青、济、兖、郓。”这段话所介绍的梁山泊的位置与如今山东梁山泊的地理位置完全相符。

如今能够见到的六部元杂剧，均出自两部明代戏剧专著《元曲选》和《脉望馆钞校本古今杂剧》。《元曲选》是明代戏剧家臧懋循于万历四十三年（1615年）至四十四年（1616年）编刻的，《脉望馆钞校本古今杂剧》是明代藏书家赵琦美于万历年间辑校的，所以我们今天见到的元杂剧都是明代刻本，而且出现在《水浒传》广泛传播之后。因此，以上元杂剧记载的内容极有可能根据《水浒传》的内容修改过。

明初戏剧家朱有燉创作过一部水浒杂剧《黑旋风仗义疏财》，在更接近朱有燉创作原貌的国家图书馆所藏明宣德周王府自刻本中，有这样一段唱腔：“莫不是出水寨与人争竞？莫不是下梁山打探民情？莫不是有冤屈告状要分明？莫不是方腊贼来作耗？莫不是蔡太师忒胡行？莫不是大金家侵界境？”读过《水浒传》的人会对这段唱腔感到莫名其妙，因为《水浒传》中没有梁山好汉与金军作战的内容，梁山好汉也没有与蔡京有过正面交锋。

同样是《黑旋风仗义疏财》，在明代中期的《脉望馆钞校本古今杂剧》中却变为：“莫不是蔡衙内忒胡行？莫不是有官军来侵俺界境？”这显然是后人根据《水浒传》的内容对原有唱词进行了再加工，《水浒传》中的梁山军与官军有过几度交锋，因此将“大金家”改为“官军”。在《水浒传》中，江州知府蔡九也曾与梁山好汉为敌，还险些将宋江置于死地，所以便将“蔡太师”改为“蔡衙内”。

明初的杂剧尚如此，如今我们能见到的元杂剧应该与最初的模样差异更大。舞台艺术往往会根据时代变化与观众需求不断地进行调整，尤其是《水浒传》家喻户晓后，水浒题材的杂剧只有与之相符，才能永葆艺术生命力。这也恰恰解释了关于宋江占据山东梁山泊的记载，直到《水浒传》广为传播的明代中期才大量出现的现象。

《大明舆地名胜志》记载："宋时（南旺湖）与梁山泺水汇而为一，围三百余里，即南渡时宋江义军所据梁山泊也。"嘉靖《山东通志》记载："梁山泺在东平州西五十里。宋南渡时宋江为寇，尝结寨于此，中有黑风洞。"

《大明舆地名胜志》与嘉靖《山东通志》认为宋江起义是在宋室"南渡"（即1127年）之后，也就是在南宋时期，其实宋江起义发生在北宋宣和年间（1119—1125年），之所以会有这样的记载，应该与一个神秘的《水浒传》版本有关。

明万历四十二年（1614年），学者吴从先将自己写了多年的作品出版发行，为其取名为《小窗自纪》，其中收录了一篇他写的读后感——《读〈水浒传〉》，这篇读后感初看并没有什么特别之处，但细看起来会发现，吴从先读的这本《水浒传》，是与今本《水浒传》截然不同的一个神秘版本，被称为"吴读本"。"吴读本"《水浒传》中的宋江起义就发生在南宋初年。宋江流放途中被梁山好汉解救，他对拥戴自己的梁山好汉们说："宋室流离，金人相陇，苟能我用，当听其指挥，立大功名。此寄命之乡，非长久之计也。""吴读本"《水浒传》中应该有大篇幅梁山好汉抗金的内容。

在"吴读本"《水浒传》中，潜入皇宫的人不是柴荣而是戴宗，殿内屏风上写的是"淮南贼宋江　河北贼高托山　山东贼张仙　严州贼方腊"。在今本《水浒传》中，柴进在皇宫屏风看到的是"山东宋江　淮西王庆　河北田虎　江南方腊"。王庆与田虎均是虚构的人物，高托山和张仙却是与宋江同时代的人物，由此可见，"吴读本"《水浒传》更为接近历史原貌。

今本《水浒传》中的水泊梁山位于山东，"吴读本"中的水泊梁山位于淮南。在短短一千五百多字的读后感中，多次出现“淮南宋江平”“宋江起于淮南”“道经淮”“方逞雄淮上”“淮南贼宋江”等内容，虽然淮南并没有梁山泊，但这些内容使今本《水浒传》中不符合逻辑的内容变得符合逻辑了。

在今本《水浒传》中，宋江因在浔阳楼题反诗而被通判黄文炳告发，不幸身陷囹圄。知府蔡九命令戴宗前往都城开封送信，让他向自己的父亲蔡京请示如何处置宋江。戴宗临行前对锒铛入狱的宋江说：“哥哥放心，知府差我上京师去，只旬日之间便回。就太师府里使些见识，解救哥哥的事。”

戴宗原本打算前往开封寻门路搭救宋江，没有想过去梁山泊搬救兵，谁知途经梁山泊时被朱贵用麻药麻翻。戴宗从江州前往开封，并不会路过位于山东的梁山泊，但如果梁山泊位于淮南，就会成为戴宗北上的必经之地。

在今本《水浒传》中，晁盖等人在黄泥岗智劫生辰纲时，他们假扮成远道而来的客商，自称：“我等弟兄七人是濠州（今安徽省滁州市凤阳县）人，贩枣子上东京去，路途打从这里经过。”黄泥岗的具体地点不详，但肯定在济州（今山东省菏泽市巨野县）境内，否则案发后官府也不会向济州行公文，并让济州三都缉捕使臣何涛具体负责侦办。如果黄泥岗在济州，那么从濠州到开封贩枣怎会莫名其妙地跑到济州去呢？如此拙劣的谎言为何没有被警惕性颇高的杨志识破呢？

濠州隶属淮南西路，晁盖是山东好汉，两地方言各不相同，风俗习惯也存在很大差异，晁盖等人冒充濠州人岂不是很容易露馅？他为何不说自己是梁山泊周边某个州府的人，如此一来岂不是合情合理了？

在“吴读本”《水浒传》中，梁山泊位于淮南，应该就在濠州附近，晁盖等人自称是从濠州前往东京贩枣子的商人，自然也就不会令杨志生疑。今本《水浒传》将梁山泊从淮南“搬”到了山东，又沿用了“吴读本”中的故事情节，便留下了这个硬伤。

梁山泊与北宋都城开封府近在咫尺，与北京大名府和南京应天府也相隔不远。梁山泊特殊的地理环境使那里成为滋生盗贼的土壤，朝廷可以暂时容忍小偷小摸或者小股劫匪的存在，但绝对不会允许像宋江义军这样一支“官军数万无敢抗”的起义军活跃在京城周边地区。

由于海外贸易的发达与造船技术的进步，北宋拥有一支强大的海军，配备有世界领先的军事装备，甚至可以与强悍的金军一较高下。因此，对付装备落后的农民起义军绰绰有余。梁山泊的主峰梁山，其海拔不过才二百米，其他的小山更是形同土丘。如果起义军人数过多，那么起义军难以在梁山上生存；如果起义军人数过少，那么起义军又难以应对官军的大规模围剿。

梁山泊的防御优势主要体现在两个方面，一个是芦苇丛生，另一个是港汊纵横。冬季来临，湖面结冰，芦苇枯萎而死，梁山泊的天险便会变成通途，孤零零的梁山营寨便会彻底暴露在官军面前。在无险可守的冬季，宋江义军怎么能经受得住朝廷的围剿？

历史上的宋江义军活动区域横跨北宋河北、京东、淮南三大区域，足迹遍布今天河北、山东和安徽、江苏两省北部。宋江义军之所以能在朝廷的残酷剿杀下生存下来，是因为其具有快速机动性，经常打得官军措手不及。

宋江义军为何如此不堪一击

在《水浒传》中，宋江领导的梁山起义军锐不可当，俨然一支可以与朝廷分庭抗礼的重要军事力量。宋江义军真的有那么厉害吗？

《宋史·侯蒙传》记载："（宋）江以三十六人横行齐魏、京东，官军数万无敢抗者。"

《宋史·张叔夜传》记载："宋江起河朔，转略十郡，官军莫敢婴其锋。"历史上宋江率领的义军的确很厉害，不过在宣和三年（1121年）二月遭遇了一场灭顶之灾。

《宋史》中，宋江义军第一次亮相是在淮阳军（今江苏省邳州市）。军与府、州、监是同一级行政区划，不过政治地位要低于府州。淮阳军位于京东东路和淮南东路两大行政区域的交界处。宋江这次进攻没有达到预期的目标，所以他只得向海州（今江苏省连云港市）方向进发。

宋江为什么要去海州？有的学者认为宋江是想在海州附近海域的郁洲岛建立根据地。郁洲岛开发较早，受当时生产力水平的限制，岛上的生存环境相当恶劣。北宋拥有一支强大的水军，还曾在海州附近海域与金兵数次交锋并取得大捷，所以即使宋江占据了该岛，宋江义军也难以生存。因此，宋江义军前往海州应该是一种临时行为，并不是战略性转移。

之前骁勇善战的宋江义军在转战海州时遭遇了灭顶之灾，《宋史》和《东都事略》均对此有详细记载。宋江等人劫掠了十余艘大船，将劫掠来的物资全都装在了这些船上。恰在此时，知海州的张叔夜突然带领一千余人的敢死队杀来，引诱宋江等人出战。当宋江义军与张叔夜率领的敢死队厮杀之际，张叔夜派遣的埋伏在海边的精兵趁机烧毁了宋江义军的船只。由于退路已经被官军截断，宋江义军陷入绝境中。那支“官军数万无敢抗者”的彪悍义军居然被张叔夜率领的区区一千余人的队伍击败，简直是令人大跌眼镜！

宋江义军在转战初期所向披靡，主要有两个原因：

首先是“时承平久，郡县无备”（汪应辰《文定集·显谟阁学士王公（师心）墓志铭》）。澶渊之盟后，宋辽维持了百余年的和平，北宋此后只与西夏在西北地区进行过大规模战争。由于吸取唐朝亡于藩镇割据的教训，宋朝实行“强干弱枝”的策略。地方精锐士卒悉数编入禁军，禁军部队不是驻守京城就是戍守边疆，导致内地的守备力量严重不足。长期远离战争威胁的北宋军队已经腐化，以太尉高俅为首的高级将领肆意克扣军饷。即便是驻守京城的禁军将士都不得不自谋生路，无心训练，其他禁军部队的处境无疑更为糟糕，厢军彻底沦为只会干杂活的非战斗军队。

其次是宋江义军出其不意，攻其不备。史书中称宋江为“河北剧贼”“山东盗”或者“淮南盗”，足见宋江义军活动范围之大，流动性之强，以至于“州县大震，吏多逃匿”。（南宋张守《毗陵集·左中奉大夫充秘阁修撰蒋公墓志铭》）

一个人的出现使宋江义军的生存环境急剧恶化。这个人就是时任兵部尚书的赵期。针对宋江义军的战术特点，他提出了综合性防御策略；针对郡县兵力不足的情况，赵期建议郡县紧急招募士卒，张叔夜正是凭借招募的“死士”成功地击败了宋江；针对宋江义军野战能力出众的特点，他建议没有筑城的地方加紧筑城；针对粮仓守备松懈的情况，他建议加强粮仓的守备，从而切断宋江义军的粮食来源。（李纲《赵忠简公言引录》）

宋江没有根据环境的变化对自己的战略战术进行调整，首先在沂州（今山东省临沂市）遭遇了重创。得知宋江义军来袭的消息后，知沂州的蒋圆派兵封锁了所有的交通要道，使宋江义军彻底丧失了机动性的优势。由于各地粮仓防守日益严密，宋江义军的军粮迟迟得不到有效的补充。进退维谷的宋江只得低头向蒋圆借道。蒋圆假意应允，得知宋江义军的粮食用尽后，他果断率兵出击，大败宋江义军。宋江率领残部转战沂蒙山区。不过正史中没有关于这场大捷的记载，应该是蒋圆没有及时上报朝廷的缘故。他的下属建议将此事上报朝廷，蒋圆却说不过是分内之事而已，有什么值得汇报的呢？

宣和三年（1121年）二月，经过在山中的长期休整，实力恢复的宋江义军突击淮阳军，然后转战淮南地区，向着海州方向进军，但在沭阳县（今江苏省宿迁市沭阳县）遭到了县尉王师心的抵抗，宋江义军再度受挫。由于没有根据地作为支撑，宋江率领的这支野战军在险恶的环境下四处碰壁，直到知海州的张叔夜给予了穷途末路的宋江义军致命一击。

现存史料中没有任何关于宋江义军人数的记载，仅仅记述“宋江三十六人”，宋江义军绝对不止这三十六个人，这三十六人应该指的是三十六名头领，后来演变成小说《水浒传》中的三十六天罡。

与宋江同时代的几支义军人数都很可观。南宋陈均《九朝编年备要》记载：“河北有高托山者，号三十万”“山东有张仙，众十余万”“自余一二万者不可胜计也。”史书之所以没有记载宋江义军的人数，很可能是因为其人数较少，应该也就在一两万人左右。宋江义军横跨河北、京东、淮南三大区域，如果人数众多的话，就难以完成大范围、远距离的战略转移。仁宗时期的王则、徽宗时期的方腊以及南宋初期的钟相、杨幺全都割据一方，兵马都有数十万之众，他们也基本上被限制在某个特定的区域内，因为在当时落后的交通状况下，大范围远距离的转移对于规模庞大的起义军来说既困难又危险，在转移过程中很容易被官军集中优势兵力剿灭。

宋江义军是北宋末年数不胜数的农民起义队伍中规模并不算大的一支，与攻占六州威震江南的方腊起义军不可同日而语，更与《水浒传》中描写的那支两赢童贯和三败高俅的梁山军相去甚远，所以才会被张叔夜率领的一千余人的队伍击败。经历此次战败后，宋江的命运又会如何呢？

宋江义军是否曾被招安

《嘉庆海州志》记载："宋江起河朔，转掠十郡，官军莫敢撄其锋，径趋海滨劫钜舟十余，为知州张叔夜伏兵诱战，烧船，擒，降，杀之。"这段话的前半部分与《宋史》基本一致，但"擒，降，杀之"说明张叔夜杀害了已经投降的宋江等人。现今连云港市白虎山北坡有一处被称为"好汉茔"的地方，当地还流传着这样一首诗："白壁虎山阴，坟冢草木青。问是谁家墓？梁山好汉茔。"难道宋江是在那场战斗中死去了吗？

显然不是，《宋史》和《东都事略》都言之凿凿地记载"（宋）江乃降"。1939年，陕西省府谷县出土的《宋故武功大夫河东第二将折（可存）公墓志铭》使正史中宋江被招安的说法受到强烈质疑。"（方）腊贼就擒，（折可存）迁武节大夫，班师过国门，奉御笔'捕草寇宋江'。不逾月，继获。"墓志铭说宋江被捕是在方腊被捕后。宣和三年（1121年）四月二十六日，方腊被擒。既然宋江被捕是在方腊被擒之后，那么宋江就不可能于当年二月被张叔夜在海州招安。

通常情况下，墓志铭的可信程度要高于文字记载，墓志铭有可能会对墓主人的功绩有所夸大，但绝不会无缘无故地杜撰一些莫须有的事情，那么折可存究竟是何许人也呢？府谷县位于今陕西省东北端的黄河大拐弯处，是连接塞外与中原的战略枢纽。这里在北宋时期是战略要地，一个绵延百年的名将世家便居住在此，那便是府州折氏。府州折氏为北宋王朝输送了一代又一代优秀将领。虽然折可存不是折家将中的佼佼者，但他的墓志铭成为解开围绕在宋江身上诸多谜团的关键证据。

《东都事略》中一段不起眼的记载可以与折可存墓志铭相互印证。“（宣和三年）五月丙申（即五月初三），宋江就擒。”方腊于四月二十六日被捕，而宋江于五月初三就擒，这与折可存墓志铭中的记载不谋而合。《东都事略》的作者王偁是治学严谨的史学家，其父王赏在南宋初年任实录修撰，所以他有机会接触到许多不为外人所知的官方档案。王偁生活于南宋孝宗时期，距宋江的时代也不过六七十年，所以他完全有可能通过实地走访或者采访当事人了解那段历史。虽然《东都事略》只是一部私修史书，但史学界普遍认为其史料价值比官修史书《宋史》还要高。鉴于此，《东都事略》中的很多记载被《宋史》《四朝国史》等史书引用，上述这段记载却没有被转载，因为这段记载显得过于突兀。宋江究竟是被谁抓获的呢？王偁为什么没有记述捕获宋江的将领的名字呢？

无非有两个原因，要么是不知道，要么是有着不为外人所知的难言之隐。捕获盗贼头领是一件光耀门楣的大好事，朝野上下肯定会对抓获宋江的功臣大肆犒赏一番，王偁应该不会不知道，或许其中另有隐情。

既然《宋史》等官修史书言之凿凿地记载，宋江已经在宣和三年二月被张叔夜招安，那么宋江怎么又在同年五月莫名其妙地被捕了呢？难道宋江接受招安后又反叛了？为什么王偁对这个关键问题语焉不详呢？《东都事略》的记载貌似与折可存墓志铭相符，可细读会发现两者的差异。这个“不逾月”是“不出这个月”的意思，但究竟不出哪个月呢？

方腊被捕是在四月，童贯率领先期班师的队伍直到七月才返回都城开封，折可存并不在这支先行返京的队伍中，所以他“班师过国门”的月份应该更靠后，但不管是哪个月，肯定不是《东都事略》中记载的“五月丙申”。

元代徐直之《忠义彦通方公传》记载：“（宣和三年），公（即方庚，字彦通）遂得生擒（方）腊，献军中，送京师。八月丙申，腰斩于市……是年，宋江三十六人猖獗淮甸，未几亦就擒。”怎么又冒出了一个擒获方腊与宋江的人？其实无论是折可存，还是方彦通，或许都只是参加了征讨方腊、抓捕宋江的军事行动，方腊与宋江未必是他们亲手俘获的。

《忠义彦通方公传》与《折可存墓志铭》可以相互佐证，进一步明确宋江被捕是在方腊被腰斩后。也正因如此，宋江是否接受朝廷招安一度在史学界争论不休。直到1981年，美籍华人学者马泰来在北宋官员李若水所著的《忠愍集》中找到了一首诗——《捕盗偶成》：

去年宋江起山东，白昼横戈犯城郭。
杀人纷纷翦草如，九重闻之惨不乐。
大书黄纸飞敕来，三十六人同拜爵。
狞卒肥骖意气骄，士女骈观犹骇愕。
今年杨江起河北，战阵规绳视前作。
嗷嗷赤子阴有言，又愿官家早招却。
我闻官职要与贤，辄啖此曹无乃错。
招降况亦非上策，政诱潜凶嗣为虐。

不如下诏省科繇，彼自归来守条约。

小臣无路扪高天，安得狂词裨庙路。

这首不出名的诗水平一般，却很有史料价值。这首诗之所以迟迟没有被学者们发现，是因为通行的《忠愍集》是一卷本，只收录了李若水的文章而没有收录他的诗歌，收录李若水诗文的三卷本即四库全书本一直鲜有人问津，这首诗恰恰出自其中的第二卷。这首诗的出现迅速平息了史学界关于宋江是否被招安的争论。

李若水在汴京之围中慷慨赴死，赢得了金人的尊重和钦佩，以至于金人发出这样的感慨："辽国之亡，死义者十数，南朝（即北宋）惟李侍郎一人。"辽国灭亡时尚有数十名义士舍生取义，北宋灭亡时仅有李若水一人殉葬，或许是因为北宋的繁华消弭了世人的气节与斗志。李若水这样一位忠义之士所写的诗的真实性与可靠性自然不容置疑。诗中用了"去年"和"今年"的字眼，所以这首诗很可能写于宋江被招安的次年，即宣和四年（1122年），李若水在元城县县尉任上所写。

历史悠久的元城县如今已经从地图上消失了，于1949年并入今河北省大名县。北宋时期的元城县可谓盛极一时，那里不仅是北京大名府的治所，也是省级区划大名府路的治所。富庶的元城县是路、府、县三级治所所在地。在元城县任职的李若水自然有机会前往距此不远的开封府出差或游历，那首诗应该就是他在开封府目睹宋江接受招安后而写。

"狞卒肥骖意气骄，士女骈观犹惊愕"这句透露出李若水对宋江的偏见和敌意，"招降况亦非上策"说明他并不太认同朝廷的招安政策。"不如下诏省科繇"说明李若水认为维护社会稳定的关键举措是轻徭薄赋，只有从源头上根治滋生动乱的土壤，北宋才会长治久安。

《捕盗偶成》可以强有力地证明《宋史》等正史中关于宋江被朝廷招安的记载是真实可信的。《水浒传》第八十二回，宋江等梁山好汉接受招安时，萧让宣读皇帝诏书，落款是“宣和四年春”，这个时间比实际宋江接受招安的时间向后延迟了一年，因为《宋史》记载宋江接受招安的时间应为宣和三年（1121年）二月，那么他被招安后是否如侯蒙希望的那样前去征讨方腊呢?

宋江是否参与征讨方腊

宋江义军在京东、淮南屡屡碰壁之际，方腊军却在江南地区势如破竹。小说《水浒传》这样描述方腊："此人原是歙州山中樵夫，因去溪边净手，水中照见自己头戴平天冠，身穿衮龙袍，以此向人说自家有天子福分，因而造反。"方腊真如小说所言曾是歙州（今安徽省黄山市歙县）的一个樵夫吗？

《宋史》记载："方腊者，睦州青溪人也，世居县堨村。"这段记载应该来自文人方勺的记述。方勺与方腊生活在同一时代，而且长期生活在江南地区，应该能够掌握有关方腊起义的第一手材料。两部详细记述方腊生平的著作《泊宅编》与《青溪寇轨》均出自方勺之手，已成为研究方腊起义的珍贵文献。曾敏行的父亲参与过镇压方腊起义的战斗，因此曾敏行在《独醒杂志》中也记述了方腊起义之事。

根据两人的记载，方腊是睦州青溪（今浙江省杭州市淳安县）人，原本是一个富裕的漆园主，家中有大片的漆林。后来当地设置了造作局，每年要征收千万斤漆，这个措施让方腊不堪重负，偏偏县令又责难他，不仅不让他雇佣工人，还时常当众羞辱他。忍无可忍的方腊于宣和二年（1120年）秋率众在自己的漆园内誓师，反叛朝廷。由于江南地区的百姓长期饱受朝廷压榨，仅仅十余天，方腊的队伍便发展到十万人。方腊自称“圣公”，改元“永乐”，分置将领，占据了六州五十二县。各地起义军纷纷打着方腊的旗帜揭竿而起。

《水浒传》中记载方腊是歙州的穷苦樵夫，方勺和曾敏行的著作中记载他是睦州当地的富户，究竟哪种记载符合真实情况呢？《水浒传》的信息来源很可能是《桂林方氏宗谱》中收录的两篇关于方彦通的文章。

元代徐直之的《忠义彦通方公传》记载：“有佣人方腊者，其初歙人，来隶公家。”与徐直之同时的淳安县尹刘彭寿的《宋故承信郎彦通公墓亭记》记载：“有歙人名腊者，来佣于家。”在这两份史料中，方腊不是有钱的漆园主，而是贫苦雇工，也不是睦州青溪本地人，而是来自歙州的穷苦人。这种观点一度成为史学界的主流观点，以至于《水浒传》的作者也沿用了这个说法。难道方勺、曾敏行等人将方腊的东家方有常的情况错安到了方腊头上？

《宋故承信郎彦通公墓亭记》应该取材自《忠义彦通方公传》，但《忠义彦通方公传》的作者徐直之生活在元朝，距方腊生活的时代已经过去了二百多年。我们为什么不相信在时间上与方腊生活时代更接近的方勺、曾敏行等人的话，反而要相信元朝人徐直之的话呢？

徐直之刻意将方腊说成是从歙州来睦州青溪打工的贫苦人，用意很明确，那就是通过变更方腊籍贯的方式，将方腊这个不被封建主流文化接纳的罪人从桂林方氏支系中剔除出去，将其归入柘源方氏支系。徐直之不愿与方腊这样的罪人为伍。

不同史书对方腊后面事迹的记载大体一致，方腊用极短的时间便占领了大片江南土地。《水浒传》这样描述方腊的势力范围：“共该八州二十五县。那八州：歙州，睦州，杭州，苏州，常州，湖州，宣州，润州。”

方腊实际上占领的地盘与《水浒传》中的描述差异很大。他占领过六座州城而不是八座，分别是温州、衢州、婺州、处州、杭州、秀州，与《水浒传》仅有杭州一个州存在交集，《水浒传》显然将方腊的控制区域北移了。《水浒传》说方腊占据歙州和睦州，方腊义军的确曾经在这两个州转战，但仅仅是占领了部分土地，并未攻占过两州州城。至于苏州、常州和湖州，方腊的势力根本未触及过。《水浒传》的记载估计是将元末起义军领袖张士诚的部分事迹安到了方措身上。

宋江与方腊是同时代的人，那么历史上真实的宋江是否如《水浒传》描写的那样参与征讨方腊的战斗并屡建奇功呢？宋江是否参与征讨方腊在史学界一直存在很大的争议，《宋史》等官方史书，颇具权威性的私家史书《东都事略》没有关于宋江征方腊的记载，方勺撰写的详细记述方腊起义经过的《泊宅编》与《青溪寇轨》也没有留下宋江征方腊的只言片语，只有一些私家史书记载了此事。

南宋徐梦莘《三朝北盟会编》卷五十二引《中兴姓氏奸邪录》记载："宣和二年，方腊反睦州，陷温、台、婺、处、杭、秀等州，东南震动。以（童）贯为江浙宣抚使，领刘延庆、刘光世、辛兴宗、宋江等军二十余万讨之。"卷二百十二引《林泉野记》记载："宣和三年，方腊反，（刘）光世别将一军自绕趋衢、婺，出贼不意，战多捷。（方）腊走入清溪洞，（刘）光世遣将谍查知其要险，与杨可世遣宋江并进，擒其伪将伯，送阙下。"《皇宋十朝纲要》记载："六月辛丑，辛兴宗、宋江破贼上苑洞。"南宋杨仲良《续资治通鉴长编纪事本末》卷一百四十一记载："（征方腊攻帮源洞）王涣统领马公直并稗将赵明、赵许、宋江，既次洞后。"上述记载有的与历史事实明显不符。宋江在宣和三年二月才被迫接受朝廷招安，童贯率军征讨方腊是在宣和二年底到三年初，比时宋江不可能在童贯麾下效力。上述记载仅仅是罗列上了宋江的名字，对于宋江如何从海州赶往江南前线以及战争结束后宋江的去向没有任何记载。一会儿将宋江与刘光世、辛兴宗等北宋高级将领并列，一会又说宋江是地位低下的稗将，受王涣、杨可世等人的差遣。

李纲的《赵忠简公言引录》记载："（张）叔夜，宣和二年知海州一鼓而擒之，实公（即赵期）定计为先也。再议睦寇（即方腊）一举，则以寇贼攻寇贼，表宋江为先锋，师未旬月，贼以俘献。"李纲是两宋之际赫赫有名的抗金名臣，他笔下的赵忠简公是时任兵部尚书的赵期。赵期出身名门，是北宋开国功臣赵普的四世孙。这篇《赵忠简公言引录》未被收入李纲的文集《梁溪集》，但文集漏收文章的情形极为普遍，并不能据此否定其真实性。

宋江攻击淮阳军的时间是宣和三年（1121年）二月十五日，方腊被官军擒获的时间是当年四月二十六日，中间间隔的时间非常短，宋江能否赶得上征讨方腊呢?

南宋楼钥《北行日录》详细记载了自己作为南宋使臣出使金国的行程。楼钥从乾道五年（1169年）十一月十日离开杭州，十二月九日抵达开封，共耗时二十八天，扣除休息的五天，实际耗时二十三天。宋江义军从开封抵达歙州再到青溪，由于交通不便肯定要多走几日，但最多也不会超过三十天。楼钥从泗州抵达开封共用了九天，而海州到开封的距离与此差不多。接受招安的宋江义军从海州抵达都城开封封官受爵，然后再奔赴江南前线，只需四十天左右的时间，完全赶得上征讨方腊。

宋江在征讨方腊后为何神秘消失了呢？他究竟去了哪里，又遭遇了什么呢?

历史上真实的宋江的结局

南宋史学家洪迈的《夷坚乙志》记载了这样一件事：宣和七年（1125年），以户部侍郎之职知青州的蔡居厚因病离开了任所青州，前往金陵（今江苏省南京市）修养。蔡居厚的后背长出了一个大大的脓包，无论如何医治都毫无效果，他无奈之下只得请道士为自己消灾祈福。蔡居厚的亲戚王生为他写了一篇青词。青词是道教举行斋醮仪式时献给上天的奏章祝文，一般为形式工整、文字华丽并且朗朗上口的骈体文，通常会用红色颜料将青词写在青藤纸上。

王生在青词上竭力为蔡居厚说好话，却依旧没能挽救奄奄一息的蔡居厚，令人惊奇的是王生也紧接着暴亡了，他后来又奇迹般地活了过来。王生向蔡居厚的夫人讲述了自己在阴曹地府遭遇的种种可怕的事情，说自己见到了面目全非的蔡居厚，蔡居厚苦着脸对他说："今只是理会郓州事。"王生不知道蔡居厚口中的"郓州事"指的究竟是什么事，蔡夫人哭着道出了实情：去年蔡居厚知郓州时，盘踞在梁山泊的五百贼寇被迫向官府投降，蔡居厚在他们投降后残忍地将他们诛杀了。蔡夫人痛心疾首道："我劝他不要做得这么绝，可他执意不听，他杀戮太重，才折损了自己的阳寿！"

洪迈是南宋著名的史学家，但《夷坚乙志》不是史书，而是记载奇闻逸事的故事集，这段记载颇具神话色彩，可信程度并不高。蔡居厚杀的五百人中究竟有没有宋江，也没有明确记载。

宣和三年（1121年）年底，河北地区突然冒出了一个"赛保义"。《宋会要辑稿》记载："宣和三年十二月十九日，奉御笔，河北群贼自呼赛保义等，昨于大名府界往来作过，良民为之惊扰，久之未获。"很多人认为这个"赛保义"就是宋江，并据此推断宋江接受招安后再次反叛朝廷，最终被"奉御笔"的折可存捕获，事实果真如此吗？

我们再来看看折可存的墓志铭："（方）腊贼就擒，（折可存）迁武节大夫，班师过国门，奉御笔'捕草寇宋江'。不逾月，继获。"折可存回京当月便擒获了宋江，因此他的回京时间便成为破解这个谜团的关键线索。征讨方腊的战争没有随着方腊的被擒而彻底结束，而是一直持续到了次年三月，所以才会有"王师自出至凯旋，四百五十日"的说法。

宣和三年（1121年）闰五月，童贯先行押解着方腊起程回京。七月二十六日，抵达都城开封。童贯走后，仍有不少宋军留下来围剿负隅顽抗的方腊余部。

宋军有过两次大规模的撤军，第一次是童贯押解着方腊回京，第二次是剩余部队于第二年三月彻底剿灭方腊残部后才得以班师，那么折可存到底是何时回朝的呢？

根据《宋史》的记载，杨震曾经追随折可存征讨方腊，他们从浙东一直追击到了三界镇，斩首八千级。他们后来又一路追至黄岩，方腊麾下大将吕师囊率兵坚守险要之地，不断从高处抛掷石块，宋军接连攻了数日都未能攻下。心急如焚的折可存只得召集麾下诸将商议对策，杨震提议派遣一支轻装部队偷偷攀爬到山背，从高处鼓噪并向敌军射箭，这样便可动摇敌军斗志。折可存依计行事，吕师囊部果然乱作一团，为了阻挡宋军进攻甚至不惜纵火自卫。杨震等人身披重铠，毅然决然地从熊熊大火中冲了过去，最终生擒了吕师囊，杀死叛军首领三十余人。《皇宋十朝纲要》记载："六月辛丑，辛兴宗、宋江破贼上苑洞……贼将吕师囊弃石城遁走。"活捉吕师囊肯定在六月辛丑之后，因此折可存没有追随童贯于闰五月班师回京，折可存应该一直到战争彻底结束后才得以回京。朝廷自然也不会让宋江早早回朝，而是像折可存那样战斗到最后一刻。

宣和四年（1122年）三月，征讨方腊余部的战斗彻底落下帷幕，包括宋江、折可存、方彦通在内的诸位将领终于可以撤军了。前面论证过从杭州返回都城开封大约需要二十三天，考虑到当时队伍深入深山老林中，开拔前需要时间进行休整与集结，因此诸位将领此番班师回朝可能需要一个月到一个半月的时间，所以他们抵达开封已然是当年的四五月份了。

再来回顾一下《东都事略》那段突兀的记载："（宣和三年）五月丙申（即五月初三），宋江就擒。"一向严谨的王偁应该不会凭空捏造宋江被捕的事实。这段记载很可能是将年份搞错了，应该是宣和四年而不是宣和三年。这属于史学著作的常见错误。王偁编写《东都事略》并不是官方行为而是私人行为，由于条件所限难免会犯错。当然也可能是由于北宋政府刻意封锁消息，王偁难以了解其中详情。

宋江、折可存等人应该于五月初抵达开封，就在诸位将领庆功之际，宋江突然于五月初三惨遭逮捕。"不逾月，继获"表明抓捕宋江的行动极为顺利，宋江极有可能是在毫无防备的情况下被昔日的战友抓获。朝廷为什么会突然逮捕已经接受招安并且立下赫赫战功的宋江呢？

第一种可能是宋江因朝廷赏罚不公而选择再度反叛。擒获方腊的人分明是韩世忠，韩世忠的功劳却被大将辛兴宗抢走，由此可见北宋军队内部相互倾轧的情形十分普遍。身为招安“贼寇”的宋江自然更容易招致其他将领的鄙视与排斥。作为征讨先锋的宋江得不到应有的赏赐，于是愤而走上了反叛之路。如果宋江再度反叛，朝廷完全可以大张旗鼓地前去征讨，可种种迹象表明，逮捕宋江的行动似乎是秘密进行的。

另一种可能是宋江没有二次反叛，是朝廷想要卸磨杀驴。《水浒传》中，宋江被朝廷赏赐的毒酒毒死，历史上真实的宋江很可能也遭遇了朝廷的暗算。

有一个细节颇为耐人寻味，无论是《东都事略》还是折可存墓志铭都只是提及宋江被捕，并没有透露宋江被捕的具体细节，似乎都在刻意隐瞒什么。朝廷捕获叛军头领后往往会斩首示众，方腊被押解到开封后便在闹市中被腰斩，这样可以对给其他反叛者或者想造反的人造成心理震慑，但朝廷处置宋江时显得极其隐秘。

方腊起义刚刚被平定，朝廷便对已经接受招安，并且在征讨方腊的战争中立下大功的宋江横加杀戮，势必会令天下人所不齿，因此对宋江的处置应该是秘密进行的，以至于史书对宋江的结局语焉不详。朝廷秘密杀害宋江后，蓄意抹去其征讨方腊的功绩，当事人迫于朝廷的压力自然也就对宋江征方腊之事讳莫如深，况且与招安的“贼寇”共同战斗也不是光彩的事情，但朝廷封不住老百姓的嘴，宋江征方腊之事早已在江南地区广为流传。

史学家撰写史书主要依靠官方文件，但文人学者在撰写私人笔记时会记下听来的小道消息，这也是宋江征方腊之事主要被记载于私人笔记中的原因。治学严谨的王偁很可能觉得那些小道消息不可靠，所以才没有将宋江征方腊之事收录进《东都事略》。

宋江领导的起义军规模并不大，但宋江的知名度丝毫不亚于历史上任何一位农民起义领袖。公元前209年陈胜和吴广在大泽乡点燃反抗的烽火，广大农民反压迫的斗争始终没有停止过，只有刘邦和朱元璋两人最终取得了成功，但按照阶级斗争的观点，这两人早已蜕变为地主阶级的代言人。农民起义的领袖几乎都没有好下场，死后会被冠以“贼”“盗”等侮辱性称谓。在长达两千余年的封建社会，唯独两人基本保持着正面的形象。一位是陈胜，史学大家司马迁摒弃了传统的“成者王侯败者贼”的思想，不仅没有大肆诋毁他，反而为他专门立传，客观公正地评价了陈胜传奇而又短暂的一生。另一位就是宋江，虽然他没能得到史家的青睐，但受到了说书艺人与小说家们的赏识，成为百姓耳熟能详的大英雄。

“靖康之耻”深深刺痛了汉族民众。南宋建立后，南宋朝廷又时常受到来自金国的威胁。金朝衰落后，迅速崛起的蒙古人再度成为汉族的新威胁。丧权辱国的耻辱与苟延残喘的现状使汉族文人与生俱来的优越感丧失殆尽，他们极度渴望能够出现一位“驱除鞑虏”的大英雄，那么他们为什么会偏偏选中宋江呢?

无论是王则还是方腊，抑或是南宋初年的钟相和杨幺，哪个都比宋江的实力更强，影响更大，但他们全都无一例外地被朝廷定位为大逆不道的反贼。汉族文人公然将一个已有历史定论的反面人物塑造成大英雄显然不合时宜，也会承担难以预料的政治风险。宋江后来被朝廷招安了，还参与过征讨方腊的战斗，最终莫名其妙地从人们的视线中消失了，朝廷又一直对宋江之死讳莫如深，百姓自然对这个谜一样的传奇人物充满了好奇。

正是在这种历史大背景下，南宋说书艺人才敢于将宋江塑造成忠君爱国的大英雄。如果说南宋之后是一个汉人王朝，这股“宋江热”或许很快就会散去，可南宋之后是我国历史上第一个少数民族建立的大一统王朝元朝，渴望获得民族解放的汉族民众心中的英雄情结不仅没有消散，反而变得越来越强烈。在元末农民起义中，很多农民武装都打出了“反元复宋”的旗号，韩山童更是自称宋徽宗的九世孙，在这股浪潮席卷之下，宋江也被赋予了更多的时代内涵。

杨志居然曾经征辽抗金

《水浒传》中，宋江率领的梁山好汉讨伐辽国时锐不可当，连战连捷，以微小代价取得了巨大成功。在北宋大军的重重围困之下，辽国皇帝被迫写下了《求降表》。《水浒传》中的这段记载读起来让人觉得很过瘾，但这些情节是否符合史实呢？

宣和四年（1122年），此时的辽国正处于风雨飘摇中，不是因为北宋的进攻，而是因为金人的崛起。北宋一直对辽国吞并幽云十六州之事耿耿于怀，徽宗希望利用辽国衰落这个千载难逢的良机重新夺回失落已久的幽云十六州。早在宣和二年（1120年），北宋便与金国订下了南北夹击辽国的盟约，不过北宋忙于镇压方腊起义，不得不将准备北伐的军队紧急派往江南地区征讨方腊。方腊起义刚刚被平定，徽宗便迫不及待地于宣和四年（1122年）三月命童贯率领大军征伐辽国。此时，在女真人摧枯拉朽式的攻势下，立国二百余年的辽国逐步走向土崩瓦解。徽宗不仅没有唇亡齿寒的忧虑，反而生出趁火打劫的想法。

宣和四年（1122年）五月，集结完毕的北宋军队开始进行战斗部署。《宋会要辑稿》记载："种师道总东路之众，屯白沟。王禀将前军，杨惟忠将左军，种师中将右军，王坪将后军，赵明、杨志将选锋。辛兴宗总西路之众，屯范村，杨可世、王渊将前军，焦安节将左军，刘元国、冀景将右军，曲奇、王育将后军，吴子厚、刘光世将选锋。"此次北伐的宋军大都参与了征讨方腊的行动。辛兴宗、王禀等人都曾是宋江讨伐方腊时的战友，当然也是他的上司，不过在出征名单中并未出现宋江的名字，而出现了另外一个脍炙人口的名字——杨志，此人也是"招安巨寇"，他极有可能是宋江麾下的将领。

在金军的追击下，如丧家之犬的辽国末代皇帝天祚帝只得隐遁在茫茫夹山中。辽国宗室耶律淳被拥立为新皇帝。不可一世的辽国行将崩溃，绝大多数北宋将领都乐观地认为他们将会轻而易举地取得这场战争的胜利。由于缺乏相关记载，杨志在此次战争中的表现不得而知，但宋军的整体表现令人大跌眼镜。宋军先在兰沟甸受挫，后在白沟大败，又在范店战败，一系列突如其来的惨败使徽宗大为惊恐。朝廷将战败的责任归咎于种师道，责令其以右卫将军的职务致仕。种师道就是《水浒传》中的"小种经略相公"。

处于风雨飘摇中的辽国虽然成功地击败了进攻的北宋，但自身处境并没有根本改观，耶律淳的突然病逝更是使辽军人心惶惶。当年九月，辽国将领郭药师投降北宋并且献上了易州和涿州，这件事让徽宗再度看到了收复燕京（即幽州，位于今北京市区）的希望，随即令刘延庆、郭药师等人率军进攻燕京。郭药师向主帅刘延庆献计：趁北辽大将萧干率北辽主力部队在前线与宋军对峙之际，宋军派出轻骑突袭燕京，必能得到城内汉人的响应，进而一举攻占燕京。刘延庆当即同意了郭药师的计策。

十月二十四日黎明，郭药师命五十名常胜军混杂在城郊居民中，进城时杀死了守门人，顺利夺取了迎春门。北宋将领杨可世、高世宣等人率军悄悄陈兵在悯忠寺。就在城内辽军未察觉之际，郭药师已经分遣七名将官顺利拿下了燕京的七座城门，可让郭药师没想到的是胜利居然变成了遥不可及的梦。

主持城内军政事务的萧皇后得知宋军攻进城后，迅速登上宣和门，冒着被箭矢射杀的风险组织辽军进行抵抗。郭药师派人前去劝降，说宋军大部队已经进城了，继续抵抗毫无意义。就在萧太后犹豫之际，北宋将领杨可世责令汉人百姓协助宋军，诛杀城内的契丹人与奚人，不甘心受死的契丹人和奚人被迫与宋军展开了巷战。此时攻入城中的宋军只有四千人，宋军不得不陷入了一场惨烈的拉锯战中。萧皇后见此情形随即坚定了继续抵抗的决心，悄悄派人出城去良乡征召萧干，让他率军火速回援。城内的常胜军看到城外尘土飞扬，担心北辽的援军已到，北宋诸将却认为城外驻扎着刘光世统帅的大部队，见到萧干回援定然会示警，因此他们以为城外来的军队是刘延庆遣兵前来助战。

萧干率军攻进城内后，宋军才意识到来的不是友军而是敌军，于是急着逃走。刚刚帮助宋军诛杀契丹人与奚人的汉人却不干了，他们认为一旦宋军走了自己可就遭殃了，于是索性砍断了吊桥。宋军诸将只好与北辽军死战，宋军最终因寡不敌众而溃败。

城内宋军岌岌可危之际，刘延庆居然一直都按兵不动。他与杨可世有宿怨，在同袍性命攸关之际，他选择了作壁上观。北辽军忙着捡拾宋军丢弃的盔甲，并没有死命追击，杨可世、郭药师等人才能通过城墙上的吊绳逃出城去。原本唾手可得的燕京就这样又从北宋手中滑落，轰轰烈烈的北伐最终只得惨淡收场。堂堂十万宋军居然被北辽的残兵败将频频击败，金人自此彻底看轻了宋军。

北宋收复幽云十六州的美梦彻底破灭了，金军却不费吹灰之力占领了燕京。在付出一百万贯燕京代税钱、二十万两的西京犒军费以及二十万石军粮后，被辽国占领一百九十多年的燕京终于回到了北宋的怀抱。正当徽宗沉浸在收复燕京的胜利喜悦中时，河北、山东地区烽烟四起。大规模的北伐以及支付给金人大笔的黄金白银使朝廷不得不加重对百姓的盘剥，加上连年灾荒，饥饿的百姓不得不吃榆树皮和野菜，但后来连这些都没有了。走投无路的饥民只得揭竿而起，其中最大的两支队伍就是高托山和张仙[1]的队伍。

沉寂了一年之久的杨志于宣和六年（1124年）年底到七年（1125年）年初参加了镇压高托山起义的战斗。《三朝北盟会编》卷三十记载："靖康元年正月……杨志昨在燕，曾受高托山极赂。（杨）志贪财色，今闻在军，可说之要击。"杨志不仅贪财好色，还收受高托山的贿赂，历史上真实的杨志真的如此不堪吗?

宣和七年（1125年）是北宋生死攸关的一年。初春之际，盛极一时的辽国随着末代皇帝天祚帝的被俘而走到了历史的尽头，此时的徽宗还没有察觉到危险正悄然来临。

金人正在等待严冬的到来。当中原大地银装素裹之际，黄河天堑便会成为贯穿南北的通途。十万金兵分两路南下，西路军从河东地区南下进攻太原府，东路军从河北地区南下直指北宋都城开封。虽然西路金军被死死牵制在太原府，但东路金军兵临开封城下。在大敌压境之际，吓破了胆的徽宗只得将皇位禅让给儿子赵桓，即钦宗皇帝，但钦宗是个优柔寡断、懦弱无能之人，好在李纲等主战派大臣经过拼死抗争，取得了东京保卫战的胜利。

金军的攻势暂时被遏制，从四面八方赶来勤王的部队陆续赶到。孤军深入的东路金军后勤补给线很长，又担心自己的退路被宋军截断，因此战争形势逐渐朝着有利于宋军的态势发展。就在胜利的天平向北宋倾斜时，急于解除开封之围的钦宗居然答应了金人提出的苛刻条件，除了支付巨额战争赔款外，他还同意割让太原府、中山府（今河北省定州市）、河间府（今河北省河间市）三座北部重镇，不过他事后又后悔了。围攻开封的东路金军陆续北撤后，钦宗却迟迟没有兑现割让三府的承诺，这为不久之后的"靖康之耻"埋下了祸根。

靖康元年（1126年）二月，东路金军再度围攻北宋久久未能如期交割的太

---

① 《宋史》中称"张万仙"。

原府。五月，知枢密院事许翰误以为金军主力已经北撤，强令种师中率军解太原之围。种师中与姚古、张灏分三路进攻太原，种师中率先抵达距离太原一百余里的榆次县城（今山西省晋中市榆次区），姚古与张灏却没能按期抵达预定地点，孤军深入的种师中一时间危如累卵。由于后勤补给困难，种师中的部下三天都没有进食。金军趁机将种师中的军队围住。种师中奋力厮杀，也无法阻挡前军兵败如山倒的颓势，很快右军也被金军击溃。种师中只得率领剩余人马拼死抵抗，利用弓弩成功地击退了金军，但由于迟迟得不到朝廷的赏赐，他手下的将士们纷纷溃散。种师中只得率领数百名亲兵血战到底，最终马革裹尸。

《三朝北盟会编》卷四十七引《靖康小雅》记载："招安巨寇杨志为选锋，首不战，由间道径归前军……公（即种师中）遂力战而死。"在关乎国家存亡的关键时刻，杨志竟然不战而逃；在关系主帅生死的危急时刻，杨志竟然独自偷生。事实果真如此吗？

在种师中兵败十天后，北宋将领姚古统帅的军队也被金兵打败，河东地区的局势空前紧张，李纲被任命为河北、河东宣抚使，刘韐出任副使。李纲的《梁溪集》中收录了自己上任后报给钦宗的几个劄子，可以还原当时的战况，也可以让后人了解真实的杨志。

《奏知赏罚董有林、冀景等劄子》记载："武节郎杨志，昨随种师中先次收复榆次县，大兵既溃，（杨）志不免退师。诸将散逸，（杨）志独收集残兵，保捍平定，屡次立功，杀退敌马，理须激赏。"

《水浒传》中的杨志"曾应过武举，做到殿前制使官"。《唐律释文》记载"天子所使谓制使"。制使在唐代并不是一个特定的官职，而是指天子的使臣，在宋代却成为一个极为显赫的高级武官制置使的简称。制置使原本是由文官担任并承担某项特殊职能，不过后来逐渐成为军事职务。位高权重的制置使可以管理辖区内所有官员，制置使后来只限于承担军事职能，不得干预司法、赋税等其他事务。《水浒传》中的杨志为皇帝押运花石纲，因意外翻船损毁了花石纲而获罪，所以他所担任的“制使”肯定不是地位崇高的制置使，估计是作者虚构出来的。

历史上真实的杨志担任的是从七品的武节郎，在五十三阶武阶官中排在第三十八阶。很多人误以为七品官是个芝麻官，在“崇文抑武”的大背景下，北宋武官要是能够混到七品就算中级偏下的官员，八九品才算低级武官。杨志的确曾经追随种师中收复榆次县，不过他并不像《靖康小雅》记述的那样不堪。在全军溃退的不利境地下，杨志撤退到了平定军（今山西省阳泉市平定县），但不是因为贪生怕死而是为了保存实力。种师中壮烈殉国后，他手下的将领们纷纷溃退，唯独杨志收拢残兵继续与金军作战。杨志并不满足于自保，而是主动出击，并屡次立功，也因此得到了新任河北、河东宣抚使李纲的重用。

针对河东当下的危局，李纲开始谋划寿阳战役。在这场战役中，李纲将杨志带领的军队视为一支出奇制胜的奇兵，想要让杨志与贾琼、土豪秦中宝会合后乘夜前往被金军围困的太原府。不过钦宗皇帝对李纲这个有些冒险的军事方案心存顾虑，“不可令孤军深入，决致败事”。屡战屡败的宋军让钦宗皇帝对其没有多少信心，担心孤军深入的宋军会遭遇全军覆灭的厄运。钦宗不太同意这个方案，但李纲还是果断地实施了这个计划。

贾琼与杨志在寿阳县“杀获近上（应为‘千’）首领，赶堕崖谷死者甚众，兼捉到活人。”他们可能对战果有夸大的嫌疑，但不可否认的是这的确是一场来之不易的胜利。被击败的金军说：“宋军这支兵马实在太过厉害，与其他宋军部队迥然不同，定然是北宋朝廷不惜花费重金买来的雇佣军！”钦宗得知这场大捷后批示道：“贾琼、杨志疾速保明功状，当优与推恩。朕削减滥赏，专以官爵赏军功战士。”正是因为这次寿阳大捷，加上杨志此前退保平定军的功绩，所以李纲向钦宗呈送了《奏知赏罚董有林、冀景等札子》，恳请给杨志加官一阶，钦宗批示道：“甚善，极当理。”

大获全胜的杨志和贾琼想从代州迂回到金军背后，然后联合五台山地区的义军从北面进攻，包围太原的金兵，但此时河东战场的态势迅速恶化。靖康元年（1126年）九月初五，太原城被金兵攻陷。李纲为了国事殚精竭虑，但他依然要承担战败的责任，被免去河北、河东宣抚使的职务，先是改任观文殿学士、知扬州，后被人抨击丧师费财，提举亳州明道宫，责授保静军节度副使，安置在建昌军（今江西省抚州市南城县），后又被贬往夔州（今重庆市奉节县）。

隆冬季节再度来临，东路金军从河北地区迅速南下，与在河东地区高歌猛进的西路金军会合后，直指北宋都城开封。此时钦宗又想起了远在重庆的李纲，但远水解不了近渴。靖康元年（1126年）十一月，开封外城被金军攻克，钦宗已经彻底丧失了继续战斗的勇气，他仍旧幻想着能够像上次那样通过屈辱求和来换取苟安，但上次是“以战促和”，如今是“以和避战”。

在这场前所未有的政治大变局中，杨志的结局如何呢？2014年五月，河南省济源市出土了一座古墓，考古人员在这座墓中发现了《故赠登州防御使杨公墓碣》，断定这座古墓的主人就是杨志。根据墓碣的记载，杨志是农民出身，在十六岁时不慎打伤了人，从此踏上了逃亡之路，后来入伍当了兵。墓碣中并未记载他曾被招安之事，但这也不稀奇，被招安之事毕竟是一段不太光彩的过往，自然会避而不谈。

杨志后来因功被授予武德郎（从七品）、阁门宣赞舍人。武德郎虽与武节郎品级相同，但比武节郎高出两阶，这无疑与《奏知赏罚董有林、冀景等札子》相吻合。李纲当时恳请朝廷给他升一阶，或许钦宗一高兴便给他升了两阶，抑或是当时只升了一阶，之后又因其他战功升了一阶。杨志还得到了钦宗的召见，钦宗赞赏他：“胆勇过人可尚。”不过杨志最终的结局颇为凄惨。

当初转战河东时，杨志的顶头上司是都统王渊。王渊作为大将刘延庆的先锋官，征讨过方腊，后来王渊大破群盗高托山，此番又率领杨志等将领救援太原。或许是因为杨志脾气太过火爆，或许是王渊认为他抢了自己的风头，原本并肩战斗的两个人居然结怨。当时的杨志获得了钦宗、宣抚使李纲等人的器重与赏识，王渊想伺机报复，又不敢轻举妄动，后来他等来了合适的时机。

靖康二年（1127年）四月，钦宗皇帝、太上皇徽宗皇帝以及其他宗室成员全被金人掳掠到了寒冷的东北，曾经繁盛的北宋轰然倒塌。王渊秘密前往开封，劝说被金人拥立为皇帝的张邦昌主动退位，随后拥立康王赵构称帝。缺兵少将的赵构自然将王渊视为股肱之臣。设置御营之后，王渊成为都统制，先任授龙、神卫四厢都指挥，后任捧日、天武四厢都指挥使，他的阶官也从宁州观察使升任保大承宣使。

飞黄腾达的王渊变得为所欲为。靖康二年（1127年）八月二十二日，他擅自将杨志处死。不过朝廷很快便为这位惨遭冤杀的抗金英雄平反昭雪，追赠他为登州防御使，也算是告慰了他的在天之灵。

谁是坚持到最后的好汉

在水泊梁山的一百零八名好汉中，史进仅仅排在第二十三位，他的老家又不在山东而是远在华州华阴县（今陕西省华阴市），可他偏偏成为《水浒传》中第一位登场的好汉。更耐人寻味的是，史进的绰号是“九纹龙”，龙在封建社会可是天子的象征。

可能有人会觉得李俊不是叫“混江龙”吗？公孙胜不是叫“入云龙”吗？“混江龙”是宋代疏浚河道的工具，明代有一种触发式水雷也叫“混江龙”。《易经·乾卦》记载“云从龙，风从虎”，所以“云龙”时常形容有能力的人遇上好机会，不过按照《李卫公问对》的记载，“云龙”也是战阵的名称。无论是“混江龙”还是“入云龙”，都是特定称谓，唯独“九纹龙”最特殊，“九”代表着至高无上，只有皇帝才会被称为“九五至尊”。那么不是梁山领袖的史进为何会拥有这样一个霸气十足的绰号呢？

史书中没有记载关于“史进”的只言片语，不过记载了宋江义军中有一位鲜为人知的好汉“史斌”。南宋李心传《建炎以来系年要录》记载：“（史）

斌本宋江之党，至是作乱。”“进”与“斌”虽然声母不同，但韵母完全一样，在有些方言中，两者的读音十分相近。《水浒传》的作者或许是将读音相近的两个字搞错了，或许是刻意回避“史斌”这个名字。

靖康二年（1127年），北宋顷刻间土崩瓦解，天下大乱，烽烟四起。在混乱的局势下，审时度势的史斌举起了义旗。史斌最初起义的地点在武休镇，武休镇是隶属于凤州的一个重要关隘。曾经追随宋江转战山东、淮南等地的史斌为何会突然出现在西北地区的武休镇呢？

宋江被朝廷招安后，史斌也应该追随他加入了官军。宋江被秘密杀害后，他的部下应该被刻意分散安置在各支部队，史斌所在部队应该就驻扎在武休镇，所以他才会在如此短的时间内接连攻克数州之地。史斌占领武休镇后乘势攻取凤州，此时他面临着北上还是南下的抉择。由于武休镇是连接巴蜀的咽喉要道，史斌最终决定南下进军四川。在进军四川的路上，兴州是必经之地。面对从关中涌入的大量难民，知兴州的向子宠不仅没有对流离失所的人进行赈济，反而派兵驻守各处关隘拒绝难民入关，导致大批难民活活饿死在关外。向子宠知道自己不得人心，因此在史斌兵临城下之际，他选择了逃跑。

靖康二年（1127年）七月，史斌认为形势一片大好，便毅然决然地登基称帝。虽然揭竿而起的义军领袖数不胜数，但是敢于称帝的寥寥无几，或许是因为宋江被秘密杀害后，史斌对朝廷彻底丧失了信任。

北宋王朝已经在三个月前土崩瓦解了，高宗赵构在应天府（今河南省商丘市）仓促称帝，但依旧在金军的打击下四处逃窜，自然无暇顾及远在关中的史斌。史斌率军急速南下，想趁官军毫无防备之际一举夺取四川，进而成就一番霸业。

每当王朝覆亡之际，四川地区总会出现割据政权。西汉灭亡后，公孙述创建了“成家”；东汉灭亡后，刘备创建了“蜀汉”；西晋灭亡后，李雄创建了“成汉”；唐朝灭亡后，王建和孟知祥先后创建了“前蜀”和“后蜀”；元朝灭亡后，明玉珍创建了“大夏”；明朝灭亡后，张献忠创建了“大西”。

南宋之所以能够在与金国的对抗中艰难地生存下去，富庶的四川地区发挥了至关重要的作用，因此史斌的成败实际上关乎南宋的国运。四川的门户剑门易守难攻，利州路兵马钤辖卢法原和成都府路提点刑狱邵伯温率军顽强抵抗，史斌攻打数日都未能攻克，最终只能铩羽而归。由于入川之路受挫，史斌将目光投向了富饶的汉中平原，于是率军围攻兴元府，但这里驻扎着大量官军。

河东地区此前已经沦陷在金军的铁蹄之下，河东经制使王燮统领的部队成了无家可归的弃儿，由于他们的军纪很差，沿途州府不肯接纳他们，唯独利州路兵马钤辖卢法原力排众议迎接河东兵入城。正是这支劲旅的到来，使兴元府的守备力量得到了空前的加强。

面对实力强劲的官军，史斌率领的疲惫之师再度遭遇惨败，河东军将领韦知几和韦世景还乘势抢占了之前被史斌占领的兴州。屡屡碰壁的史斌仓皇逃回最后的根据地凤州，但此时关中地区的政治形势急转直下。建炎二年（1128年），金军的铁蹄肆意践踏关中大地，京兆府、凤翔府等战略要地相继失守。

在国破家亡之际，各地抗金武装风起云涌。在这股抗金洪流中，张宗谔率领的队伍异军突起。张宗谔原本只是官军中一个名不见经传的小军官，他趁着乱世起兵收复了京兆府，随后盛情邀请史斌加盟。京兆府的驻地长安是历史悠久的十三朝古都，史斌认为在有王气的长安或许自己能够成就一番霸业，于是欣然接受了张宗谔的邀请。让他始料未及的是，这是张宗谔的请君入瓮之计。张宗谔逐渐夺取了史斌手中的兵权，遣散了他的部众，史斌这位曾经的“天子”沦为孤家寡人。

在官军与义军的联合打击下，战线拉得过长的金军只得撤军。当外敌消失后，抗金义军内部随即因相互猜忌而频频发生内斗。恰在此时，宋军将领曲端率军杀来，肆意抢夺义军的胜利果实。曲端斩杀了收复凤翔的地方豪强刘彦希，然后气势汹汹地朝着长安杀来。当年十一月，张宗谔在与宋军的战斗中被杀，双手沾满义军鲜血的曲端随即向朝廷上奏，说自己成功收复了关中战略要地——京兆府与凤翔府。

势单力孤的史斌眼见大势已去，只得带领部分亲兵仓皇逃走，行至鸣犊镇（今陕西省西安市长安区东北部）的时候，被曲端的部将吴玠追上了。在斗争了一年零四个月后，史斌被杀，诛杀他的吴玠日后却成为与岳飞齐名的中兴名将。

六年前，宋江率领的起义军没有攻占过任何一座府州级城市，史斌不仅一度攻占凤州、兴州等州城，还一度围攻利州路首府兴元府，更有着乘势进攻四川的气魄。宋江没有胆量登基称帝，史斌却建立了自己的国号。史斌领导的反抗运动是宋江起义的延续和尾声，更是这场起义的最高潮。

如果严格按照历史考据学的标准，宋江义军中有姓名可考的只有两人，一个是宋江，另一个就是史斌。杨志极有可能是宋江的手下，并没有直接的证据。

随着史斌的死去，宋江义军就此退出了历史舞台，但随后涌现出一位大英雄，以梁山泊为根据地书写了属于自己的传奇。

割据梁山泊的其实另有其人

《建炎以来系年要录》记载：“（张）荣，梁山泺取鱼人。聚梁山泊，有舟数百，尝劫金人。杜充为东京留守，假（张）荣官至武功大夫，忠州刺史，军中号‘张敌万’。”渔民出身的张荣与民众聚集在梁山泊，时常截杀过往的金军，人称张荣为“张敌万”，后来他在东京留守杜充的保荐下，官至武功大夫。

在《水浒传》中，梁山首领宋江曾被朝廷任命为武德大夫，副首领卢俊义曾被朝廷任命为武功大夫，作者在创作时很可能听闻了张荣的传奇经历。不过《水浒传》的作者却因对宋代官制不熟悉而犯了一个错误：虽然武功大夫与武德大夫都是从七品的武阶官，但武功大夫的等级在武德大夫之上，身为先锋使的宋江怎么可能比副先锋卢俊义的官职小呢？

武功大夫是诸司正、副使的最高阶，再往上就是横行官。横行官“除授须颁特旨”，也就是如果没有让皇帝特别赏识的战功，根本就升不到横行官。

张荣同时担任武功大夫（从七品）和忠州刺史（从五品），那么他到底是几品官呢？

为了表彰战功卓著的将领，朝廷往往会授予其"遥郡官"。张荣担任的忠州刺史就是"遥郡刺史"，遥郡官并不会改变一个官员的品级，也就是说他仍是从七品的官员。要想从"遥郡官"转为"正任官"必须要"落阶"。绍兴三年（1133年），岳飞担任中卫大夫（从五品）、武安军承宣使（正四品）。由于武安军承宣使是"遥郡官"，所以此时岳飞的品级仍旧是从五品。九月十五日，岳飞因屡立战功而"落阶"，成为"正任承宣使"，正式跻身正四品官员行列。无论是"遥郡官"还是"正任官"，都仅仅是表明品级的武阶官，品级提升后只是福利待遇有所提升，职责并无明显变化。

出身低微的张荣之所以得到朝廷的破格任用，是因为他在梁山泊取得了骄人的战绩。为什么宋江无法在梁山泊长期坚守，张荣却可以做到呢？这是因为两人所处的时代环境发生了翻天覆地的变化。北宋灭亡的第二年，也就是建炎二年（1128年），中原大地陷入了水深火热中，因此张荣更容易发展壮大起来。面临着亡国灭种的危险，百姓纷纷拿起武器，加入抗金的洪流中。

可惜《宋史》中并没有关于张荣在梁山泊征战的记载，或许是远在南方的南宋朝廷对发生在北方的战事缺乏了解，或许是珍贵的原始资料在那个兵荒马乱的时代里遗失了。我们只得从《金史》中找到些许端倪。

"天会六年（1128年），（斜卯阿里）伐宋主（即高宗皇帝赵构），取阳谷、莘县，败海州兵八万人，海州降。破贼船万余于梁山泊。"《金史》里的这段记载是在宣扬金将斜卯阿里的功绩，但斜卯阿里一次便损毁张荣一万余只战船，无疑从侧面证明张荣势力之大。

《金史》是元朝政府组织编纂的，当时正值元朝末年，担任总编纂的丞相脱脱被混乱的时局搞得焦头烂额，自然没有太多精力顾及此事，因此实际编写工作由心系故国的金国遗老来负责。只要不触动蒙古人的利益，元朝史官一般不会干预编纂事宜。《金史》中几乎都是张荣被击败的记载，但他之所以能够在梁山泊立足，肯定是因为他在与金军的对抗中胜多输少，只是他所取得的胜利没有被记录下来罢了。

天会六年（1128年），张荣遇到的对手是金军名将斜卯阿里。斜卯阿里率军南征，一路上势如破竹，与完颜宗弼（即四皇子金兀术）联手攻入南宋都城杭州，逼得高宗皇帝赵构只得逃往海上避难，仍不死心的斜卯阿里"由海路追三百余里"，张荣败于能征惯战的斜卯阿里也在情理之中。如果《金史》没有过度浮夸地记载，那么这次失利应该使张荣元气大伤，不过他仍旧顽强地坚守着。

天会七年（1129年），"（赤盏晖）又从攻泗州，克之。还屯汶阳，破贼众于梁山泊，获舟千余"。这次赤盏晖"获舟千余"，从"万余"到"千余"，由此可见张荣的队伍上次战败后受损程度之严重。经过两次失败，张荣面临的生存环境日趋恶劣。金军大举进攻江淮地区，使刚刚建立的南宋王朝摇摇欲坠，张荣在梁山泊的牵制作用也越来越弱，因此审时度势的张荣主动进行战略转移。

建炎三年（1129年）二月，张荣已经沿着南清河经大运河转移到了淮南地区的鼍潭湖，此湖位于楚州（今江苏省淮安市）与承州（今江苏省高邮市）的交界处。

承州的前身是高邮军，高邮军在北宋中期被废为高邮县，转隶扬州。南宋建立后，淮河沿线成了宋金对峙的最前沿，高邮的战略地位也日益凸显出来，于是南宋朝廷再度将高邮县升格为高邮军，后又升为承州，还将原本隶属泰州的兴化县改隶承州。鼍潭湖与樊良、白马以及新开三湖相连，绵亘三百余里，类似于“八百里梁山泊”。张荣率部用菱草和淤泥在湖中筑起了一座城池，名曰“菱城”。由于张荣在民众中具有崇高威望，归附者一度高达一万余人。

建炎四年（1130年），惯于在天寒地冻的冬季发动进攻的金军在完颜昌的率领下，气势汹汹地杀进楚州。坚守菱城的张荣成为完颜昌“必先除之而后快”的眼中钉。依托大湖形成的防御优势在严寒面前彻底失效了，面对生死攸关的危局，张荣再次选择了战略撤退。他率军转移到了承州兴化县境内的缩头湖，但完颜昌妄图将他们一举歼灭。

绍兴元年（1131年）三月，一场恶战拉开了帷幕。见装备精良的金军战舰气势汹汹地杀来，久经战争的张荣也感到有些惶恐不安，不过嗅觉极其敏锐的他找到了破敌之策。金人不擅长水战，对缩头湖的水文气象也不熟悉。因此，张荣决定利用大自然的力量击败强大的对手。退潮之后，金军的战船成了进退维谷的活棺材，张荣当机立断率领手下将士弃舟登岸，对困在泥淖中的金军气进行掩杀。陷入绝境的金军不战自乱，不计其数的人掉入水中淹死，连完颜昌的女婿布拉也被擒获。这场战役彻底扭转了战局，屡战屡败的宋军太渴望胜利了，所以朝廷特地将缩头湖改名为“得胜湖”。

此时杜充已经投降金国，张荣率领的这支部队也成为一支没有名分的军队，但高宗对这支能征惯战的部队刮目相看，于是将其划给大将刘光世指挥。张荣奉命接管了长江口一带的防务，投入新的战斗。

《水浒传》中并没有出现张荣的名字，却不时闪现他的影子，《水浒传》后半部分众多大型水战的场景应该就是借鉴了张荣的传奇经历。

高宗这辈子看似过得很窝囊，无时无刻不在面临着部将的背叛，还在金军追击之下被迫逃到海上避难，但他在极端困难的局面下创建了南宋。正是由于高宗的坚守，南宋才可以在与金国的战斗中顽强地生存下来。高宗皇帝抓住有利时机与金国议和，就此结束了两国长达十四年的战争状态，迎来了二十年的和平时期，南宋因此获得了喘息之机。

宋金议和后，南宋政局逐渐稳定下来，高宗却面临着新的烦恼。

第六案

绍熙内禅：通过和平方式被赶下台的皇帝

孝宗皇帝赵昚与养父高宗皇帝赵构虽然并无血缘关系，却一直尽心侍奉养父，但并未因此获得多少回报。孝宗皇帝赵昚养育了亲儿子赵惇四十多年，还破例将年龄并不占优势的赵惇立为太子，后来又将皇位提前传给了赵惇。可等到孝宗退位后，光宗赵惇却与他反目成仇，父子俩人甚至到了老死不相往来的地步，究竟是什么原因使这对原本应该亲密无间的父子形同陌路？

即便是父亲病重期间，光宗都不愿前去探望，以至于父亲临死前都没能见到他最后一面。之后光宗又迟迟不肯出面为父亲主持丧礼，他的所作所为在朝野间招致强烈抨击，以至于他的皇帝权威丧失殆尽。

面对这场前所未有的政治危机，光宗仍旧不思悔改，最终被朝臣们通过和平的方式赶下了台，这中间究竟藏着怎样不为人知的惊天秘闻呢？

来之不易的太子之位

嘉王府翊善黄裳曾经给光宗皇帝上书：“陛下之于寿皇（即孝宗皇帝），未尽孝敬之道者，必有所疑也。臣窃推致疑之因，陛下无乃以焚廪浚井之事为忧乎？”

黄裳是光宗特地为自己的独生子嘉王赵扩挑选的王府官，由此可见他是光宗极为信任的饱学之士。当时黄裳的身上长满了恶疮，当他得知光宗皇帝拒不朝见父亲孝宗皇帝后，因一时忧愤导致恶疮崩裂，不过他忍着剧痛给光宗上书。他推测光宗皇帝之所以对父亲如此冷酷，是因为光宗皇帝担忧类似焚廪浚井的事会发生在自己头上。

焚廪浚井是一个著名典故。舜的母亲去世后，父亲瞽叟再婚了，继母还生下了弟弟象，自此之后舜在家中便屡屡遭受排挤，他却一直在默默忍受。舜的忍耐不仅没能使对方收手，反而使对方变本加厉。父亲瞽叟让舜修补仓房屋顶，就在舜专心干活之际，他的父亲突然纵火焚烧仓房。眼见火势迫近，舜急中生智，将两只斗笠作为自己的翅膀，咬着牙从房顶上跳了下来。此后不久，父亲又让舜去挖井。就在舜拿着铁锹埋头挖土之际，瞽叟与象将堆积在地上的土推入井中，想将正在井底干活的舜活埋。好在舜早就有所察觉，暗中挖了一条逃生通道，这才得以逃出生天。

难道孝宗皇帝也像舜的父亲那样企图谋害自己的儿子吗？可要是真的如此，孝宗又怎么破例将赵惇册立为太子，还提前传位给他呢？若此事纯属子虚乌有，光宗又为何会与亲生父亲反目成仇，黄裳为何会大胆地使用“焚廪浚井”这个典故呢？

这一切还要从当年那场夺嫡大战说起。

高宗皇帝唯一的儿子赵旉在三岁那年被立为太子，不久后就开始生病。宫人不小心踢到金炉，金炉发出声响，太子受到惊吓，随后病情加重而去世。高宗皇帝在连年的逃亡中因惊吓过度而患上了阳痿，彻底丧失了生育能力，只能从宗族子弟中挑选继承人。高宗理应像当年的仁宗皇帝赵祯那样从近亲中选择自己的继承人，可他的近亲都被金人掳掠到了北方。

北宋开国皇帝赵匡胤的子孙始终没有机会继承皇位，世人对此惋惜不已，所以高宗决定顺应民意，从赵匡胤的子孙中选择自己的养子。赵匡胤的七世孙赵昚最终脱颖而出，登基成为孝宗皇帝。

高宗为没有儿子而发愁，孝宗却因儿子们全都觊觎太子之位而苦恼。孝宗共有四个儿子，均是第一任妻子郭氏所生，郭氏在他登基前便去世了，后来被尊奉为“成穆皇后”。因此，孝宗这四个儿子均为嫡子。除了小儿子赵恪不幸夭折外，长子邓王赵愭、次子庆王赵恺以及三子恭王赵惇都得以成年。究竟选择哪个儿子作为自己的继承人，成了孝宗难以抉择却又必须抉择的问题。

皇位传承历来讲究“有嫡立嫡，无嫡立长”，因此皇长子赵愭一直是呼声最高的人选，但皇三子赵惇却不甘心一辈子只是藩王，想着要争上一争。

乾道元年（1165年）六月，邓王赵愭的夫人钱氏顺利产下一子，后赐名赵挺。无论是太上皇高宗还是孝宗，全都欣喜不已，因为后继有人是选择太子时重要的参考指标。

六月初三的晚上，恭王府直讲王淮携带文书去见参知政事钱端礼。当时朝中并无宰相，资历最深的参知政事钱端礼代行宰相之职。外戚不得参与政事是祖制，所以作为外戚的钱端礼，其官职始终无法更进一步。

王淮对他说："恭王夫人李氏四月十五日生下了皇嫡长孙，特来向您禀报！"

钱端礼是赵愭的老丈人，听王淮说完后，脸色顿时阴沉下来。按照礼制，皇孙有"皇嫡孙"与"皇孙"的区别，只有太子或者皇帝的嫡长子所生的儿子才能被称为"皇嫡孙"。如今赵惇故意抛出"皇嫡长孙"这个概念，实则是想凭借自己的儿子年长这个优势来抢夺"皇嫡孙"的名号，进而为自己日后成功上位造势。机敏的钱端礼当即识破了他们的图谋。次日，钱端礼便将此事上奏，孝宗也觉得王淮所言极为不妥，说："恭王所生之子不宜称为皇嫡长孙，只能称为皇孙。"

钱端礼道："本月初三上午，邓王府率先行文恳请朝廷为皇嫡孙的降生举行贺礼，恭王府闻讯后也提出为皇嫡长孙举行贺礼。"孝宗自然听出了钱端礼的弦外之音，恭王府显然是想浑水摸鱼。

钱端礼说："嫡庶之别，《礼经》之中写得清清楚楚。"孝宗点了点头，对他所说表示认同。

钱端礼继续说："初二那日，臣前往德寿宫将邓王生子之事禀报给太上皇，太上皇当即下旨，说皇嫡孙降生不同于其他事情，值得好好庆贺一番。"

太上皇高宗已经认定邓王赵愭所生之子为皇嫡孙，钱端礼原本决定于本月初五举行相关庆典活动，谁知王淮却突然现身，居然想为恭王之子争夺皇嫡长孙的名号。

钱端礼生气地说："身为恭王府讲官，王淮理应谨遵礼制，如今他却公然鼓吹谁先出生谁便是皇嫡长孙的言论。"

孝宗听后当即怒道："这是何等歪理邪说！此等奸邪之人，朝中万万留不得！"

其实孝宗最担心的是恭王赵惇会在王淮的蛊惑下生出非分之想，于是将王淮贬出朝，改知建宁府（今福建省建瓯市）。赵惇不仅没能为儿子争得皇嫡长孙的名号，还碰了一鼻子灰，所以自此之后收敛了许多，不过他并未彻底放弃夺嫡之念。

这场风波两个月后，也就是乾道元年（1165年）八月，孝宗皇帝正式册立皇长子赵愭为太子，册封赵愭的妻子广国夫人钱氏为太子妃。次年七月，孝宗皇帝特地下诏，为皇太子的儿子——皇嫡孙赐名赵挺，为恭王的儿子——皇孙赐名赵挺。由此可见"皇嫡孙"与"皇孙"虽仅有一字之差，却有着天壤之别，因为皇嫡孙的父亲通常是太子。

太子之争看似已经尘埃落定，谁知两年后风波再起。乾道三年（1167年）七月，太子赵愭因中暑而病倒，他病得并不算重，但御医给他诊治时开错了药，以至于他喝了药之后病情不仅没有丝毫好转，反而急剧恶化，最终竟丧命，享年二十四岁。太子赵愭的死究竟是一起行医事故，还是有人暗中谋害他已经成为一桩历史谜案。

赵愭去世后，孝宗一直沉浸在丧子的悲痛中。赵愭的丧葬之礼长达两年之久，在此期间没人敢提立储之事。丧礼全部结束后，孝宗诏命将知枢密院府作为已故太子赵愭的宅邸，命太子妃钱妃及其子荣国公赵挺等人迁居新府邸。

乾道六年（1170年）正月，都城临安接连遭遇大雨雷电，紧接着雨雪交加，右谏议大夫陈良翰趁机上书孝宗，说太子之位不宜空悬太久。孝宗对他的话赞赏一番，但之后没有采取实质行动。八月初三，孝宗与右相虞允文等宰执在垂拱殿商议国事。当年五月，左相陈俊卿奏请挽留因直言进谏而被外放的右正言龚茂良，从而触怒了孝宗，被罢免了左相之职，虞允文自此成为朝中唯一的丞相。众人议事结束后，虞允文恳请留下来单独奏事。等到众人离去后，他先向孝宗汇报了金国最近的动向，随后便亮明了自己的本意：恳请孝宗尽快册立太子。

如今两国关系日趋紧张，一旦金国撕毁盟约，两国势必烽烟再起，一旦前方战事吃紧，孝宗便需要御驾亲征，如若到时没有太子，谁会留在都城临安监国呢？

虞允文忧心忡忡道：“今日之事，无大于此，无急于此。”

孝宗听后露出了欣慰的笑容，说：“其实朕早有此意，不过朕担心过早地册立太子会使他骄奢放纵，先让皇子们历练一番再做定夺为好！”

虞允文知道这不过是孝宗的托词而已，道：“陛下所虑极是！不过陛下可以选择德才兼备的能臣充任东宫官，这样太子每日便可听正言，行正道，日后定然不会辜负陛下重托！太子还可以时常陪伴陛下左右，日日向陛下学习，何愁不成大器？每天参与朝政，何愁不经历练？微臣恳请陛下早日册立太子！”

见虞允文坚持己见，孝宗只得道出了实情，说道：“丞相言极是，但此事却有些迁次！”“迁次”既有变化之意，也有窘迫尴尬之意，孝宗并非不想尽早册立太子，不过此事事关重大，牵一发而动全身，一旦处置不当，极有可能生出意想不到的变故。孝宗虽贵为皇帝，却依旧会受到各种羁绊与束缚，其中的难言之隐，他不便对外人言说。

虞允文自然听出了孝宗的苦衷与无奈，道：“臣被愚忠所迫，才会冒死奏请此事，还望陛下明察，容臣再拜谢恩！”

随后两人在选德殿商议国事时，虞允文再度提出册立太子之事，规劝道：“此事还望陛下早做决定！”孝宗似乎已有决断，不似之前那般犹豫不决了，当即表态道：“甚好甚好！朕旬日之间必有决断！”孝宗口口声声说十日之内便会将此事敲定下来，此后却是一拖再拖，抉择的过程极其地艰难。

八月二十五日，孝宗在百官奏事结束后，特地留下虞允文，不过两人讨论的不是立储之事而是宋金边界之事。见孝宗有意回避，虞允文只得再度恳请尽快册立太子，孝宗满口应承下来，但虞允文不再轻信他了，转而谈起了唐太宗李世民立储的旧事。

李世民通过发动玄武门之变登上了皇位，他不想让悲剧再度重演，数月后即册立年仅八岁的长子李承乾为太子，但李世民后来尤为宠爱皇四子魏王李泰。太子李承乾因身患脚病而行走不便，魏王李泰见有机可乘，于是暗中网罗了一大批党羽，想谋夺李承乾的太子之位。李承乾感觉自己的太子之位摇摇欲坠，于是试图暗杀李泰。失败后，李承乾索性想起兵逼宫，还没来得及实施便被人告发。

李承乾被废黜后，李世民欲立李泰为储君。谏议大夫褚遂良力谏，李世民起初自然是恼怒不已，不过后来渐渐知晓了李承乾的苦衷。李承乾铤而走险是被弟弟李泰逼的。李泰随即被李世民降为东莱郡王，彻底退出了太子争夺战。

如今孝宗皇帝也面临着相似的抉择。一位是年龄稍长的庆王赵恺，另一位是野心勃勃的恭王赵惇。虽然虞允文没有表明自己的政治立场，但他通过唐太宗的旧事将自己的政治主张表露无遗：他希望孝宗能够一如既往地支持年长的皇子，彻底断了旁人的夺嫡之心。

孝宗认为他所言极是，但还是将宣布皇储的日期推迟到郊天礼结束后。虞允文说郊天礼当日是个好日子，可以在当天宣布太子人选，孝宗随即答应了，可等到郊天礼的前一天，孝宗却再度将虞允文留下来。孝宗皇帝是励精图治的明主，可在册立太子之事上却显得优柔寡断，足见他当时受到的内外阻力之大。

孝宗想听一听虞允文的意见，可虞允文却说："此乃陛下家事，微臣不便多言！"不过虞允文提起了太宗皇帝赵光义的旧事，当时太宗也为太子人选犹豫过，寇准却说："册立太子之事不可问嫔妃，也不可问宦官，更不可问大臣，唯有陛下乾纲独断！"虞允文希望孝宗能够遵从本心，或许虞允文已然猜出孝宗的内心偏向于立次子赵惜为太子，与自己心中所想不谋而合。

虞允文鼓励道：“当年太宗皇帝当机立断，千百年来没人敢对此提出异议，还望陛下能够效法太宗皇帝！”

不过孝宗毕竟不同于大权独揽的赵光义，无论是朝中，还是后宫，孝宗都面临着诸多掣肘因素，想要维系权力的平衡很是艰难。

孝宗表态说：“朕对立储之事不会再有所迟疑！”不过孝宗还是希望将立储日期向后再延一延，想在明年年初给高宗皇帝及其妻吴太后上尊号时再册立太子。

见孝宗居然又想食言，虞允文心中充满了忧虑，说：“陛下即位九年来举行过三次祭天大典，前两次全都遭遇了意外，唯独此次一切顺利。昨日，陛下入住太庙时还大雨不止，到了后半夜，雨却突然停了，群臣认为此乃上天受到陛下圣德感召，天佑我大宋！不如趁此良机给两宫上尊号。”

虽然虞允文表面上说的是给高宗皇帝和吴太后上尊号，实际上却是希望孝宗皇帝能够尽快册立太子。孝宗听后沉默不语，虞允文意识到自己表现得太过急迫了，赶忙说：“陛下想在初春时节册立太子，臣谨奉诏，但愿到时陛下不要再更改了！”

乾道七年（1171年）正月初一，孝宗皇帝给两宫上尊号。正月初五，宰执们奏事完毕后，虞允文再度提醒孝宗不要忘了之前答应他的事。孝宗此番没有继续推延，突然道：“册立太子后，朕想让剩余那位亲王出镇外藩，不知本朝可曾有这样的先例？”

唐朝以来，藩王通常不会前往封地就藩，不过在唐朝前期，藩王有时也会被任命为都督、刺史等地方要职，后来唐玄宗鉴于之前政变频发，不再让藩王赴地方任职，还责令皇子们集中居住在十六王宅，并派遣宦官进行监督管理。宋朝沿袭了唐制，藩王不会被授予实职，也不被允许私自出京。

虞允文说本朝没有这样的先例，宋朝皇帝大多标榜遵从祖制，但孝宗不惜冒着违背祖制的风险，对他说可以效法唐朝之前的制度，由此可见孝宗的态度是多么坚决。这也从侧面说明，孝宗皇帝的两个儿子因争夺太子之位已经势同水火，孝宗不希望日后落选的那个儿子受到伤害，虞允文自然能体会他的苦衷，只得按照他的意思照办。

正月二十四日，虞允文奉命拟定请求册立太子的御札。二月初七，孝宗在朝会时将御札展示给诸位大臣们看，朝臣们知道他终于下定决心要册立新太子了。当天晚上，翰林学士院锁院，以免走漏风声。次日，文武百官齐集文德殿，当众宣读册立恭王赵惇为太子的诏书，同时任命庆王赵恺为雄武军、保宁军两镇节度使，判宁国府（今安徽省宣城市宣州区），进封魏王。

三月初四，宰执们在玉津园宴请即将出镇外藩的魏王赵恺。赵恺的失落之情溢于言表，不过他依旧打起精神与众人寒暄宴饮。宴会结束后，赵恺登车前对虞允文意味深长地说："更望相公保全。"赵恺希望能够借助虞允文之力保全自己，由此可以看出两人的关系恐怕并不一般。之前虞允文不遗余力地规劝孝宗皇帝早日立储，其实是想尽快将年长的赵恺推上太子之位，从而断了赵惇的夺嫡之心，谁知如今是这般局面。

次年二月，孝宗将左相即尚书左仆射、同中书门下平章事改为左丞相，将右相即尚书右仆射、同中书门下平章事改为右丞相，右相虞允文直接升任左丞相，他也就此成为宋朝历史上的首位左丞相。不过虞允文因立储之事心灰意冷，举荐参知政事梁克家接替自己，称梁克家有宰相之才，但孝宗没有恩准，而是让他与梁克家分任左、右丞相。虽然孝宗皇帝执意挽留，但虞允文去意已决，既是因为他对孝宗破格册立赵惇为太子心存不满，也是为了远离朝堂上的是是非非。虞允文出任左丞相仅仅七个月后便离京出任武安军节度使、四川宣抚使。

虞允文离开后，他与孝宗皇帝渐生隔阂。孝宗原本想着让虞允文到任后以四川为跳板进行北伐，多次颁布密诏催促虞允文尽快进军，可他屡屡推说准备工作尚未完成。到任两年后，积劳成疾的虞允文不幸病逝，享年六十五岁。可孝宗皇帝因他一直按兵不动而对他颇有微词，在赐予他谥号的拟诏中原本有“久在枓位，实著勋劳”这样的溢美之词，孝宗皇帝看后将其删去，并将对虞允文的追赠之官从太师降为太傅。

虞允文在孝宗心中的地位一落千丈，自然与赵惇及其党羽的诋毁挑拨脱不了干系。或许虞允文至死都不明白孝宗原本对皇次子赵恺颇有好感，最终为何会不惜打破长幼尊卑的政治秩序，册立皇三子赵惇为太子，这恐怕也出乎了很多人的意料。

《宋史》记载：“孝宗以帝（即赵惇）英武类己，欲立为太子，而以其非次，迟之。”“英武类己”不过是为了美化赵惇而精心编造的政治谎言罢了，孝宗皇帝堪称励精图治的明君，赵惇却是政绩平平的庸才，还是一位懦弱不堪的“妻管严”，时常受到皇后李凤娘的挟制，丝毫看不出他有什么英武之气。

正史中几乎看不到孝宗皇帝偏爱次子赵恺的记载，这是因为赵惇登基后刻意将其删去了。其实赵恺一度是孝宗皇帝的首选，不过后来迫于政治压力才违心地选择了赵惇，所以赵惇才会对父亲耿耿于怀，以至于黄裳不惜用“焚廪浚井”这个听起来有些毛骨悚然的典故来形容他们父子的关系。

孝宗皇帝自然不会像舜的父亲那样去谋害自己的儿子。赵惇之所以对父亲心存怨恨，是因为他知道父亲最初的理想人选其实是他的哥哥。既然如此，孝宗为何会改变初衷呢?

《宋史》中有这样一段记载，赵惇的妻子李凤娘是庆远军节度使李道的女儿。她出生时，黑凤凰莫名地聚集在军营前面的大石头上。李道觉得很是诧异，便称呼这个女儿为“凤娘”。后来李道转战湖北，听说道士皇甫坦擅长给人相面，便命女儿前来拜见皇甫坦。皇甫坦见到李凤娘后惊愕不已，赶忙搀扶起要给自己行礼的李凤娘，说了一句语惊四座的话：“此女当母天下。”后来皇甫坦将此事禀报给高宗皇帝，高宗将李凤娘聘为恭王妃。李凤娘却是个醋坛子，她不允许赵惇亲近其他女人，只要稍稍不如意，她便会跑到高宗和孝宗面前哭诉，年事已高的高宗不胜其扰，懊恼道："看来这个李凤娘不适合为妃而是适合为将，我被那个皇甫坦所误！"

有的学者据此认为高宗肯定颇为欣赏赵惇，否则也不会将道士认为日后会母仪天下的李凤娘赐给他（余英时《朱熹的历史世界：宋代士大夫政治文化研究》）。这个论断看似很有道理，但其实并非如此。

《宋史》中的记载来源于南宋学者叶绍翁的《四朝闻见录》，但两者有着很明显的差异。《四朝闻见录》中记载，皇甫坦不仅擅长道术，还精通医术，因为神通广大而得到了高宗皇帝的召见，不过皇甫坦随后悄然离去。之后皇甫坦再度前来拜见高宗。高宗饶有兴趣地询问他此次前来的目的，他神秘兮兮地说："鄙人乃是做媒来，为陛下寻了一个好孙媳妇！"高宗饶有兴趣地询问皇甫坦这个好孙媳妇是谁，皇甫坦对李凤娘隆重介绍了一番，说她出生之日有凤凰立于军营前的大黑石上，世人都说"凤实鸑鷟，石则元王"。

《宋史》没有记载皇甫坦与高宗皇帝见面的具体时间，《四朝闻见录》却提供了极其关键的时间线索，记载二人见面的时间是在完颜亮南侵前夕。绍兴三十一年（1161年）秋，完颜亮调集大军大举进攻南宋，引发了南宋朝野的恐慌，朝中官员纷纷将家属送走，高宗甚至想过出海避敌，不过在主战派官员的恳请下，他被迫御驾亲征。

有的学者据此认为"选妃之事并不是余先生所说在孝宗初年，而是在高宗末年"（戎默《宋孝宗立储事件钩沉》）。其实《四朝闻见录》中的原文是"时逆（完颜）亮谋南寇，故皇甫（坦）以对，上大悦。后又自出山来见"，皇甫坦与高宗皇帝初次见面的时间的确是在完颜亮南征前夕，不过皇甫坦为李凤娘说亲发生在两人初次见面之后，《四朝闻见录》并没有说这两件事之间究竟隔了多久。

仅仅一年多的时间，南宋朝廷却发生了翻天覆地的变化。完颜亮率四路大军气势汹汹地杀来，迅速推进到了长江边，岌岌可危的南宋再度被逼到了亡国的边缘。在生死存亡的关键时刻，当时还是中书舍人的虞允文力挽狂澜，在采石（今安徽省马鞍山市西南）成功挫败了金军渡江南侵的计划。更让完颜亮恼怒的是，他的堂弟完颜雍趁着他南征之际擅自称帝。

此时内忧外困的完颜亮有两个选择，那就是要么率军北还，要么继续南征。在应当保持冷静的时候，完颜亮却被愤怒冲昏了头脑。绍兴三十一年（1161年）十一月二十六日，完颜亮责令麾下诸将三日内必须渡江，否则一律处斩。长江自古以来便是天险，完颜亮这个不近人情的命令将麾下诸将逼向了绝境。次日拂晓，金军兵马都统领耶律元宜秘密联络完颜亮身边的近卫军，发动兵变，在这场兵变中完颜亮被杀。随后金军陆续北返，南宋朝廷的战争警报就此解除。

绍兴三十二年（1162年）二月，高宗皇帝带着当时还是皇子的赵玮（赵伯琮后改名赵瑗，受封建王后改为此名）从前线返回都城临安。此时的高宗皇帝只有五十六岁，但之前近四十年提心吊胆的生活使他身心俱疲，此番金军南征，若不是完颜亮意外遇害，恐怕后果不堪设想，因此他渐渐萌生了退意。当年五月，高宗册立赵玮为太子，正式赐名为赵昚。六月初十，高宗皇帝正式下诏，将皇位禅让给养子赵昚。

皇甫坦说媒时高宗皇帝是否还在位，其实不得而知。高宗退位后又活了二十五年，由于他仍旧在政治上拥有很大的影响力，孝宗不得不一直生活在他的阴影下。

其实最关键的问题是，《宋史》里记载皇甫坦对李凤娘的父亲说“此女当母天下”，意思是她日后定然要当皇后，但成书更早的《四朝闻见录》只是记载皇甫坦说“凤实鸑鷟，石则元王”。凤凰分为五种，红色的称为凤，青色的称为鸾，黄色的称为鹓鶵，紫色的称为鸑鷟，白色的称为鸿鹄。鸑鷟不专指母仪天下的皇后，而是泛指有贤德的人。“元王”就是大王，也并非特指皇帝，也可指代藩王，因此高宗皇帝将适合当王妃的李凤娘许配给赵恺并没有特殊的政治含义。《宋史》显然是在蓄意拔高李凤娘，有添油加醋之嫌。

当初赵愭和赵惇为自己的儿子争夺皇嫡孙名号时，高宗皇帝支持的是皇长子赵愭而不是赵惇，如果没有得到高宗的应允，孝宗也不敢贸然册立赵愭为太子。之后赵惇与二哥赵恺争夺太子之位时，高宗究竟偏向哪一方，史书没有明确记载，不过他的妻子吴太后的确偏爱赵惇。

吴琚兄弟一向很得姑姑吴太后的宠爱，孝宗热络地称呼他们为“哥”，赵惇与他们走得也很近，总是毕恭毕敬地称呼他们为“舅”。那日，后宫花园里的石榴花盛开了，赵惇特地邀请吴琚前来赏花。赵惇来了兴致，在一柄广团扇上题写了两句诗：“细叠轻绡色倍浓，晚霞犹在绿阴中。”他随后将手中的笔递给了吴琚，想让他再续上两句。吴琚向赵惇拜了拜，提笔写道：“春归百卉今无几，独立清微殿阁风。”赵惇对这两句诗赞叹不已，将那柄广团扇赐给了吴琚，吴琚一直将其珍藏在府中。

赵惇与吴琚兄弟走得近自然是为了逢迎吴太后。《四朝闻见录》记载吴太后“于二王中，独导孝宗以光皇（即赵惇）为储位”。吴太后与孝宗不是母子胜似母子，她的话对一贯尊崇孝道的孝宗影响之大可想而知。

手握兵权的岳父李道也成为赵惇最终胜出的重要加分项。李道是绿林响马出身，早年追随宗泽抗金。宗泽去世后，李道转投到襄阳镇抚使桑仲麾下效力，还一度隶属于岳家军。李道一路升迁至中侍大夫、武胜军承宣使，鄂州御前诸军统制。他曾在光化军（今湖北省老河口市）与金军血战，凭借赫赫战功与外戚的身份升任庆远军节度使。李道拥有一支令孝宗不容小觑的军事力量，出于稳定政局的需要，孝宗在确定太子人选时不得不对此予以考虑。

领兵在外的李道也一直关注着女婿的前途命运。李道的儿子特地托人告诉他说：“听三大王说，丞相特地派遣心腹前来禀报，皇储之事已定，自此之后再也没有什么可忧虑的！”十余天后，册立赵惇为太子的诏书果然正式下发。

此事记载于晁公遡的《箕山日记》中，当时朝中还没有设丞相，仅有虞允文一员宰相。从虞允文一贯的政治态度来看，他支持的应是赵恺而非赵惇。有可能是虞允文见自己无力回天后，主动向赵惇示好，不过最有可能的是向赵惇通风报信的另有其人，此人虽然当时不是宰相，但日后升任丞相。

赵惇如愿以偿地成为太子，但让他始料未及的是自己的太子生涯居然会如此漫长，硬生生从二十五岁熬到了四十三岁。他不想再等下去了，那么接下来他又做了什么事呢?

父子老死不相往来的内幕

太子赵惇期盼父亲也能像高宗皇帝那样提前传位。不过当初的让位之事是高宗皇帝主动提出来的，虽然赵惇迫不及待地想要提前继位，但他可不敢贸然提及此事，一旦不慎触怒了父皇，后果恐怕不堪设想！

赵惇希望祖母吴太后能出面为自己探一探父皇的口风，可他又不便明说，只得屡屡设宴款待吴太后，还在她的面前“击鲜”（宰杀活的牲畜禽鱼充作美食）。吴太后觉察到了他的异样，又一时猜不出他究竟想干些什么，便询问他身边的内侍。内侍委婉地说：“太子有心事想借助太后之口禀告给陛下！”心领神会的吴太后随即笑了笑，寻了个机会去见孝宗。

孝宗虽然出身皇族，但随着时间的推移，他这一支与高宗皇帝的关系已经很疏远了。他的亲生父亲赵子偁只是从六品的中级官员，他原本也会像父亲那样在籍籍无名中度过一生，但高宗皇帝因膝下无子而将他养在宫中，最终还将皇位传给了他，使他拥有了不一样的人生。孝宗登基后始终没有忘却高宗与吴太后的养育之恩，一直对两人颇为尊崇，因此吴太后直接开门见山道：“官家如今年岁也不小了，不如趁早去享清闲，将国事放手交给小一辈去做！”

孝宗听完顿时一愣，道：“其实孩儿早就有这个想法，只可惜我的儿子们尚年幼，若是将江山社稷贸然交给他们，我不放心啊！不然我早就去寻快乐了！”

见孝宗委婉地拒绝了，吴太后也不便勉强，只得将此事原原本本地告诉了赵惇。赵惇指着自己头上的白发，愤愤不平道：“孙儿如今已经生出许多白发来，早就不是什么孩童了！”当年五十六岁的高宗主动将皇位禅让给时年三十六岁的孝宗，如今花甲之年的孝宗却不肯放权给已经年过不惑的太子赵惇，这让赵惇感到意难平。

淳熙十四年（1187年）十月初八，八十一岁的太上皇高宗皇帝撒手人寰，他前半生受尽了颠沛流离之苦，后半生享尽了荣华富贵之乐。对孝宗而言，高宗既是让他一步登天的恩人，也是阻挠他一飞冲天的障碍。孝宗有着恢复河山的雄心壮志，原本可以成为南宋最有作为的皇帝，但他一直生活在太上皇的阴影下，想摆脱又迟迟无法摆脱。如今总算是摆脱了，但此时孝宗早已不是当初那个志存高远的热血少年了，六十一岁的他已经成了风烛残年的垂垂老者。

淳熙十六年（1189年）正月二十日，孝宗皇帝正式宣布禅位于太子赵惇，自己将退休静养，为死去的高宗皇帝守三年之丧。正月二十八日，孝宗将德寿宫改为重华宫，将其作为自己退位后的居所。二月初二，孝宗在紫宸殿举行了内禅仪式，正式成为太上皇，被尊为“至尊寿皇圣帝”。太子赵惇如愿以偿地成了皇帝，史称宋光宗。不过登基之后，赵惇才发现当皇帝远没有当初想象的那么美好，他的锐气渐渐被磨去，对政事也越来越懈怠。他最遭人诟病的，是他与父亲孝宗的关系日渐破裂，这也为他日后惨遭罢黜植下了祸根。

登基之初，光宗尚能坚持定省之礼，定期前往重华宫探视父亲。早上前去探望，称为“定”；晚上前去问安，称为“省”。当年高宗退位后，孝宗表示每日都要去探望，不过被高宗拒绝，下诏仿照汉制每月朝见六次，后来降为四次。孝宗因坚持尊奉孝道而赢得了生前身后名。光宗起初也想效仿父亲，下诏每月前往重华宫探视五次。不过随着两人关系的恶化，他探视父亲的次数锐减，甚至到了对亲生父亲不闻不问、彼此老死不相往来的地步。

两人会走到这一步，与宦官的挑拨离间有着很大的关系。正史记载，光宗极其厌恶宦官，甚至记载他想诛杀宦官。不过这个记载不太合理，宦官离不开皇帝，皇帝同样也离不开宦官，即便光宗真有诛杀宦官之心，也只是想诛杀与自己为敌的宦官。退位之前，孝宗身边的宦官为了自身利益竭力阻止孝宗让位，光宗自然将他们视为眼中钉，想要除之而后快，不过这些宦官也不甘心坐以待毙。

光宗喜欢在聚景园内游玩，两制官员即翰林学士与中书舍人、知制诰时常陪伴左右。两制官员多是文学造诣出类拔萃之人，君臣在一起赏美景，品佳肴，吟诗赋。就在君臣其乐融融之际，有人突然说孝宗每次来御苑游览，都会邀请已经退位的高宗皇帝，这个人显然是在责怪光宗皇帝不如他的父亲孝宗孝顺，光宗皇帝脸上顿时露出些许愠色。恰在此时，孝宗皇帝派遣宦官捧着一只玉质酒杯，前来向光宗赐酒，但光宗余怒未消，不知是宦官手抖了，还是光宗误碰了，那杯酒还没来得及喝，玉质酒杯便落在地上摔得粉碎。

其实光宗当时应该只是无心之过，即便他对父亲再为不满，也不至于当着众人的面对父亲如此不敬。那个宦官回宫后却添油加醋道："奴婢前去赐酒，谁知光宗皇帝却突然大怒，居然将酒杯摔碎了！"

还有一次，孝宗陪着嫡母吴太后前往东阁游玩，光宗原本答应一同前去，但因为事情繁多忘记了。孝宗虽心有不悦，却也并未深究此事，他身边的宦官们却借题发挥，大肆挑拨。那些宦官们养了数十只鸡，他们装模作样地去捉鸡，又故意抓不到，还不停地大声喊叫着："今日捉鸡不着。"（田汝成《西湖游览志余》）"捉鸡"是临安当地的俗语，专门指向别人乞求吃食的人。

如今的天下已然归属光宗，退位的孝宗实际上过着寄人篱下的生活，刚刚又与儿子发生了一些不快，此时此刻“捉鸡”这个词带给孝宗的心灵震撼可想而知。

有一次，光宗生病了，孝宗听说后赶忙为儿子购买了良药，想等他前来探视自己时交给他。这本是一桩父慈子孝的好事，谁知却使两人生出芥蒂。

光宗身边的宦官对皇后李凤娘忧心忡忡地说：“奴婢听闻太上皇亲手制造了药丸，说是要等到陛下前去探视时交给陛下。陛下吃了后，万一有个什么闪失，这江山社稷托付给何人啊？”李凤娘本就对孝宗皇帝心存不满，在宦官的挑拨下，她对公公的猜忌心又多了几重，于是在光宗面前不断地污蔑诋毁公公，以至于这对父子渐渐形同陌路，甚至到了老死不相往来的地步。

李凤娘的父亲本是打家劫舍的强盗，由于自幼受到父亲的熏陶，李凤娘沾染了许多江湖习气，她一向骄纵跋扈，不仅行事乖张，还时常出言不逊。无论是孝宗皇帝，还是谢太后，全都极为尊崇孝道，却偏偏遇上了这个愣头青儿媳妇。孝宗曾经用手指着她训斥道：“你若是继续恣意妄为，我定当废了你！”不仅孝宗有废后之意，他的妻子谢太后也有此意。谢太后一直极为恭谨地伺候公婆高宗皇帝、吴太后，可大大咧咧的李凤娘在她面前时常不讲礼数，总是率性而为。李凤娘拜见光宗皇帝时，甚至乘坐肩舆直接来到内殿，谢太后见她如此放肆，当即便训斥了她几句，她却顶嘴道：“我与官家乃是结发夫妻，此举有何不可？”

李凤娘的话不仅伤害性很大，侮辱性也很强。谢太后与孝宗是半路夫妻，孝宗的结发妻子郭氏在孝宗登基前便去世了。谢太后的出身并不高，自幼孤苦无依，长大后被选入宫中，本是吴太后宫中的侍女，后来获得孝宗宠幸，一步步晋升为皇后。她虽然一直很受宠，却没有为孝宗生育子女，光宗与她名义上虽是母子，但实际上并无血缘关系。

谢太后哭着将此事禀告孝宗，孝宗听后怒不可遏，随即征召老师史浩入宫。当年，孝宗能够在皇子角逐中胜出，离不开老师史浩的教导。正是在史浩的竭力恳请下，高宗皇帝才将孝宗皇帝册立为太子，史浩随后也出任起居郎兼太子右庶子。孝宗登基后不遗余力地提拔重用史浩。史浩担任宗正少卿仅仅一个月便被任命为参知政事，五个月后晋升为右相，如此快的晋升速度不禁令人瞠目结舌。不过如今年事已高的史浩仅仅担任太师这样位高而权不重的虚职，况且他已然八十多岁了，早就没有了当年力挽狂澜的气魄。

在史浩的苦苦哀求下，孝宗只得选择了隐忍，毕竟自己已经不再是位高权重的皇帝了，如若一意孤行，未必能够获得群臣的积极响应，稍有差池或许会引发朝野间的大动荡。

李凤娘曾经借宫廷宴会之机，恳请孝宗册立自己的儿子嘉王赵扩为太子，但孝宗不喜欢这个沉默寡言的孙子。辽国派来的使臣觐见时，赵扩竟然不知如何作答，只得暗中授意自己身旁的宦官代为作答，此事一度沦为世人的笑柄。

当年与光宗争夺皇位的魏王赵恺之子——嘉国公赵抦，不仅聪明伶俐而且听话懂事，孝宗在退位前特地将他提拔为耀州观察使，进封他为嘉国公。孝宗之所以如此赏识赵抦，其实也是在试图补偿这些年来对儿子赵恺的亏欠。当年孝宗迫于各方压力，无奈地摒弃了年长的赵恺，并为了保护他而安排他离开都城临安这个是非之地。赵恺先后在宁国府、明州（今浙江省宁波市）任职，颇受当地百姓的爱戴。

淳熙七年（1180年），年仅三十五岁的赵恺在明州任上去世。孝宗听闻噩耗后悲痛欲绝，身穿素服在别殿为赵恺举行哀悼仪式，痛哭流涕道："当年我之所以选择你弟弟作为储君，是因为你的福气不如他！你可不要怪我！"

正因如此，孝宗拒绝了李凤娘的请求。李凤娘火冒三丈，露出了泼妇本色，大声吼道："妾是你用六礼聘来的儿媳妇，嘉王乃是妾亲生之子，册立他为太子有何不可？"孝宗见她在自己面前撒泼犯浑，气得当即拂袖而走。李凤娘仍旧不依不饶，拉着儿子嘉王一同来到光宗面前哭诉。光宗本就有心结，又听闻父亲居然想册立二哥赵恺之子赵抦为太子，对父亲的恨意自然又多了几重。

绍熙二年（1191年）十一月二十七日是冬至，光宗将在这天举行盛大的祭天大典，可让人没有想到的是，这一天成为他与父亲关系急剧恶化的分水岭。

祭天大典前一晚，为了表示对上天的虔诚，光宗照例住在祭坛旁的斋宫中，谁知这晚宫内却突发变故。黄贵妃深受光宗宠爱，醋意大发的李凤娘一直想方设法要除掉她，今晚终于等到了机会。李凤娘残忍地杀害了黄贵妃，皇后公然杀戮贵妃在宋朝历史上还是首次。李凤娘随后对外宣称黄贵妃暴病而亡，光宗得知黄贵妃去世的噩耗后惊愕不已。次日举行祭天大典时，光宗一行人遇到了大风雨，祭坛内的灯烛全都被吹灭，祭祀活动不得不临时取消。

光宗认为一定是自己有罪，上天才会示警，自此之后他一直忧惧不安。在重重心理重压之下，光宗染上了"心疾"，卧床不起。孝宗得知儿子患病后，赶忙前来探视，见儿子病得如此之重，于是在床前训斥了李凤娘几句。李凤娘自此对孝宗愈加不满，在光宗面前变本加厉地诋毁孝宗。

由于光宗因病不能上朝，李凤娘便代为处理政事，将自己的骄奢本性发挥得淋漓尽致。她将自己的父亲、祖父以及曾祖父全都追封为王，还大肆修造家庙，家庙的卫兵数量甚至多于太庙。李凤娘的二十六位近亲属全都被授予显官，其他一百七十二名关系相对疏远的亲属也都被授予官职，连李氏门客都获得了一官半职。如此肆无忌惮地封赏娘家人，在南宋尚属首次。

患病以来，光宗便极少前去拜见父亲，一年中父子见面的机会屈指可数。起居舍人负责跟随在皇帝身边撰写起居注，起居注是记录皇帝言行的日记，也是后世撰写史书的重要依据。宋朝人极其讲究孝道，起居舍人必须浓墨重彩地记述光宗拜见父亲的场景，如果他没有去，起居舍人也要记载："恭承寿皇（即孝宗皇帝）圣旨，免到宫。"

起居舍人彭龟年却陷入记无可记的尴尬境地，只得在绍熙五年（1194年）

五月给光宗上书，道出了自己的两难境地：如果彭龟年如实记录，光宗势必会饱受后人诟病，即便他有意隐瞒，也堵不住悠悠众口。因此，他恳请光宗能够三思而后行。

谁知光宗不仅不知悔改，反而在不归路上越走越远，以至于再也无法回头。

皇帝不孝引发的政局动荡

经过将近半年的休养，光宗的病基本痊愈了。从绍熙三年（1192年）三月初九开始，光宗恢复在延和殿听政。患病期间，孝宗非常贴心地下旨准予他不来朝见，可如今他的病好了，自然要恢复定省之礼，可他始终没有前去探望一直牵挂自己的父亲。

见光宗如此不孝，上至宰执百官，下至普通百姓，无不恳请他前去重华宫朝拜，情绪激动者甚至不停叩头，还拉着他的衣襟哭泣。光宗见到此情此景不禁为之动容，想前往重华宫，但是李凤娘不想让他去，他身边的宦官们也是百般阻拦。宦官陈源曾因做错事而被孝宗驱逐出宫，光宗登基后将他从郴州（今湖南省郴州市）召回宫中。陈源回宫后大肆在光宗面前诋毁诬陷孝宗。光宗之所以不愿去见父亲，既是因为怨恨也是因为恐惧，在身边人的大肆渲染之下，他担心父亲会对自己做出不利的举动。

光宗承受的舆论压力越来越大，只得于四月十七日前往重华宫拜见父亲孝宗。这对久违的父子见面后，场面显得有些尴尬，光宗不知该说些什么，孝宗也不知该从何说起。光宗从进殿到离开，一切都显得颇为程序化，虽然两人坐得近在咫尺，却疏远得如同路人。根据《宋史》的记载，光宗自此后便再也不去见父亲。其实不然，他曾在十月十二日给父亲进献过香料，不过父子之间见面的机会的确是少得可怜。

十一月十七日，日南（今越南）派遣使者来朝，左丞相留正率领百官前往重华宫向孝宗表示庆贺。兵部尚书罗点等人接连上书恳请光宗前去重华宫朝拜，但光宗一直置若罔闻。吏部尚书赵汝愚接受皇帝召见时，反复规劝光宗，光宗的态度这才渐渐有所松动。赵汝愚还让嗣秀王赵伯圭从中进行斡旋，两宫几近中断的联系这才得以渐渐恢复。

赵汝愚是太宗赵光义的八世孙，由于与高宗赵构的关系很是疏远，他的父亲赵善应终其一生只是一个不起眼的小军官。戎马一生的赵善应却是当时著名的藏书家，赵汝愚自幼便沐浴在书香之下，勤学苦读的他在乾道二年（1166年）的科考中拔得头筹。按照祖制，宗室子弟会被授予显官，但几乎都是虚职，由于赵汝愚属于旁支宗室，朝廷自然也就放松了对他的相应限制。

五天后，光宗终于迈出了关键一步，前往重华宫面见父亲，紧接着皇后李凤娘也去了。这次他们没有像之前那样来去匆匆，而是在重华宫中足足待了一天之久，极少谋面的一家人罕见地坐在一起相谈甚欢。一家人表面上其乐融融，但彼此间的心结很难再解开。

十二月初五，光宗再度率领百官来到重华宫，向孝宗进献刚刚编纂完成的《寿皇玉牒》《寿皇圣政》与《寿皇会要》。孝宗饶有兴趣地翻看着，回想着当初他是何等的意气风发，他一心想要励精图治，改革自强，北伐中原，可最终无奈收场，如今他只想着能够安度晚年，可连这个微不足道的要求都成了奢望。自从父子交恶后，宦官陈源便沦为众矢之的，有不少官员上书恳请诛杀他。绍熙四年（1193年）二月初一，为了缓解自身的政治压力，也为了向父亲示好，同时也是为了保护陈源，光宗将陈源赶出宫，改任宫观官，不过仍旧让他留在都城临安。

绍熙四年（1193年）三月初九，光宗再度来到重华宫，此时距离他上次前来已经过去了三个月的时光。十七天后，光宗陪同孝宗和谢太后游览聚景园，他们已经很长之间没有一起游园了。父子之间的关系看似已经渐渐修复了，但随后事态发生了戏剧性的大逆转，刚刚升温的父子关系迅速冷却下来。

绍熙四年（1193年）九月初四是光宗的生日，他登基后将这一天定为“重明节”。文武百官照例前来给他拜寿，也不断提醒他在为自己庆贺生日的同时，莫要忘了父母的养育之恩。光宗听后并未表态，不过迫于群臣的压力，他随后给谢太后上尊号“寿圣隆慈皇太后”。对于他的敷衍之举，群臣并不满意，中书舍人陈傅良、给事中谢深甫等人相继上书表示，父子乃是天下至亲，太上皇爱陛下就如同陛下爱嘉王，如今太上皇年事已高，等他千秋万岁后，陛下还有何面目见天下人！光宗看完后，开始反思自己是否有些太过分了。

九月二十一日，光宗准备率领百官前往重华宫，官员们已经在殿外站立整齐，默默等待着他的到来。就在光宗从屏风后面向殿外走的时候，李凤娘一把拉住了他，说：“如今天气骤然转凉，官家不如先饮酒暖暖身子再去也不迟！”殿外那些官员们知道这不过是李凤娘的缓兵之计罢了，却也不便说些什么。就在光宗转身的那一刹那，中书舍人陈傅良突然冲进殿内，伸手拉住了光宗的衣角，恳请他不要走。李凤娘没想到居然有人会如此大胆，恶狠狠地盯着他，呵斥道：“这里是什么地方，岂可随意闯入！难道你就不怕被杀头吗？”李凤娘用力拉着光宗向殿内走去。

望着光宗远去的背影，陈傅良心头掠过无尽的悲凉，悻悻地回到殿外，开始失声痛哭。李凤娘听到殿外传来阵阵哭号之声，顿时心生厌恶，赶忙命人前来询问他为什么要哭。陈傅良说：“儿子劝谏父亲，如若父亲不听，儿子应当号泣跟随。”李凤娘听到汇报后更恼怒了，当即命人以光宗皇帝的名义传旨，今日暂且不去重华宫了。

四天后，秘书郎彭龟年、礼部侍郎倪思等人相继上书恳请光宗前去朝见太上皇，但光宗将这些人的奏疏弃置在一旁。之后倪思与光宗议事时，恰逢光宗派人前去征召嘉王，倪思趁机道："太上皇想见陛下的心情正如陛下想见嘉王的心情！"倪思与已经升任知枢密院事的赵汝愚为光宗讲述儒家经典，倪思特地讲起了"庆父不死，鲁难未已"的典故。

春秋时期，鲁庄公的正妻哀姜没有儿子，随她陪嫁到鲁国的妹妹叔姜生下了公子开，但鲁庄公更喜欢宠妃孟任所生的公子般。鲁庄公病重，想立公子般为新国君，但鲁庄公的弟弟庆父和叔牙对此表示反对。鲁庄公联合另外一个弟弟季友逼迫叔牙饮毒酒自杀，公子般这才得以顺利即位。庆父一直与哀姜私通，两人密谋杀死了公子般，赶走了弟弟季友，立公子启为新国君，导致鲁国大乱。

倪思谈及此事是想告诉光宗皇帝治国必先治家，家人不睦会导致国家动荡。不但鲁庄公如此，西汉的吕太后如此，唐朝的武则天和韦皇后也是如此。倪思将矛头直接指向李凤娘，认定她是导致父子不和的罪魁祸首。从古至今，无论是皇帝之家还是普通人家，如若儿子之前还算孝顺，但成婚后与父亲失和，儿媳妇大多难辞其咎。

听倪思讲完后，光宗脸上露出了惊恐的表情。他不止一次地领略过李凤娘强悍泼辣的行事风格，如今体弱多病的他无心更无力与她抗衡。

事后赵汝愚对旁人说："倪思居然如此耿直，我辈真是自愧不如！"虽然倪思因敢于直言进谏而饱受赞誉，却也因触怒了李凤娘而被贬出朝廷，知绍兴府，但朝臣们的抗争并未因此停止。

光宗准备在十月十六日祭告景灵宫。真宗皇帝赵恒将轩辕黄帝认定为赵姓始祖，为了祭祀黄帝特地修造了景灵宫，后成为奉祀先皇及赵氏先祖之处。谁知前一天夜里突发地震，不过次日光宗仍旧按照原计划亲自祭告景灵宫，当晚居然再度发生了地震。在如此敏感的时间节点发生地震，大家自然而然地认为这是上天在示警，是光宗皇帝的不孝引起了上天的震怒。秘书省的官员集体上书光宗恳请其朝拜重华宫，光宗依旧对此置若罔闻。

十月二十二日是孝宗的生日，被尊为“会庆节”。在这一日，光宗理应带头前去庆贺，但群臣认定他肯定会再度借故不去，因此工部尚书赵彦逾提前上书孝宗，恳求他千万不要降旨准予光宗皇帝免朝，这样他就没有了不去向父亲道贺的理由，群臣想看一看他到时会如何选择。孝宗看到他们的奏疏后，自然是百感交集，无奈地对他们说：“朕自秋凉以来，日日思念着与皇帝相见。卿等这些奏疏，我已命人转呈给皇帝了，让你们费心了！”他很想念儿子，却又不想让儿子到时下不来台，盼着有朝一日儿子能够幡然醒悟，痛改前非。

会庆节这天，光宗果然以身患疾病为由拒绝前来朝见，但重华宫并未因此变得冷清，右丞相葛邲率百官前来为孝宗贺寿。其实左丞相留正的地位在右丞相葛邲之上，不过此时留正因姜特立事件而待罪城外长达近五个月——东宫旧臣姜特立在绍熙元年向时任右相留正索贿而被贬出宫，此时光宗皇帝又将其提拔为浙东副总管。留正无奈只得上书自请罢相，光宗皇帝对此不管不问，留正只得先居家上书交涉，后出城待罪六和塔。

会庆节两个多月后，葛邲因违逆光宗而惨遭罢免，朝中已无丞相，光宗只得将左丞相留正重新召回朝中。

嘉王府翊善黄裳竭力规劝光宗前去重华宫，谁知光宗却说：“内侍杨舜卿不让朕去！”不知是他的托词，还是确有此事，堂堂皇帝居然要受制于宦官。黄裳当即恳请诛杀杨舜卿，光宗却沉默不语。

台谏官员张叔椿和章颖上书，认为没有尽到规劝皇帝之责，请求光宗罢黜；太学生汪安仁等二百一十八人上书恳请光宗朝拜重华宫；起居舍人、嘉王府讲读彭龟年上书称，对嘉王进行说教，远远不如光宗用实际行动来教授嘉王君臣之道与父子之道。不过这些奏疏全都被刻意压了下来。尽管如此，光宗仍旧能够感受到波涛汹涌的民意，于是下诏说自己将于十月二十七日前去拜见父亲，可后来他再度称病没有去。光宗身为九五之尊却屡屡失信，朝中官员们气愤之下纷纷请辞。

面对朝野间的巨大非议，光宗不得不于十一月十五日前去朝见父亲孝宗，紧接着十二月初五，他又再度前往重华宫，议论之声渐渐停息。不过上天留给孝宗皇帝的时间不多了。

孝宗的死瞬间引爆了火药桶，光宗的皇位变得摇摇欲坠，南宋政局也不得不面临着大洗牌的局面！

太上皇的丧事居然没有人管

绍熙五年（1194年）正月初一，光宗皇帝在大庆殿接受群臣的朝贺。大朝结束后，光宗前往重华宫拜见孝宗皇帝与谢太后，随后又前往慈福宫拜见吴太后。此时的孝宗皇帝不会想到这是他们父子的最后一面。

十天之后，六十八岁的孝宗染病，身为儿子的光宗理应守候在父亲身旁对其悉心照料，可他对父亲的病情不闻不问，冷漠至极，甚至都未踏进过重华宫一步。

眼见着父亲的病情越来越重，光宗却始终无动于衷，皇后李凤娘甚至还悠然自得地去玉津园游玩。兵部尚书罗点实在看不下去，与黄裳一同面见光宗。罗点愤愤不平道："陛下为太上皇之子已然四十余年，父子之间一直亲密无间。陛下祭天时偶染疾病，太上皇因记挂陛下安危，对您的左右呵斥了几句，这些人便大肆离间你们父子。如今大臣同心辅政，奉法循理，宗室、外戚、三军、百姓皆无异志，但如若您迟迟不在太上皇床前尽孝，祸患恐怕便不远了！"

罗点的话语中隐含着浓浓的威胁意味。如今朝野上下已是暗流涌动，光宗若是再不有所改变，恐怕会酿成大变乱，光宗仍旧不以为意地说："卿等可为朕分忧！"

黄裳迅速回击道："父子之情，我们这些做臣子的恐怕爱莫能助！"

罗点也跟着说："只要陛下前去探视，尽人子之道，所有问题都会迎刃而解！"

面对两人的苦劝，光宗只得无奈道："朕的心中何尝不曾挂念太上皇？"

罗点不以为意道："陛下一直以来不行定省之礼，即便臣等相信您刚刚是肺腑之言，天下人会信吗？"

罗点与黄裳步步紧逼，可不管他们怎么说，光宗却是铁了心不去看望父亲。起居舍人彭龟年接连给光宗上了三道奏疏，全都被扣了下来。等到朝会时，彭龟年跪在地上，不停地向光宗磕头，以至于额头上鲜血直流。

光宗惊愕地看着他，说："朕素来知道卿忠诚耿直，有什么话尽管说吧！"彭龟年咬牙切齿道："如今朝中没有比陛下拜见太上皇更紧急、更重大的事了！"群臣纷纷附和，可光宗冷冷道："朕知道了！"

之前光宗迫于各方压力还会有所妥协，可如今他却变得出乎寻常的倔强。到了当年五月，孝宗已然病入膏肓了，想在临终之际见儿子最后一面，可他始终见不到儿子的身影。孝宗不知道自己究竟做错了什么，竟然与儿子会走到这一步！

对于光宗的所作所为，中书舍人陈傅良感到很愤怒，也很寒心，将自己撰写的诏书上交后便出城待罪。五月初七，左丞相留正率领朝臣再度前来规劝，光宗见他们来了当即拂衣而起，但留正死死地拉住光宗的前襟，苦苦规劝。罗点情绪激动地说："如今太上皇病情危急，如若您再不前去拜见，恐怕就见不到他最后一面了！"光宗显得很不耐烦，不愿再听他们继续唠叨下去，试图逃走，但留正不肯撒手，以至于群臣跟随光宗一直来到了福宁殿，再往前便是后宫了。群臣不得不停下跟随的脚步，眼睁睁地看着宦官轻轻地关上了宫门，渐渐遮蔽了光宗的身影，他们不禁失声痛哭。

留正、罗点等人见哀求毫无效果，随即一同向光宗请辞。请辞是宋朝官员惯用的逼宫伎俩，不管是真心的还是违心的，皇帝通常都会予以挽留，借此表现自己的虚怀若谷和任人唯贤。即便真的想罢黜某人，皇帝往往也会在日后寻个由头。面对宰执们的苦苦相逼，光宗早已不胜其扰，也恼怒不已，于是命知阁门事韩侂胄前去传旨："宰执并出！"

"出"既有离开之意，也有罢黜之意，在此情此景之下，光宗分明是想全部罢黜他们。这显然是留正、罗点等人始料未及的，他们只得不约而同地前往浙江亭，等待着朝廷的惩处。浙江亭位于南宋都城临安最繁忙的水道——浙江闸（今三廊庙附近）外闸浑水闸上的跨浦桥南侧的江边，本是临江观潮的绝佳胜地，在南宋却有着极其特殊的政治含义，那些等待朝廷治罪的官员们大多会选择待在此处，很多人被贬后一辈子都不能再回来。

皇帝同时贬斥当朝宰执，这在宋朝历史上还从未出现过，病重的孝宗自然知道此事因他而起。他既对恣意妄为的儿子感到恼怒，也对持续动荡的政局感到担忧，以至于病情急剧恶化。

光宗也知道这么做的不利后果，所以心头的怒火消了后，又让韩侂胄前去传旨："昨日令宰执出殿门，诸位却出了城门，还请自行入城。"出身名门的韩侂胄依靠门荫入仕，他的曾祖父韩琦为相十载，辅佐三朝，虽然此时他的品级并不高，但知阁门事是个极为重要的岗位，负责皇帝朝会、游幸、宴饮时的组织引导与安全保卫，担任这个职务的人要么是外戚勋贵，要么是天子近臣。在当前危局之下，韩侂胄成为沟通内廷与外朝的关键人物。

次日，光宗特地召见了罗点。见皇帝余怒未消，罗点赶忙道："前日我等逼迫陛下太甚，举措失当。陛下赦免我等死罪，我等感激涕零，不过拽拉陛下前襟却是前朝故事！"

光宗却说："此事暂且不予追究，难道你们擅闯宫禁也无罪吗？"

罗点道："太上皇将江山社稷托付给您，如今太上皇时日无多，我等想让你们父子速速相见，所以做事才会有所偏激！"

五月二十四日，彭龟年、黄裳等人见光宗仍旧不肯前去探望父亲，转而奏请嘉王前往重华宫探视祖父。得到光宗的恩准后，嘉王赵扩怀着沉重的心情前去探视祖父。此前他多次哭着劝谏父亲，却遭到父亲的断然拒绝，他不明白父亲为何会冷漠到如此程度，不禁暗暗思忖难道权力真的可以泯灭人性？

虽然未能盼到朝思暮想的儿子，但孙子能前来看望他，孝宗皇帝略感欣慰，精神头也比之前好了许多，但这一切不过是回光返照罢了。孝宗终究没能等来想见的人，带着无尽的遗憾离开了这个世界。他的死使朝中本就存在的矛盾迅速激化，政局迅速滑向失控的边缘。

孝宗皇帝去世后，重华宫的宦官们应该在第一时间禀报光宗，可他们没有这么做，而是第一时间通知了当朝宰执。赵汝愚预感到迟早会有这一日，迅速思索当下的应对之策。光宗素来不孝，一旦让他事先得知了消息，定然会再度称病不出，到时丧礼便无人主持，因此赵汝愚刻意将此事隐瞒了下来。

天渐渐亮了，赵汝愚穿戴整齐上朝，此时光宗对于昨夜发生的一切浑然不知，直到赵汝愚将孝宗皇帝的死讯告诉了他。光宗惊愕地望着赵汝愚，自己既是皇帝又是儿子，却不能在第一时间知晓父亲的死讯，还需要旁人来禀报，他忽然感觉自己很失败，但这一切又是他咎由自取。

赵汝愚恳请光宗即刻前往重华宫主持孝宗皇帝的丧事。当着文武百官的面，光宗自然无法拒绝，可退朝后，他却先回了宫。赵汝愚顿时有了不祥的预感，但此时他只能等。从上午一直等到太阳偏西，赵汝愚仍旧没能等到光宗的身影。

光宗再次失信于群臣。左丞相留正和知枢密院事赵汝愚率领群臣多次上表，光宗却始终避而不见，仿佛这一切与自己毫不相关。六月十三日，朝廷照例为孝宗皇帝举行大敛，也就是将遗体移入棺内。嘉王恳请父亲出面主持丧礼，光宗却继续推说自己不幸染病，等到痊愈之后再前往重华宫。可这时正值盛夏，孝宗皇帝的遗体不能久存。

光宗种种不孝的行径招致朝野上下的猛烈抨击，最令人感到不安的是各种流言蜚语满天飞，一会儿有人说某位将领即将带兵前去奔丧，一会儿有人说某军士卒聚在一起痛哭不已，搞得临安城内一时间人心惶惶。当晚二更天，白色的长虹自东向西掠过天际，久久未曾散去，这种天象被认为是不祥之兆，临安城陷入前所未有的巨大恐慌之中。无论是朝廷官员还是普通百姓，很多人都踏上了逃亡之路，在城内居住的人逃到了城外，在城外居住的人逃到了邻近州县。

局势变得愈加危急，但光宗似乎铁了心，始终不肯出面。留正、赵汝愚等人被他逼得无路可走，只得前去求助德高望重的吴太后。此时的吴太后已经八十岁高龄了，几十年来一直居于深宫中，朝臣们很少能见得到她。留正和赵汝愚与吴太后并无什么交集，如今贸然恳请她出山，难免会遭到老人家的拒绝。两人不约而同地想到了少傅吴琚。吴太后一向宠爱这个侄子，他或许是当下唯一能说动吴太后的人。两人秘密派遣太常少卿詹体仁和左司郎中徐谊前去面见吴琚，成功地说服了吴琚。

吴琚与徐谊当即入宫拜见吴太后，恳请她垂帘听政，以母亲的身份主持儿子的丧礼。此时的吴太后风烛残年，无心更无力承担起主持朝政的重任，断然拒绝了他们的请求。

翘首以待的留正和赵汝愚没能等来好消息，不过他们并未死心，而是托吴琚、徐谊等人给位居深宫的吴太后带话说："臣等连日前往南内，恳请与陛下见面，却一再遭到陛下的拒绝。如若皇帝坚持不出来，我们就跪在宫门前恸哭，可如此一来，我等担心会引发世人骚动，恐对社稷不利！"

光宗出尔反尔的行为让群臣感到既恼火又失望，可他们不能对光宗弃之不顾。深思熟虑后，他们给光宗找了一个台阶，那就是光帝可以遵照唐肃宗旧制，不出面为孝宗皇帝主持丧事。

太上皇唐玄宗李隆基病逝时，他的儿子唐肃宗李亨也身患重病，不能为父亲主持丧事，只得命群臣在太极殿发丧，唐肃宗则在寝殿为死去的父亲服丧。唐玄宗与儿子唐肃宗的关系也不好，临死前他还被儿子幽闭在太极宫，但唐肃宗没有出面主持父亲的丧礼真的是因为他身患重病，他最终只比父亲多活了十三天。可光宗显然是在装病，他不是不能而是不想为父亲举丧，毕竟他退位后又活了六年之久。

光宗可以遵循唐朝旧制不出面，但丧礼不能没人主持。根据仪式需要，主持丧礼的人要当众宣读祝文，其中有“孝子嗣皇帝”这样的语句，宰执们自然不便也不敢代为宣读，如今只能由吴太后以先帝母亲、当今圣上祖母的身份代行祭奠之礼。

见宰执们说得言真意切，吴太后也深受触动，虽然她不愿再参与政事，可如今不得不出面收拾残局。不过她说自己只是代为主持丧礼，并不愿垂帘听政。

其实看到他们父子闹到如今这步田地，吴太后也深感痛心。当初孝宗正是听信了她的话才破例将年龄不占优势的赵惇立为太子，还提前将皇位传给了他。孝宗对他们夫妇始终如一的孝顺，可他自己却无法安享晚年，死后还面临着无法入土为安的窘境，她自觉不能坐视不管。

就在吴太后答应出面主持丧事的这一天，白色雾气弥漫在天际，但连日来笼罩在留正、赵汝愚等人心头的乌云却渐渐消散，因为承诺出山的吴太后就如同一道曙光刺破浓浓的雾气照进了他们的心头。此时的赵汝愚已经对光宗彻底失望了，他仍旧想借助吴琚之力，劝说吴太后垂帘听政，然后将嘉王赵扩册立为太子，随后让他以太子身份监国，这样才能彻底终结当下的政治危局。

吴琚听后却面露难色。宋朝一向对外戚有着诸多限制，因此他一直对政事无多大兴趣，他平日里热衷吟诗作赋，挥毫泼墨，终其一生都在研习米芾的书法，甚至到了以假乱真的地步，但他与生性狂放怪诞的米芾截然相反，是一个性情温和、行事谨慎之人。吴琚觉得吴太后已经答应出面主持丧事，他的任务也算是完成了，所以不愿再卷入政治漩涡中，只想着尽快脱身，重新回归恬静的生活。

不过赵汝愚并未就此止步。为了心中所想，他不惜铤而走险，拼死一搏！

太上皇死后，皇帝成了太上皇

绍熙五年（1194年）六月十八日，尚书左选郎叶适对左丞相留正说：“如今陛下因身患疾病而不能主持丧礼，今后我们要如何向天下人解释？嘉王已经长大，若是他能在关键时刻代替陛下处理政事，必然会消除众人的猜疑之心！”留正觉得他说得很有道理，于是与赵汝愚等宰执共同上奏：“皇子嘉王，仁孝夙成，宜早正储位，以安人心。”

光宗的子嗣极少，这与皇后李凤娘的专横跋扈有着莫大的关系。光宗只有两子，长子赵挺还早早夭折，李凤娘所生的嘉王赵扩如今是他唯一的儿子，此时的赵扩就如同当年的仁宗皇帝赵祯，是太子的唯一人选。

赵汝愚、留正等人的奏疏呈上去后，却一直没有回应，他们暗中打探了一番，发现居然被人刻意压了下来，不过那份奏疏最终还是被光宗看到了。六天后，也就是六月二十四日，就在赵汝愚、留正等人不再抱有希望之际，光宗居然在他们的奏疏上批示：“甚好！”赵汝愚、留正等人不禁欣喜若狂。一旦赵扩被册立为太子，那么他便可以名正言顺地代替父亲处理朝中政事，即便朝中遇到什么突发状况，赵汝愚、留正等人也不至于束手无策。

赵汝愚、留正等人的提议已经获得了光宗的批准，那么接下来便只剩下走流程了。次日，宰执们正式向皇帝进呈恳请册立太子的公文。照例皇帝应在这份公文上御批，或者另行撰写手诏，然后派遣宦官将批示或者手诏转呈给翰林学士，由翰林学士草拟诏书，再送交皇帝审阅，审阅无误后正式下发、如果临时改了主意，皇帝会留下不发。就在赵汝愚、留正等人认为大功告成之际，当天晚上光宗派人给左丞相留正送去了一份亲笔书写的手诏，上面居然写着八个大字："历事岁久，念欲退闲。"留正看后随即惊出了一身冷汗，光宗居然要退位！

四十八岁的光宗登基才不过五年，虽然他之前因惊惧而不幸患病，好在后来渐渐痊愈了，他此后依旧时常称病，却是半真半假，想借此来掩饰自己的不孝行径。如今光宗主动要求隐退，这大大出乎留正的预料。

之前的高宗皇帝和孝宗皇帝都曾主动退位，如今光宗因不愿出面为父亲主持丧礼而饱受朝野抨击，恰在此时流露出想要隐退之意，这有可能是他想观望政治风向的试探之举，也有可能是以退为进的无奈之举。光宗是不是真的想要隐退？他最终能否顺利隐退？

留正在光宗面前有过一些过激的举动，但他并非做事毫无分寸之人，也并不想逼迫光宗太甚，但面对沸沸扬扬的舆论和群情激奋的僚属，身为百官之首的他不得不这么做。如今留正已经六十六岁了，已是半截入土之人了，身居最有权势的左丞相之位，即便他帮助赵扩提前即位，也不过如此，可一旦失败了，光宗势必会对他进行政治清算，垂垂老矣的留正根本没有必要冒如此大的政治风险，他想的更多的是如何在有限的时间里安享晚年。

留正将光宗的那份手诏藏匿起来。赵汝愚得知消息后前来索要，留正这才不情不愿地交了出来。赵汝愚看后脸色顿时凝重起来，意识到一直与自己并肩战斗的留正居然有些怕了。七月初二，留正参加早朝时假装不慎摔倒，众人赶忙将他搀扶起来，然后派人将他送回府中休养。留正回府后迫不及待地收拾行囊，急切地想要逃离临安这个是非之地。

如今朝中早已暗流汹涌，赵汝愚担心别有用心之人会趁机作乱。枢密院是最高军事指挥机构，但枢密院只有调兵权而没有管兵权，因此他这个知枢密院事手中并无兵马。京城兵马主要隶属于“三衙”，即殿前司、侍卫马军司、侍卫步军司，都指挥使为三衙的长官，其下是副都指挥使、都虞候。在“三衙”的长官中，殿前都指挥使郭杲的态度至关重要，但赵汝愚与他并无深交。就在赵汝愚左右为难之际，工部尚书赵彦逾前来拜见他。他们再度谈起了眼下的严峻局势，对此忧心忡忡，却又无可奈何，谈着谈着两人竟然全都哭了起来，既为自己前途未卜的命运而哭，也为风雨飘摇的朝廷而哭。赵汝愚稍稍平复了一下激动的情绪，向赵彦逾透露了自己心中的谋划，那就是逼迫光宗让位，彻底解决当下的政治危机，但这条路凶险莫测。

赵彦逾之前认为当下的政治危局无解，见赵汝愚已经想出了化解之策，不禁面露喜色。不过赵汝愚随即道：“我担心郭杲会有异议。”

赵汝愚知道赵彦逾与郭杲是莫逆之交，因此赵汝愚刚刚那番话其实是在试探。赵彦逾听后信誓旦旦道：“赵知院莫要心忧，在下定会说服郭杲，明日在下便来向您复命！”

赵汝愚道：“此事事关重大，刻不容缓，我会在这里一直等你的消息！”

赵彦逾点了点头，随即去见郭杲。等赵彦逾走后，赵汝愚命人关门谢客，在屏风后面忐忑地等待着他的消息。赵彦逾最终未辜负赵汝愚的期待，郭杲表示愿意为化解当下的危局尽一份力，可此后不久他们听到了一个震惊不已的消息。

七月初三恰好是孝宗皇帝的大祥之日，留正天不亮便急匆匆入宫，向光宗递交了恳请辞职的表章。临别之际，他情真意切地对光宗说：“老臣恳请陛下能够深刻反省，绳愆纠谬，这样方能挽回人心，稳定时局。”他仓促拜别了诸位同僚，然后乘着肩舆急匆匆出城去了。其实留正之所以选择逃离，是因为他与赵汝愚发生了政见分歧，留正只是想恳请光宗册立嘉王赵扩为太子，其他的事交由光宗自主决定，如若光宗仍旧卧病不出，那就由太子来监国；等到光宗回心转意后，太子也可以还政给他，这是最为稳妥的办法。可赵汝愚早就对恣意妄为的光宗丧失了信心，想凭借吴太后和谢太后的权威，迫使光宗提前退位。

此前宋朝之前出现了三位太上皇，徽宗皇帝、高宗皇帝与孝宗皇帝都是出于某种考虑或是迫于当下形势主动让位，群臣迫使皇帝让位则没有成功的先例。留正认为赵汝愚是在玩火，但赵汝愚坚持认为这是化解当下政治危机的唯一办法。留王不愿为赵汝愚那个大胆而又疯狂的计划充当陪葬品，于是当起了逃兵，这也彻底打乱了赵汝愚的谋划。

在宰执中，右丞相葛邲在年初已经被罢免了，如今左丞相留正又开溜了，朝中此时已无丞相，执政中也仅剩下知枢密院事赵汝愚、同知枢密院事余端礼与参知政事陈骙三人，赵汝愚在其中政治地位最高，重担自然也就落在了他的肩头。

徐谊担心独木难支的赵汝愚会临阵畏缩，于是特地给他写了一封信："自古以来，身为人臣，为忠则忠，为奸则奸，并没有又忠又奸之人。如今赵知院想力挽狂澜，但又存有观望之心，难道不是忠心中掺杂着奸邪之念吗？如今国家安危在此一举，天下安宁系于您一人，赵公唯有一直向前，才不辜负朝野期许！"赵汝愚看到这封信后迅速坚定了决心，不管前路多么崎岖，他都会坚定地走下去，于是立即召见徐谊询问对策。

在当前危局之下，唯有请出吴太后方能稳定众人之心，若想说动吴太后，唯有请求知阁门事韩侂胄。韩侂胄与吴太后渊源颇深，他的母亲是吴太后的妹妹，他的妻子又是吴太后的侄女。就在留正逃离临安的同一日，赵汝愚授意韩侂胄敦请吴太后出面主持朝政，但韩侂胄也不是随时都能见得到居于深宫中的吴太后，只能拜托与自己关系亲近的宦官代为转达。吴太后再度拒绝了他们的请求，如今她只想着安享晚年，之前答应为孝宗皇帝主持丧礼已属迫不得已，她不想再招惹是非。

韩侂胄自然不死心。第二天，也就是七月初四，他再度恳请吴太后身边的亲信宦官张宗尹前去劝说吴太后，依旧遭到她的拒绝。就在无计可施的韩侂胄想出宫之际，他意外遇到了提举重华宫的关礼，正是这次偶遇使事态有了转机。

关礼虽然只是个宦官，却始终关注着政局走向，已经大致知晓了赵汝愚、韩侂胄等人的谋划，但还是若无其事地询问韩侂胄进宫的缘由。起初韩侂胄只是敷衍了他几句，可关礼穷追不舍，后来韩侂胄索性将他们的谋划和盘托出。

关礼听后主动请缨，想再去劝劝吴太后，并请韩侂胄稍等片刻。这几日韩侂胄屡屡碰壁，其实对关礼并无多大信心，但见关礼如此说，只能暂且等一等。关礼随即去见吴太后，在吴太后面前，关礼说着说着便泣不成声，不明就里的吴太后赶忙询问缘故。关礼说："您读书万卷，又历经世事，如今朝野上下人心思变，谁都不敢保证今后不会出乱子！"

吴太后的脸色顿时阴沉下来，不悦道："你身为一个宦官，妄议朝廷大事，难道你忘了祖宗家法了吗？"

关礼却抗言道："此事人人皆知，只不过不说罢了！如今左丞相已经离去，朝廷能够依仗的人唯有赵知院。太皇太后可曾想过，如若他也辞官而去，时局将会如何？"

吴太后惊愕地望着痛哭不已的关礼，急切地问道："赵知院不同于旁人，与陛下同姓，难道他也要走吗？"

关礼耐心开导说："赵知院之所以没有离去，并非因为他与陛下同姓，而是因为他觉得有太皇太后会为他做主。如今他不顾个人安危定下大计，却迟迟得不到您的支持，长此以往，他恐怕也不得不离去。您想过没有，一旦连他都离开了，朝廷又将会怎样？还望太皇太后能够出面主持大局，以免冷了众人的心！”

关礼的一席话使吴太后意识到，面对当下的危局，包括她在内的每个人都已经没有了退路。吴太后思虑良久，问道：“韩侂胄现在何处？”

关礼知道大事已成，赶忙回禀道：“微臣斗胆将他留下，此时此刻他正在殿外候命。”

此时已经过了正午，饥肠辘辘的韩侂胄仍旧站在烈日下等消息，好在他终于等来了期盼已久的好消息，赶忙出宫向赵汝愚复命。关礼随后命人按照嘉王赵扩的身材秘密制作了黄袍，但此时的赵扩对这一切还一无所知。

自从留正离开后，赵汝愚便选择赵彦逾作为自己的搭档，因为赵汝愚与参知政事陈骙素来不和，甚至彼此都刻意回避对方。赵汝愚虽是同知枢密院事余端礼的上司，但余端礼化解当下危局的态度远远不如赵彦逾积极，赵彦逾也不过是想为自己日后成功上位宰执捞取政治资本罢了。

既然吴太后已经允诺垂帘听政，那么接下来的当务之急便是敦请嘉王赵扩尽快登基。赵彦逾认为此事宜早不宜迟，但赵汝愚觉得新皇帝登基绝非儿戏，应该选一个黄道吉日才行，于是命人去取黄历。他们查了查黄历，发现举行禫祭的七月初五便是难得的吉日。两人最终商议决定，孝宗皇帝的禫祭、太皇太后垂帘听政、光宗皇帝退位以及嘉王登基全都安排在这一天。

七月初五，群臣相继来到梓宫，也就是孝宗皇帝的棺材前，即将为他举行禫祭。禫祭通常会选在皇帝去世后的第二十七天，这也意味着丧礼全部结束，等到山陵修造完成后再正式启动葬礼仪式。

嘉王赵扩原本并不打算参加禫祭，但赵汝愚专门找到他说：“明日禫祭乃是朝中大事，嘉王万万缺席不得！”嘉王这才如约而至，此时的他还不会想到自己即将被群臣拥立为皇帝。

吴太后照例主持禫祭，但群臣迅速嗅到了一丝异样。随着珠帘被挂起，太皇太后居然开始了垂帘听政。在皇帝患病期间，嫡母或者嫡祖母有权代为处理朝政，尤其是在当下群龙无首、人心浮动之际。赵汝愚率先回禀道："如今陛下患病不起，以至于不能主持太上皇的丧礼，臣等恳请陛下册立嘉王为太子以安人心。陛下对此有御批'甚好'，紧接着陛下又颁下手诏称'历事岁久，念欲退闲'，恳请太皇太后处分！"

吴太后轻声道："既有御笔，相公照此奉行即可！"

赵汝愚恳请道："兹事重大，日后将公布于天下，今后将书入史册。臣等以为还需正式行公文为好！"

吴太后点了点头。赵汝愚赶忙从袖中抽出事先拟好的公文，毕恭毕敬地进呈给她，上面写道："皇帝以疾，至今未能执丧，曾有御笔，欲自退闲。皇子嘉王（赵）扩，可即皇帝位。尊皇帝为太上皇帝，皇后为太上皇后，移御泰安宫。"

太皇太后看后点了点头道："按此照办即可！"

赵汝愚又请命道："如今太上皇疾病未愈，突然听闻此事，微臣担心他会有所惊疑。为了不使父子之间心生嫌隙，还望太皇太后能够设法从中斡旋，恳请入内内侍省都知杨舜卿负责相关善后事宜。"

吴太后认为赵汝愚所虑甚为周全，于是命人将宦官杨舜卿召至帘前，当面嘱咐了几句。杨舜卿心领神会地点了点头。

嘉王对于自己突然被拥立为皇帝毫无心理准备，坚决推辞道："我不愿背负此等不孝之名！"

赵汝愚义正词严道："天子不同于寻常人，应以安社稷、定国家为大孝。如今局势危急，万一生变，陛下将置太上皇于何地？"他随后与诸位朝臣为赵扩披上了黄袍。赵扩并不肯坐，依旧直挺挺地站在众人面前，赵汝愚照例率同僚向他下拜。

《四朝闻见录》的记载更为详尽，过程也更为曲折。孝宗皇帝生前对魏王赵恺之子嘉国公赵抦颇为看重，因此吴太后特地将赵抦叫来，对他说：“如今朝中有不少朝臣想拥立你，我思忖良久，觉得嘉王比你年长些，还是让他来接班更为妥当，他当完了你再当，也未尝不可！”

赵抦的生年并无详细记载，不过根据历史文献推算，他应该比嘉王小两岁左右。吴太后一再强调嘉王比他年长，巧妙地回避了血缘远近。当今天子光宗皇帝是嘉王的亲生父亲，子承父业乃是天经地义之事，虽然偶尔也会如太祖皇帝赵匡胤、太宗皇帝赵光义那样兄终弟及，但身为皇侄的赵抦其实并无问鼎皇位的机会，除非后继无人的皇帝将他收为养子。吴太后特地安抚赵抦，并非仅仅因为孝宗皇帝生前对赵抦很是宠爱，还因为嘉王天资平庸，能力远在他之下。很多朝臣至今仍旧对其父魏王赵恺没能继承大统而深表惋惜，朝中已然涌现出一股政治势力想借机拥立他上位。

赵抦听吴太后说完后顿时色变。他深知一旦因此遭受光宗父子的猜忌，恐怕会招来杀身大祸，于是朝着吴太后拜了拜便快步离开了。等他离开后，吴太后命人将嘉王召来。当得知自己将要被拥立为皇帝后，嘉王居然惊慌失措地想逃走，好在吴太后早就安排知阁门事韩侂胄站在他的身后。见嘉王想逃，眼疾手快的韩侂胄赶忙伸出手，死死拽住了他的胳膊。

嘉王见自己无法脱身，只得向吴太后苦苦哀求道：“臣做不得，做不得。”

吴太后却不理会他，命韩侂胄取黄袍来，对嘉王说：“我亲自给你穿上！”

嘉王闻听此言，刹那间使出全身力气，居然挣脱了韩侂胄的挟制，开始在殿内狂奔，他巧妙地利用殿内的柱子躲避众人的抓捕，现场顿时乱作一团。在关键时刻，吴太后高声呵斥道：“嘉王，你站住！我见过你曾祖父登基，也见过你祖父登基，还见过你父亲登基，如今轮到你了，这便是你的宿命，也是你的责任，你逃不脱！”说着说着，她竟垂下泪来。见年高八旬的曾祖母如此动怒，又如此动容，嘉王随即停下了脚步，不再试图逃跑。韩侂胄等人趁机迅速围拢过来，规劝他顺从天命，随后给他穿上了早就准备好的黄袍。

嘉王不再试图逃跑，但嘴里仍旧不停地嘀咕着：“臣做不得，做不得！”由此可见，嘉王的心中有着太多的难言之隐，可他又不能不服从大局。

刚刚即位的宁宗皇帝赵扩来到供奉着祖父牌位的大殿内，向祖父的牌位叩头致敬，还流下了痛苦的泪水。宁宗在黄袍之外套上丧服，缓缓地从殿内走出来，走进重华殿东侧院内的白色帐篷。早就等候在那里的宦官们扶着他缓缓登上早已备好的御座。百官们行礼完毕之后，众人一同为孝宗皇帝行禫祭礼。

与此同时，杨舜卿奉行前往南内，恳请被迫退位的光宗皇帝交出八宝。八宝是专属于皇帝的八方御玺，分别是“镇国神宝”“受命宝”“天子之宝”“天子信宝”“天子行宝”“皇帝之宝”“皇帝信宝”“皇帝行宝”。每方御玺都有着各自的用途，比如“天子之宝”只在给外国递还国书时使用。当年汴京之围时，北宋皇帝的御玺全都被金人掳走，因此南宋皇帝的御玺是高宗皇帝派人重新修造的。

对于杨舜卿索要八宝的行为，光宗感到有些惊愕，但杨舜卿说太子如今已经即位，他这个太上皇不便再持有专属于皇帝的八宝，还说这是吴太后的旨意。光宗万万未曾料到，短短几日，朝中居然发生了如此之大的变故，在他几乎完全不知情的情况下，他这个皇帝居然遭到了罢黜。

宁宗皇帝随后下诏，尊光宗为太上皇帝，尊皇后李凤娘为太上皇后。皇帝退位后要照例从南内搬往北内，宁宗考虑到如今正值酷暑，准许光宗暂时不用搬家，只是将他的寝殿改名为泰安宫。七月初六，吴太后册立崇国夫人韩氏为皇后，这位韩皇后是韩琦的六世孙，颇有戏剧性的是她的祖上韩琦也经历过类似一幕。

当年英宗皇帝赵曙在仁宗皇帝赵祯的灵柩前突现癫狂之状，随后英宗赵曙与养母曹太后的关系也是急剧恶化，曹太后甚至一度想要废掉他，但英宗最终安然无恙。如今光宗却被迫退位，两者的际遇为何会有着如此大的不同呢？

英宗治理下的北宋政局稳定，百姓祥和，但光宗统治下的南宋却面临着诸多内忧外患。英宗是因突然发病而无法主持仁宗的丧礼，朝臣们一时间难以分辨真假。光宗是因种种不孝行径而一直饱受抨击，父亲病重期间始终不闻不问，父亲去世后又一直托病不出，这自然使文武百官对他心生怨恨，以至于与他离心离德。

英宗只是仁宗的养子，仁宗待他并不好，因此英宗称病不出还能赢得一些人的同情与理解。光宗是孝宗的亲生儿子，孝宗养育了他四十多年，又将皇位提前禅让给他，他却对父亲如此不孝，自然无法获得世人的原谅。

英宗患病期间始终得到以韩琦为首的宰执们的坚定支持，曹皇后虽有罢黜他的想法，却因得不到韩琦等人的支持而无奈作罢。一意孤行的光宗对宰执们的劝谏不闻不问，赵汝愚等人对他失望至极，不遗余力地想将他赶下台。

吴太后的侄子吴琚是个极其谨慎的人，曾多次规劝姑姑吴太后趁早撤帘。八十岁高龄的吴太后也不贪恋权力，在下旨册封韩氏为皇后之后便果断撤帘，垂帘时间仅有区区两日，是宋朝历史上垂帘时间最短的太后，但在关键时刻发挥的关键作用却不容小觑。

由于各种传闻满天飞，不仅仅是都城临安，即便是地方州县，全都处于不安与骚动之中，此时的南宋实际上处于极度危险的境地。戍守襄阳府的将领陈应祥归顺南宋的时间并不长，自然也就没有多少忠诚度可言。陈应祥秘密招纳了许多亡命之徒，原本想着在七月十五日朝廷为孝宗发丧时，以光宗不孝为名起兵，趁乱诛杀当地的军政长官张定叟，然后再举城投降金国。

襄阳是阻挡北军南下的重要屏障，有着得天独厚的地理优势。即便是在欧亚大陆战无不胜的蒙古铁骑攻占襄阳都用了足足六年之久，襄阳的沦陷也敲响了南宋灭亡的丧钟，由此可见襄阳重要的战略地位。此时此刻，陈应祥这个微不足道的人物无疑成为左右历史走向的大角色。

不过让陈应祥始料未及的是，在如此短的时间内，朝中局势居然发生了翻天覆地的变化，光宗被逼退位，宁宗顺利登基，因光宗不孝而引发的政治危机得以迅速化解。陈应祥只能被迫收手，他很快便被同党告发，终因谋反而被诛杀。

由此可见，如若这场政治危机延续下去，后果将不堪设想，力挽狂澜的赵汝愚可谓厥功至伟。不过令人扼腕叹息的是，刚刚为朝廷立下大功的赵汝愚很快便遭遇了厄运！

从绍熙危局到庆元党禁

赵汝愚为了江山社稷而不顾个人安危，才得以扭转乾坤，可谓朝中难得的大智大勇之人。但他智商虽高，情商却很有限，以至于迅速跌落神坛，还酿成了一场残酷的党争。

绍熙五年（1194年）七月十六日，宁宗下诏对三位执政进行嘉奖。知枢密院事赵汝愚升任右丞相，参知政事陈骙知枢密院事，同知枢密院事余端礼兼参知政事。不过赵汝愚拒绝了这项新任命，说："我本就是赵姓宗室，怎敢说自己有功呢？"

韩侂胄曾经是赵汝愚最强有力的助手，认为凭借自己的赫赫功勋肯定能被朝廷授予节度使。殿前都指挥使郭杲拜武康军节度使，韩侂胄自认为功劳远在郭杲之上，谁知他仅仅被授予汝州防御使。韩侂胄气呼呼地去找赵汝愚理论，赵汝愚却说："我是宗室，你是外戚，我们不同于那些外臣，我们所做的这一切不求回报，也不谈功劳！"这或许是赵汝愚的肺腑之言，但韩侂胄不以为然，认为赵汝愚是在用这些大道理来愚弄自己。

知临安府的徐谊早就看清了韩侂胄的真面目，认为将此人留在朝中日后必成大患，所以他建议赵汝愚在授予韩侂胄高官厚禄的同时，将韩侂胄安排到偏远之地，但赵汝愚根本不以为意。

当初叶适力劝留正早日确立赵扩的储君之位，赵汝愚感念叶适的功劳而将其升任国子司业。叶适也竭力劝说赵汝愚授予韩侂胄节度使之职，否则赵汝愚日后必然会招来灾祸，但依旧被他断然拒绝。叶适无奈地叹息了一声，似乎隐约看到了不久后赵汝愚和自己的悲惨下场，于是自请以太府卿之职总领淮东军马钱粮。虽然叶适离开了朝廷，但他终究没能躲过这场灾祸。

给事中黄裳曾任嘉王府翊善，因教导曾为嘉王的宁宗皇帝有方，受到太上皇光宗皇帝的褒扬。黄裳谢恩时对光宗说道，嘉王要想在学业上有所精进，那就需要选择天下第一等人对其进行辅导，所以趁机推荐了理学大家朱熹。嘉王府直讲彭龟年之前给宁宗讲解经义时也对朱熹赞不绝口，宁宗自此便将此人的名字默默记在了心中。赵汝愚也向朝廷推荐朱熹，宁宗当即任命知潭州的朱熹为焕章阁待制兼侍讲，让朱熹定期给他讲解儒家经典著作。

由于留正担任的左丞相之职始终没有被免去，宁宗登基后特地征召留正前来，任命他为大行攒宫总护使，不过他谢恩之后却再度出城。在生死攸关的时刻，留正却托病逃离了临安，赵汝愚虽然对留正的所作所为极为不满，但依旧认为留正是不可多得的治国能臣，于是恳请光宗下旨速速征召留正前来，继续主持朝中政务。

宁宗是在危急时刻迫不得已提前登上皇位，不宜大规模封赏功臣，以免招致朝野间的非议，却也因此招致那些所谓功臣们的不满。韩侂胄凭借宁宗的信任对国家政事指手画脚，甚至数次去到两省[①]。左丞相留正对飞扬跋扈的韩侂胄极为厌恶，于是让下属告诉韩侂胄，两省不是他应该来的地方。韩侂胄因此

---

① 中书省与门下省合并为中书门下省，与尚书省并称为“两省”。

对留正恼怒不已，不停地在宁宗面前提起留正在宁宗即位前夕不堪重负逃走的旧事，挑动宁宗对他的不满。

八月二十八日，宁宗颁布手诏，罢免了留正的左丞相之职，让他出知建康府（今江苏省南京市），任命赵汝愚为左丞相。赵汝愚原本想与留正一起干一番大事业，谁知留正却突遭罢黜，他既感到震惊，又感到愤怒，对于如此重大的人事任免，他事先居然毫不知情，赵汝愚觉得韩侂胄实在太过胆大妄为了。

赵汝愚在府上与已经升任签书枢密院事的罗点议事时，韩侂胄前来拜谒。此时赵汝愚正在气头上，于是让手下人告诉韩侂胄此时不方便见客。

罗点赶忙对赵汝愚说："赵知院此举恐怕不妥吧！"

如今权势显赫的韩侂胄既然能够罢免留正，自然也能罢免赵汝愚，况且韩侂胄恳请宁宗任命赵汝愚为左丞相，分明是在向赵汝愚示好，赵汝愚要是为了已经被罢黜的留正而公然与韩侂胄为敌，显然得不偿失。

赵汝愚当即意识到自己刚刚太过意气用事了，便急匆匆前去面见韩侂胄，却终究无法消除韩侂胄对他的怨恨。韩侂胄虽然对赵汝愚越来越不满，但两人毕竟是一同出生入死的战友，只得将不满藏在心头。不过在旁人的挑唆下，韩侂胄彻底走向了赵汝愚的对立面。

内禅前夕，出于保密的考虑，赵汝愚仅仅秘密联络了韩侂胄等少数人，同为知阁门事的刘弼认为自己错失了难得的立功机会，对赵汝愚耿耿于怀，于是开始挑拨离间，对韩侂胄道："如今赵相既想大权独揽，又想大功独占，韩君不仅仅得不到节度使之位，而且恐怕过不了多久便会被远贬岭南了。"韩侂胄听后心头顿时掠过一丝恐惧，赶忙向他询问应对之策，刘弼神秘兮兮道："韩君若想对抗赵相，唯有借助台谏官的力量。"

知阁门事韩侂胄手中掌握着一项重要的权力，那就是奉命执掌御笔。御笔并非全是皇帝亲笔，有时也会由旁人代笔，但必须要加盖皇帝的御玺。御笔不经两省便可直接下发，身为右丞相的赵汝愚即便对此有所异议，也是无济于事。韩侂胄通过下发御笔，拜给事中谢深甫为御史中丞，随后又以同样的方式任命亲信刘德秀为监察御史。

朱熹对韩侂胄的所作所为深恶痛绝，他在给宁宗讲解经书时，时常会对韩侂胄进行抨击。朱熹本想与已经升任吏部侍郎兼侍讲的彭龟年一同弹劾韩侂胄，但彭龟年已经出任金人吊祭馆伴使。孝宗皇帝去世后，金国派遣使臣前来祭奠，彭龟年负责接待金国使臣，终日忙忙碌碌，根本无暇他顾。朱熹无奈，只得给赵汝愚写信，恳请其遵照祖制，给予外戚韩侂胄高官厚禄，但不允许他继续参政，否则日后他会变得难以控制。此时的赵汝愚以为韩侂胄暂时还威胁不到自己的地位，没有采纳朱熹的建议，但他很快为自己的误判付出了惨痛的代价。

右正言黄度上疏指斥韩侂胄是像蔡京那样的大奸臣，韩侂胄得知后当即以御批的方式将黄度罢黜，让他知平江府（今江苏省苏州市）。身为言官，黄度上书言事乃是分内之事，一手遮天的韩侂胄居然以迅雷不及掩耳之势将其贬出朝。黄度绝望之下坚决请辞，随后被改授为宫观官，虽然可以照常领取俸禄，但没有什么具体的事干。

黄度惨遭罢黜后，朱熹为宁宗讲学时，言辞激烈地向宁宗抨击韩侂胄专权擅权的行为，认为韩侂胄若是长此以往，皇帝的威严将会荡然无存，朝廷也势必会生出祸端。韩侂胄得知后大怒，指使宫廷艺人在宁宗面前表演时，刻意装扮成峨冠阔袖的儒生，趁机诋毁朱熹，暗示他太过迂腐，不可重用。闰十月二十一日，宫中传出御批，宁宗罢免了朱熹章阁待制兼侍讲之职。赵汝愚火速入宫，恳请宁宗收回成命，但宁宗仍旧坚持己见。赵汝愚以辞职相要挟，宁宗见状只得收回成命，罢黜朱熹之事暂且被搁置下来。

韩侂胄自然不甘心。他指使手下将皇帝的御批交给朱熹阅览。朱熹一向以不贪恋权位的形象示人，自然不愿自毁形象，当即向朝廷请辞，这无疑正中韩侂胄的下怀。朱熹被罢免的消息在朝中引发轩然大波，中书舍人陈傅良等人纷纷上书弹劾韩侂胄，但他们的奏疏全被拦了下来，上书者都惨遭罢免。朝臣们一时间噤若寒蝉，唯独彭龟年毫不畏惧，对韩侂胄展开了猛烈抨击，但韩侂胄不仅没有受到丝毫的影响，还升了官。十一月二十三日，韩侂胄从汝州防御使升为宜州观察使，同时兼任枢密都承旨。彭龟年当即上书宁宗，言辞激烈地写道："韩侂胄能够知晓百官无法知晓之事，能够做到百官无法做到之事，如若陛下继续对他姑息纵容，恐怕他会成为朝廷的心腹大患！"

宁宗看到彭龟年的奏疏后惊愕不已，说道："侂胄乃是朕的心腹之臣，疑人不用，用人不疑。朕对他一片真心，他势必不会辜负朕！"

彭龟年随后又上书说："陛下罢黜朱熹已然引发朝野间的震动，如今陛下要想安定众人之心，只能罢免小人，否则天下人会认为去君子易而去小人难！"为了表示自己的决心，彭龟年上书请求宁宗授予自己宫观官的职位，韩侂胄见此情形也不得不请辞。宁宗想将两人一同罢为宫观官，但知枢密院事陈骙说："如若陛下因为阁门官而罢黜了经筵官，又如何向天下人解释呢？"

宁宗随即写下御批："彭龟年外放府州，韩侂胄晋升一阶，授予其在京宫观官。"彭龟年看似没有被授予闲职，却被贬出了朝廷，韩侂胄看似被授予闲职，但官阶从观察使升到了承宣使，这与他梦寐以求的节度使职位仅有一步之遥，更为关键的是他可以继续留在京城，依旧有机会与宁宗见面。

对于这项任命，给事中林大中和同中书舍人楼钥予以缴奏。这两人有权对诏书或其他重要文书进行复核，如果发现有不当之处，可以封还并附上理由，是对皇权的一种监督与制约。两人缴奏的理由是："如今才不过两三个月的时间，拥立宁宗的功臣要么去世，要么被罢，彭龟年是如今所剩无几的功臣，如若再将他贬出朝，众人会认为他是因言获罪，这样势必有损皇帝威严。如今彭龟年和韩侂胄一去一留，去者恐怕再难见天颜，留者却可以继续得到皇帝召见，该处分显然失当。恳请将彭龟年留任，将韩侂胄外放。"

宁宗批示道："准予彭龟年以焕章阁待制之职知江陵府已属优待，况且韩侂胄本无过错，如此处分并无不当！”

林大中和楼钥共同上奏：“彭龟年带馆职外放属于优待，韩侂胄升任承宣使就不是优待吗？如果说韩侂胄没有过错，彭龟年出于爱君热忱勇于上书论事，难道就有错吗？如今彭龟年外放，韩侂胄却独留京中，世人又将会如何看待陛下呢？”

两人据理力争，但宁宗依旧竭力袒护韩侂胄，韩侂胄由此变得更加骄横难制。

绍熙五年（1194年）十二月十三日，知枢密院事陈骙被罢免，次日余端礼知枢密院事，京镗任参知政事。陈骙与赵汝愚向来不合，两人同为宰执，但几乎不说话，不过罢黜陈骙主要是韩侂胄之意。在彭龟年事件中，陈骙出于公义也站在了彭龟年一边。韩侂胄曾对旁人说：“彭侍郎不贪图好官也就罢了，陈知院居然也想做好人！”京镗是韩侂胄的铁杆亲信，如今跻身执政行列，在两省中可以对赵汝愚进行钳制。赵汝愚在朝中显得越发孤立无援。

在此关键时刻，赵汝愚的昔日盟友赵彦逾居然也与赵汝愚反目成仇。赵彦逾认为自己有大功于社稷，原本想着可以借此一跃成为宰执，谁知却被外放为四川制置使，自此便与赵汝愚反目成仇，迅速投入韩侂胄阵营。临行之际，赵彦逾特地写了一份奏疏，上面密密麻麻地写着与赵汝愚关系亲近的官员姓名，将他们全都指斥为赵汝愚的党羽，并且故意在宁宗面前说道：“如今赵汝愚已成尾大不掉之势，微臣之所以冒死进谏，是希望陛下早做决断，否则一切便迟了！”赵彦逾的一席话让宁宗对赵汝愚的猜忌之心更重了。京镗看出了宁宗的隐忧，也找到了赵汝愚的短板。

赵汝愚成功逼迫光宗让位，然后又拥立宁宗，足见他在朝中巨大的政治影响力。才能平庸的宁宗是一个很没有安全感的皇帝，本就对权势显赫的赵汝愚心存忌惮。韩侂胄按照京镗的谋划，向宁宗诬告赵汝愚谋反，这无疑触动了宁宗心中最敏感的那根神经。

赵汝愚是太宗皇帝赵光义之后。由于高宗皇帝的近亲几乎都在开封城破后被金兵掳掠到了北方，他无法像仁宗皇帝那样从近亲中寻找合适的继承人，所以最终选择太祖皇帝赵匡胤的七世孙赵昚作为自己的继承人。太宗皇帝的子孙却不甘心皇位旁落，因实力不济而不得不韬光养晦，但如今赵汝愚大权在握，他们自然会将恢复昔日荣耀的重任全都寄托在赵汝愚的身上。虽然赵汝愚从未有过不臣之心，但他敏感的身份已让他陷入百口难辩的境地。

韩侂胄起用与赵汝愚有宿怨的秘书监李沐为右正言。很快李沐就上奏，说赵汝愚身为宗室子弟，拜相不仅有违祖制，也不利于社稷安定。李沐一下子便戳中了赵汝愚的死穴，惶恐不安的赵汝愚随即出城前往浙江亭待罪。知枢密院事余端礼与赵汝愚关系亲近，可他因慑于韩侂胄的权威而不敢出面营救赵汝愚。

庆元元年（1195年）二月二十二日，赵汝愚被罢免右丞相之位，以观文殿大学士之职出知福州，然而对他的清算才刚刚开始。御史中丞谢深甫随后大肆揭发赵汝愚所谓的不法之事，赵汝愚也因此被改为提举洞霄宫。在草拟赵汝愚罢相诏书时，直学士院郑湜写的居然全是溢美之词，他也因此被免职。兵部侍郎章颖、国子祭酒李祥、知临安府徐谊以及国子博士杨简因替赵汝愚鸣冤而被指斥为赵汝愚的党羽，全都惨遭罢黜。

韩侂胄凭借权术赢得了这场权力斗争，却也招致士大夫阶层的一致谴责。周敦颐首创道学，主张恢复儒家中断近千年的“道统”。“道统”是儒家传道的脉络与系统，赋予了儒学第二次生命，后来在此基础上衍生出了理学。包括朱熹在内的道学大家几乎都是赵汝愚的支持者，韩侂胄也因此陷入了舆论旋涡。

庆元元年（1195年）六月，右正言刘德秀上书，重提孝宗朝道学之争，希望宁宗效法孝宗，考核真伪，以辨邪正，矛头直指道学。紧接着御史中丞何澹上书恳请封禁道学。数日后，吏部侍郎糜师旦再次奏请宁宗考核儒家诸说的真伪，随即开始了轰轰烈烈的甄别运动，凡是与赵汝愚、朱熹亲近之人几乎全都受波及。

监察御史胡纮诬陷赵汝愚，说他阴谋拥立太上皇光宗复辟，韩侂胄显然想将赵汝愚置于死地。但宋朝没有诛杀大臣的传统，更何况是刚刚立下大功的前宰相，因此宁宗断然拒绝了他们的请求，不过同意重贬赵汝愚。当年十一月，赵汝愚被贬为宁远军节度副使，安置在永州（今湖南省永州市零陵区）。临行之际，赵汝愚对前来送行的人说："人固有一死，若是我死了，你们也就平安无事了！"赵汝愚说着说着不禁泪下，没想到仅一年多的光景，他便从万人敬仰的丞相沦为千夫所指的罪人。他感到很委屈，也很悔恨，后悔没能及早铲除韩侂胄，这才沦落到如今这步田地。

赵汝愚怀着悲痛的心情前往遥远而又陌生的永州，当时已经是隆冬时节。在贬谪的路上，五十七岁的赵汝愚病倒了，手下人赶忙请来当地的医师，谁知请来的是个庸医，给他开了一些寒凉之药，他吃了后病情不仅没有好转，反而更重了。可即便如此，赵汝愚仍旧没有停下前行的步伐，因为他担心政敌们会给他安上逡巡不前的罪名。赵汝愚乘坐的船只途经潇湘时遇上了漫天风雪，身体内外的寒气交相袭来，他随即一病不起，甚至到了不吃不喝的地步。

次年正月，赵汝愚行至衡州（今湖南省衡阳市），遭到知州钱鍪的百般刁难，一向高傲的赵汝愚再也无法忍受这人世间无端强加给他的诸多痛苦。正月十八日，赵汝愚永远地离开了这个世界。有的文献说他是因病重不治而死，有的文献说他是服毒自杀。

赵汝愚的死并没有让韩侂胄收手。韩侂胄授意手下人编造了一份多达五十九人的"伪学逆党"名单，最终名单上的人有的被罢官，有的被远贬，有的被逮捕，有的被充军，还有的像赵汝愚那样被迫害致死。这份名单的出炉也掀起了庆元党禁的高潮，受到波及的人远远不止这五十九个人，包括道学在内的学界各派领袖几乎被一网打尽，以至于士大夫人人自危。南宋立国以来学派林立、百家争鸣的学术繁荣局面一去不复返。其实名单中有很多并非学界中人，他们只是韩侂胄的政敌，却被冠以“伪学逆党”之名遭受打压。

韩侂胄指控“伪学魁首”朱熹犯有不忠、不孝、不仁、不义、不恭、不谦六大罪状，还捏造他引诱尼姑成为自己宠妾的桃色谣言，朝中要求诛杀朱熹的呼声一浪高过一浪。不过宁宗还是选择对朱熹网开一面。朱熹辞官回乡后一直发奋著书，直到生命的最后一刻。

庆元六年（1200年）入春以来，年事已高的朱熹几乎双目失明，可他仍旧拖着病体整理还未写完的残篇。此时他仿佛是一个孜孜不倦的播种者，希望自己播下的小小的种子日后能长成参天大树。三月初九，七十一岁高龄的朱熹溘然长逝。十一月，从各地赶来的学子们在信州（今江西省上饶市信州区）为朱熹举行了盛大的葬礼，这令韩侂胄极为不安，严令当地官员密切关注葬礼的进展，以免引发社会骚动。

朱熹的葬礼并没有引发内乱，但韩侂胄真切地感受到了思想的力量。权力可以轻而易举地除掉一个人，却难以清除他的思想。为了清除异己，韩侂胄不惜与整个士大夫阶层为敌，他也担心自己在失势或者去世后会被千夫所指。嘉泰二年（1202年）二月，在韩侂胄的建议下，朝廷正式放开党禁，无辜惨死的赵汝愚被追赠为资政殿学士，仍旧健在的“伪学逆党”陈傅良、徐谊等人纷纷得以复职，但此事给南宋带来的巨大创伤久久难以愈合。

大权在握的韩侂胄自以为可以掌控一切，他后来遇到了一个更为冷酷的对手，权臣间的精彩对决也悄然拉开了帷幕。

第七案

济王之殇：究竟是谁偷走了他的皇位

作为宁宗皇帝唯一的皇子，济王赵竑被视为唯一的继承人，可他行事太过随心所欲，得罪了两个得罪不起的人。宁宗去世后，登上皇位的居然不是他！济王赵竑唾手可得的皇位究竟是如何诡异丢失的呢？

赵昀虽是宗族子弟，却与普通百姓无异。他的父亲就是个小小的山阴县尉，他这个落魄宗室子弟却完成了华丽转身。赵昀被过继给了死去的沂王，后来又莫名地从皇侄变为皇子，继而成为皇帝，但对他皇位合法性的质疑之声久久都不曾停息。

赵昀登基后将赵竑贬往湖州，紧接着便发生了湖州之乱。赵竑被裹挟进来，很快便迷途知返，却仍旧难逃一死。在此后长达半个世纪的时间里，不计其数的人为赵竑鸣冤叫屈，扼腕叹息。直到南宋灭亡前夕，赵竑才得以平反。这起跨越三朝的冤案又与南宋的灭亡有着怎样微妙的联系呢？

宁津园之变中的三角同盟

宁宗皇帝的皇后韩氏是当朝丞相韩侂胄的侄曾孙女。庆元二年（1196年）六月，韩皇后为宁宗生下了次子赵埈。宁宗登基前有过一个儿子，但出生不久便夭折了，连名字都没有。当年八月，赵埈突患惊风病，仅仅活了四十七天便不幸离世。此时宁宗刚刚步入而立之年，仍旧处于生育的黄金时期。

庆元四年（1198年），宁宗将宗族子弟赵询（当时叫赵与愿）召入宫中抚养。孝宗皇帝一脉为赵匡胤幼子赵德芳的后人，赵与愿却是赵匡胤次子赵德昭的九世孙，因此宁宗的这个做法招致宗族内部很多人的不满。

庆元六年（1200年）正月，韩皇后生下了皇三子赵坦，虽在同年八月便夭折了，但已然是宁宗九个儿子中活得最久的了。当年十一月接连发生了三件大事，第一件事是当时叫赵与愿的赵询，被正式赐名为赵曮。在宗室中，单字名代表尊贵， 通常只有皇子才有资格叫单字名。宁宗还任命赵曮为福州观察使，令其在资善堂读书， 此时赵曮还没有正式的名分，但宁宗已经按照皇子的待遇来培养他了；第二件事是接连遭遇丧子之痛的韩皇后病逝了，年仅三十六岁；

第三件事是宁宗宠爱的杨贵妃生下了皇四子赵增，但赵增很快便夭折了。

韩皇后去世后，后宫便无主了。当时最受宠的是杨贵妃，她与刘娥颇为相似，早年生活坎坷，凭借自身能力在后宫中身居高位。杨贵妃本是吴太后宫中的侍女，不仅聪明漂亮，还能歌善舞，通经史，善书画，能作诗。她虽比宁宗大六岁，但宁宗依旧对她极度痴迷。执掌朝政的韩侂胄觉得她心机深厚，日后定然难以控制，于是对宁宗说女人才学高、知古今、性机警并非好事，建议宁宗册立性格柔顺的曹美人为皇后。

杨贵妃自然不会轻易放弃，竭力为自己争取，以至于宁宗摇摆不定，皇后之位空悬了两年之久。嘉泰二年（1202年）十二月，杨贵妃被进封为皇后。她还在当年冬天生下了皇四子赵垧，不过赵垧出生当月便夭折了。此时的杨皇后已经过了不惑之年，再度生育的可能性已经微乎其微了，于是她将目光投向了养子赵询。如今在宫中毫无名分的赵询很需要她的支持，她想长久地享有富贵也需要赵询的助力。

杨皇后被册立为皇后一个月后，赵询从福州观察使升任为威武军节度使，被封卫国公。两年后，也就是开禧元年（1205年）五月，赵询晋为荣王，被正式立为皇子。此时的宁宗只有三十八岁，又不像高宗皇帝那样丧失了生育能力，所以很多人对他如此迫不及待地册立宗室子弟为皇子感到有些不解，可见杨皇后势必在幕后做了大量的工作。多年以后，赵询回顾杨皇后对自己的养育之恩，深情地说："若夫鞠育微臣，恩勤曲尽，奉承严训，教载必亲。"由此可见这对毫无血缘关系的母子之间的亲密程度之高。

册立赵询为皇子的诏书是礼部员外郎兼翰林权直徐似道撰写的。他特地写了两句耐人寻味的话："爰建神明之胄，以观天地之心。"叶绍翁看后不禁赞叹道："真学士也，其意味悠长矣。"如今年富力强的宁宗仍旧有生育皇子的可能，赵询未来的命运取决于天意，当然宁宗也希望自己无私的举动能换取上天的垂青，未来能赐予他一个可以继承大统的亲儿子。

赵询成为皇子后，引起了韩侂胄的不安与恐慌。在此过程中，韩侂胄一直都在隔岸观火，赵询一旦登基后势必会重用当初拥立他的那些人。韩侂胄意识到了大权旁落的危险，于是开始竭力阻止皇子赵询成为太子，可失去了韩皇后的助力，他渐渐感到力不从心，不得不兵行险着。开禧元年（1205年）七月，韩侂胄被加封平章军国事，由于左丞相空缺，担任右丞相的陈自强又是韩侂胄的亲信，韩侂胄实际上继续总揽军政大权。韩侂胄随后主持了轰轰烈烈的北伐，一旦北伐成功，他便可以凭借赫赫战功，逼迫宁宗废掉杨皇后与皇子赵询。杨皇后与皇子赵询对此看得极为真切，自然不甘坐以待毙。

皇子赵询十五岁了，但他依旧住在宫中，终日在资善堂就学。日后成为一代权相的史弥远此时还只是个小角色，不过他成功地攀上了赵询。史家并非名门望族，从未出过高官，但一个偶然的机会，史弥远的父亲史浩机缘巧合地结识了养在皇宫中且当时还没有名分的孝宗皇帝赵昚，继而成为他的老师。正是在史浩的教导下，赵昚在与赵璩的角逐中成功胜出，史浩也因此受到重用，官至右相、太师。史弥远也想复制父亲当年的传奇，他先以起居郎出任资善堂直讲，后升任礼部侍郎兼资善堂翊善，借助资善堂这个平台与赵询建立起亲密关系。由于杨皇后和赵询都在深宫中，史弥远便成为连通内廷与外朝的关键人物。

韩侂胄主持的北伐最终以失败告终。杨皇后、赵询等人看到了反击的机会，趁机在宁宗面前说韩侂胄专权擅权，祸国殃民，若不及时惩处他，日后必将危害社稷。但宁宗始终犹犹豫豫，不置可否。

杨皇后通过兄长杨次山秘密联络了史弥远，史弥远还争取到了参知政事钱象祖的支持。史弥远和钱象祖当初都反对北伐，钱象祖因此被贬知信州，后来才得以回朝继续担任参知政事，自然对韩侂胄恨之入骨。礼部尚书卫泾因不满韩侂胄专权擅权的行为，也加入了杨皇后的阵营。

史弥远与著作郎王居安、右丞张镃商议如何一举铲除韩侂胄。他们认为韩侂胄在朝中的势力盘根错节，宁宗又是优柔寡断之人，唯有快刀斩乱麻方能取胜。众人议定后，又将此事通报给另一位参知政事李壁。李壁与韩侂胄的关系不远不近，史弥远并不指望他能做些什么，只是希望他能在事发之后稳住政局。

就在史弥远等人有条不紊地筹划时，韩侂胄突然对李壁说："我听说近来朝中将会有大变故，不知相公是否有所听闻？"李壁的脸上掠过一丝惶恐，他担心史弥远等人的谋划已然意外泄露了。不过李壁很快便强迫自己镇定下来，故作轻松地说："韩相公想必多虑了！在下并未听闻此事！"原来是王居安在同僚面前得意扬扬地说："数日后，朝中政局定会耳目一新！"此事传到韩侂胄的耳中。不过韩侂胄认为小小的王居安不过是说说大话而已，并未引起他的警觉。

史弥远得知此事后却感到极为惶恐，赶忙去寻张镃商议对策。张镃当机立断道："我们与那老贼势不两立，不如一举将其诛杀，这样方能永绝后患！"

史弥远赞叹道："君真是个将才！我们当断则断！"

开禧三年（1207年）十一月初二，这天恰好是韩侂胄的宠妾"满头花"的生日，张镃一向与韩侂胄来往频繁，于是特地来到韩府帮助他准备寿宴。当日兴致颇高的韩侂胄与前来道贺的宾朋们开怀畅饮，不知不觉喝到了五更时分，醉醺醺的宾客们这才陆续散去。就在这天晚上，韩侂胄的亲信周筠听到了风声，赶忙派人给韩侂胄送来了一封密信。喝得醉醺醺的韩侂胄看了看他送来的信，轻蔑道 "这小子又在胡说！"随手便将那封信放在烛火前烧掉了。

次日清晨，周筠急匆匆赶来，竭力劝说韩侂胄不要前去上朝，否则恐怕凶多吉少。大权在握的韩侂胄不以为然，高声呵斥道："我看谁敢发动政变！谁敢！”说完后便登上了车，向着皇宫方向急速驶去。懊恼不已的周筠不停地跺脚，预感到他的末日已经悄然来到了。

就在前一日，杨皇后已然做好了御批，并交给了钱象祖、卫泾与史弥远。御笔、御批与亲笔有所不同，御笔和御批不一定是皇帝亲笔书写，也可以是旁人代笔，不过要加盖皇帝御玺。这些御批的内容是不是宁宗的本意外人不得而知，不过依旧要遵照执行。韩侂胄执掌朝政多年，党羽遍布朝中各个关键岗位，史弥远等人要在他毫无察觉时给予其致命一击，只能依靠宫中直接发出的御批，这样便可以绕开相关行政机构，直接下发给相关部门或者有关人员。钱象祖带着御批去见殿前司中军统制、权主管本司公事夏震。听说要诛杀当朝重臣韩侂胄，夏震听后面露难色。钱象祖拿出御批，夏震看了看，咬着牙道：“君命难违，末将定当效死力！”

夏震派遣中军正将郑发、王斌等人率领三百禁军埋伏在六部桥，那里是韩侂胄上朝的必经之路。发现韩侂胄的车子后，禁军士卒一拥而上，将车子团团围住。此时韩侂胄才嗅到了一丝危险的气息，不过他依旧没有预料到今日自己将会死于非命！

郑发、王斌等人宣称手中有御批，朝廷已经罢免了韩侂胄的平章军国事之职，责令其立刻出城。韩侂胄时常用御批来打击政敌，最为清楚其中的门道，想不到如今杨皇后以其人之道还治其人之身，此时的他可谓有苦说不出。郑发和王斌率军逼迫韩侂胄的车子调整行进方向，但韩侂胄迅速觉察到了异样，高声喊道：“我的府邸在湖州，即便要赶我出京，也应当走北关门，为何要出候潮门？”

此时韩侂胄才意识到自己恐怕不是被贬而是将要被杀，高声道：“我有什么罪？你们居然敢对大臣如此无礼？”禁军士卒自然不会理会他的质问与嘶吼，将韩侂胄劫持到了玉津园夹墙。韩侂胄自觉大难临头，于是想收买郑发，承诺只要肯放他一马，他就会授予郑发节度使之职，不过遭到了郑发的断然拒绝。根据《四朝闻见录》的记载，郑发用铁鞭连续猛击韩侂胄的裆部，一代权相在无尽的痛苦中结束了自己大起大落的一生。

其实韩侂胄隐隐觉察到了朝中异动，却没有预料到对手居然会如此狠辣。韩侂胄曾与亲信右丞相陈自强秘密商议，要将参知政事钱象祖等人全都贬出朝去，如果他当日乘坐小车走小道从和宁门入宫，不仅能逃过一劫，或许还能彻底掌控政治局势，如此一来杨皇后、赵询、史弥远等人恐怕便性命堪忧了。

得知杨皇后等人将对韩侂胄下手，宁宗有些于心不忍。他始终感念韩侂胄当年的拥立之恩，于是赶忙写了一份亲笔信笺，想转交给殿前司，让他们派人火速追回韩侂胄。在生死攸关的时刻，杨皇后跪在宁宗的面前，哭诉道："韩侂胄要废我与儿子。"凝视着左右为难的宁宗，杨皇后咬牙切齿道："韩侂胄贸然发动北伐，致使两国生灵涂炭，上百万百姓遭殃，难道他不该承担罪责吗？如若陛下执意要追回他，那么恳请陛下先将臣妾赐死！"

见自己心爱的女人哭得如此悲切，宁宗只得打消了营救韩侂胄的念头，但他不曾料到韩侂胄会死。早朝时，参知政事钱象祖和李壁来延和殿奏事，宁宗从他们口中隐隐猜出韩侂胄已经惨遭毒手。根据《齐东野语》记载，宁宗"愕然不信，及台谏交章论列，三日后，犹未悟其死"。

不杀大臣是宋朝延续了两百多年的传统，即便对方罪大恶极，皇帝通常也只是将其贬往生存环境恶劣的岭南，任其自生自灭。虽然杨皇后、史弥远等人的做法有些太过血腥，但一向恣意妄为的韩侂胄积怨甚深，朝野上下对此并没有什么批评之声。

由于韩侂胄坚决主战，使南宋与金国硝烟再起，因此南宋朝廷将韩侂胄的头颅割下送给金国，以之谢罪。南宋朝廷还接受了金国提出的议和条件，每年增加支付岁币三十万两白银，并额外支付犒师银三百万两。

随着南宋对外政策的转向，朝中政治格局也发生了翻天覆地的变化。韩侂胄的亲信们纷纷被贬出朝廷。陈自强被罢免右丞相后，其官职一降再降，最后被贬为复州团练副使、雷州安置，最终死于广州。参知政事李壁也因被认定为在诛杀韩侂胄时首鼠两端而遭到罢免。与此同时，参与诛杀韩侂胄的功臣们纷纷得以升迁。参知政事钱象祖兼知枢密院事，后升任右丞相；参知政事李壁兼同知枢密院事；礼部尚书卫泾升任签书枢密院事兼权参知政事；著作郎王居安升任左司谏；夏震升任福州观察使，仍旧主管殿前司公事。宁宗皇帝原本想任命立下大功的史弥远为签书枢密院事，史弥远却上表请辞，仅仅从礼部侍郎升任为礼部尚书。直到一个多月后，史弥远才升任同知枢密院事，又升任知枢密院事，此时他在朝中的地位仅次于钱象祖。

史弥远当初之所以会推辞不是出于谦让之心，而是因为他想再观察一下局势的发展。此时后宫中已经有嫔妃怀孕，这对他的学生赵询而言无疑是一个巨大的威胁。宁宗原本可以等到这个孩子降生后再做定夺，但在杨皇后与史弥远的竭力催促下，韩侂胄被杀十二天后，也就是十一月十五日，宁宗正式下诏册立赵询为太子。十一天后，宁宗照例大赦天下，让人始料未及的是，太子册立典礼却一拖再拖。

当共同的敌人消失后，昔日的诛韩阵营随即发生了分裂。钱象祖、卫泾等人察觉到史弥远的政治野心后，多次提醒宁宗，说史弥远极有可能会蜕变成另一个韩侂胄，但平庸懦弱的宁宗不想再节外生枝。

册立太子后，史弥远先兼任太子詹事，又改兼太子宾客，与太子始终保持着亲密的关系。不过在太子离开皇宫迁居东宫的前两日，右丞相钱象祖兼太子少傅，参知政事卫泾兼太子宾客，太子从受史弥远个人控制转变成受宰执共同控制。卫泾借助这个难得的机会，试图恳请太子劝说宁宗，罢免野心勃勃的史弥远，但太子与杨皇后、史弥远早就结成了一损俱损、一荣俱荣的政治同盟。

赵询从皇子到太子，史弥远助力颇多，他想从太子到皇帝，依旧要借助史弥远之力。这种基于感情与利益的政治同盟绝非卫泾短时间内能够轻易动摇的，因此卫泾的谋划最终落空了。

嘉定元年（1208年）六月，卫泾被罢免参知政事。与此同时，知枢密院事史弥远兼参知政事，在执掌枢密院的同时也开始兼管行政事务。十月初十，右丞相钱象祖升任左丞相，史弥远接任右丞相，与史弥远关系亲近的雷孝友、娄机、楼钥相继成为执政。至此，史弥远的势力已经初具规模。虽然钱象祖位居史弥远之上，但势单力孤的钱象祖已渐渐无力与之对抗。

恰在此时，史弥远的母亲突然去世了，史弥远被迫于十一月二十日辞职回家丁忧。这对钱象祖而言可谓天赐良机，他却掀不起什么波澜。在右丞相缺位的情况下，身为左丞相的钱象祖仍旧于十二月初二被朝廷罢免，朝野上下意识到起复史弥远的日子已然不远了。

嘉定二年（1209年）五月初三，正在服丧的史弥远被宁宗召回朝中，再度出任右丞相。在此后长达近二十五年的时间里，史弥远一直都是朝中唯一的丞相。

史弥远复相三个月后，延迟了近两年的太子册立典礼终于得以举行。太子册立典礼之所以迟迟没有举行，是因为宁宗迎来了皇八子赵垍。赵垍虽然只存活了两三个月，却也让几近绝望的宁宗重拾信心。

太子不同于皇子，一旦赵询成为太子，即便宁宗日后有了儿子，这个亲儿子也难以继承皇位。当初宁宗仓促下诏册立赵询为太子并非他的本心，而是受到了杨皇后、史弥远等人的蛊惑或者胁迫，事后宁宗又有些反悔了，所以太子册立典礼才会一拖再拖。

随着时间的推移，宁宗再度感受到了求而不得的失落，心中升腾起的希望之火也渐渐熄灭。在史弥远与杨皇后的劝说下，自觉生子无望的宁宗只得乖乖地为太子举行了册立典礼，太子此时正式改名为赵询。太子册立典礼举行后，赵询的太子之位也就彻底稳固了。史弥远终于长舒了一口气，他要想长久地身居相位，唯有一路护佑着太子顺利登基称帝，因此他对一切可能威胁到太子地位的人都会予以打压。

南宋皇帝的生育能力普遍比较弱。光宗皇帝虽生有两子三女，但除了宁宗外，其他的孩子都早早夭折了。如今宁宗的近亲只剩下两位，一位是自己的堂弟，也就是大伯赵愭之子赵希瑾，另一位是自己的堂侄，即二伯魏王赵恺之孙赵均，其实这两人与宁宗没有血缘关系，都是过继来的宗族子弟。魏王赵恺共有两个儿子：长子赵摅很小的时候便夭折了，自然也就没能留下子嗣；次子赵抦生前被封为吴兴郡王，死后被追封为沂王。赵抦的独生子赵垓三岁时夭折了，所以魏王一系实际上已经断了香火，但宁宗将宗室赵希瞿之子赵均过继给了堂弟赵抦。虽然赵均名义上是宁宗的堂侄，但两人的交集要追溯到赵匡胤的幼子赵德芳，赵德芳是宁宗的八世祖，同时也是赵均的九世祖。

赵希瑾和赵均并非宁宗真正的亲戚，可除此之外，宁宗也别无亲戚。按照南宋惯例，通常只有皇帝的儿子或者兄弟才能取单字名，普通皇室成员只能取双字名，但宁宗对两人格外恩宠，准予两人用单字名。赵希瑾于嘉泰三年（1203年）过继为嗣子时赐名赵播，赵均本属“与”字辈，但原名失载，于开禧二年（1206年）过继为嗣子时才改为此名。

两人的得宠引起了史弥远的警觉。太子赵询并非宁宗的亲生儿子，甚至都不是赵德芳的后人，所以朝中很多人不认可太子赵询的地位。史弥远担心深受宁宗恩宠的两人日后会对太子赵询构成威胁，于是暗中撺掇侍御史石宗万上奏宁宗，认为两人与太子赵询同为单字名，不利于凸显太子尊崇的地位。嘉定八年（1215年）七月二十三日，宁宗下诏将堂弟赵播的名字改为赵思正，将堂侄赵均的名字改为赵贵和。直到赵贵和后来被宁宗立为皇子后，才改回单字名——赵竑。或许从此时起，赵竑与史弥远的恩怨便就此结下，两人之间的争斗也足足影响了南宋半个世纪之久。

就在史弥远志得意满之际，年仅二十八岁的太子赵询于嘉定十三年（1220年）八月突然离世了，由此打破了朝中微妙的权力平衡。史弥远成为帝师的梦破灭了，他的政治前途也蒙上了一层厚厚的阴影。史弥远不得不使出浑身解数，想再度掌控政局的走向！

太子之死引发的权力暗斗

后继无人的宁宗势必要再度选择新的继承人。这属于皇族内部事务，但谁将成为新的太子直接关系着史弥远的前途命运。史弥远自然不甘心只当一个旁观者，他要成为主导者。

宋朝有过两次从宗族子弟中选立皇子之举，一次是仁宗皇帝从近亲中选立英宗皇帝，另一次是高宗皇帝从远房亲戚中选立孝宗皇帝。如今宁宗皇帝采用哪种方式，都会对最终的结果产生决定性影响。如果选用仁宗模式，宁宗的侄子赵贵和无疑是最强有力的竞争者，赵思正虽然也很受宠，但他毕竟与宁宗皇帝是同辈人，不宜册立为皇子。赵贵和成为皇子后，感激的自然是宁宗而不会是史弥远。因此，史弥远竭力主张宁宗皇帝选用高宗模式选择继承人，如此一来他便可以操控皇子的选拔。

此时的赵与莒也即后来的理宗皇帝赵昀还是个普通得不能再普通的孩子，他能进入丞相史弥远的视野还要得益于余天锡。

余家与史家乃是世交，余天锡的祖父余涤与史浩是亲密无间的挚友，学识渊博的余涤曾仨昌国县学教谕，史浩发迹后特地聘请余涤作为自家的私塾教师。余天锡自幼受家庭熏陶，学识不凡。等到史浩之子史弥远拜相后，史弥远又聘请余天锡为自家私塾教师。

余天锡回乡参加秋试时，意外邂逅了赵与莒，但具体时间众说纷纭。余天锡回乡参加过两次乡试，第一次是嘉定十二年（1219年），由于未能高中，只得在嘉定十五年（1222年）再度参加乡试，不过此时赵贵和已然于嘉定十四年（1221年）被册立为皇子，改名赵竑。因此，他邂逅赵与莒只能发生在他第一次参加秋试时，但此时太子赵询尚且健在，有的学者认为余天锡是奉史弥远之命寻找赵询的替代品（李超《宋理宗继位问题再探——以赵竑与史弥远之矛盾为中心》）。不过现有史料并未记载赵询在本年秋季前后染病，即便染病，史弥远也未必能够未卜先知，认定年仅二十七岁的赵询难逃一死。一旦让赵询得知了史弥远在背后搞这些小动作，岂不是徒增两人的隔阂？所以余天锡此番考察宗族子弟应该与太子之位无关。

《延祐四明志·余天锡传》记载："会沂王宫无嗣，丞相（即史弥远）欲借是阴立为后备。"早在十三年前，也就是开禧二年（1206年）五月十四日，沂王赵抦去世十三天后，宁宗便诏令将赵均（后改名赵贵和、赵竑）过继给赵抦，因此赵抦已经有人承继香火了。不过史弥远想为沂王赵抦再增添一位后人，也好对一向颇为得宠的赵竑牵制抗衡，或许也会伺机取而代之。

余天锡渡江时与当地的一个和尚同乘一艘小船，在抵达绍兴西门时，突然风雨大作。那个僧人说全保长家就在附近，可以暂且到他的家中避雨，余天锡当即表示同意。全保长得知余天锡是当朝丞相史弥远的门客后，盛情款待了两人。余天锡在避雨时意外结识了全保长的两位外孙，这次邂逅也彻底改变了两人的命运。赵与莒后来登基成为理宗皇帝，他的弟弟赵与芮后来也被册封为福王，由于理宗皇帝并未留下子嗣，最终将皇位传给弟弟的儿子，也就是度宗皇帝赵禥。

两兄弟是赵匡胤的十世孙，与赵询同为赵德昭的后人。他们的父亲赵希瓐没能获得任何爵位，仅仅担任过绍兴府山阴县（今浙江省绍兴市）县尉这样从九品的小官。赵与莒七岁时父亲便去世了，母亲全氏只得带着他们回了娘家，寄居在外祖父全保长家中。除了血统高贵外，此时的赵昀兄弟与平民几乎毫无差别。

很多学者不相信余天锡与赵与莒兄弟的邂逅只是个巧合，一直在寻找赵与莒兄弟与史弥远之间的关联。史弥远是明州鄞县（今浙江省宁波市鄞州区）人，余天锡的祖籍为明州昌国县（今浙江省舟山市），后来他的祖父迁徙到了鄞县。明州境内有四明山，因此四明至今仍是宁波的别称，史弥远一党也被称为“四明集团”。

《东南纪闻》记载，余天锡与赵与莒并非萍水相逢而是渊源颇深。余天锡与赵与莒的父亲本是邻居，赵与莒降生那日，余天锡发现红光闪现，于是循着这道红光来到了其家中，意外获知家中刚刚生下一个男孩。余天锡颇为好奇，想一睹这个小男孩的风采，等到他走进屋内时，忽然闻到一阵扑鼻的异香。一些学者据此认定赵与莒的父亲也是明州人。这段亦真亦幻的记载不过是为了神化出身平庸的赵与莒而已，并不太可信。赵与莒出身不高而又才能平平，即位后一直饱受争议。为了强化自身的正统地位，这才编造了不少关于自己的奇闻怪事并大肆传播，无非是想将自己塑造成天选之子。余天锡与赵与莒在此番相识之前应该并不认识，不过那个僧人应该与全家人较为熟识，正是他的引荐彻底改变了赵与莒的命运。

明州当地分布着许多宗室子弟，如若史弥远想寻找与自己关系亲近之人，尽可以到明州去寻，大可不必非要绕远派人前往绍兴。史弥远应该就是要寻找与自己没有什么关联的宗室子弟，这样才不会引起宁宗以及满朝文武的质疑，否则他很容易被人指斥存在私心。余天锡与赵昀初次相识时，史弥远只是想让余天锡为沂王赵抦再增添一位后人，这应该只是他个人谋划，不过随着太子赵询的突然离世，当务之急已然是为宁宗寻找继承人。

史弥远主张仿效高宗皇帝从宗室子弟中寻找合适人选，宁宗虽然采用了他的建议，但也有自己的小心思。在史弥远的举荐下，宗正丞赵希言负责经办此事，他不仅是史弥远的同乡，还是史弥远的同年，自然会按照史弥远的意思行事。赵希言从“与”字辈宗室子弟中挑选出合适的人选，随后再命人为他们测算五行八字，最终选出了十位大富大贵之人，其中就包括史弥远心仪的赵与莒及其弟赵与芮。

全保长认为这是个千载难逢的好机会，于是变卖了家中田产，为兄弟二人置办服装，采买用品，邻居们敲锣打鼓欢送两人前往京城参选，可事态并未按照他们的意愿发展。主持大宗正司事务的赵师禹在土地祠将筛选出的十名宗族子弟召集在一起，对他们进行进一步的考核。由于等待时间太长，有人因饥饿难忍偷偷跑到市场上买了些吃的，进门时不慎被绊倒了，手中的吃食撒落一地。见他当众出丑，在场的宗族子弟纷纷对他进行指责，唯独赵与莒对他好言安慰了一番。史弥远得知此事后，不禁对赵与莒另眼相待。

上述记载明显有抄袭孝宗皇帝往事的嫌疑。当年后继无人的高宗皇帝命人从赵匡胤的子孙中挑选继承人，官员们从宗族子弟“伯”字辈中挑选了十名七岁以下的儿童送入宫中备选。经过一番激烈角逐，两个人最终脱颖而出，一位是胖胖的赵璩（当时名叫赵伯玖），另一位是瘦瘦的赵昚（当时叫赵伯琮），也就是后来的孝宗皇帝。两人命运的最终决定权交到了高宗皇帝的手中。由于当时儿童夭折率很高，高宗只是草草看了两人几眼，便选定了看着更为强壮的赵璩，赐给落选的赵昚三百两银子，赵昚拿着银子悻悻地离开。赵昚还没有走远，高宗就后悔了，觉得自己未免有些太过草率了，这毕竟是在为江山社稷挑选未来的储君，应当慎之又慎，于是赶忙命人将离去的赵昚追了回来，准备对两人再考察一番。

两人恭恭敬敬地站在高宗皇帝面前，忽然一只猫从面前跑过，玩性未泯的赵璩抬起脚来狠狠地踢了它一脚，那只猫惨叫了一声便迅速跑开了。高宗的脸色顿时阴沉下来，质问道："那只猫不过是恰巧经过，又未招惹到你，你为何要踢它？"高宗由此认定赵璩行事太过轻浮，难以委以重任。原本已经被淘汰的赵昚反败为胜，最终登基成为孝宗皇帝。

《挥麈录》《朝野杂记》《宋史全文》均记载了此事，说明此事在南宋流传很广，这件事或许的确真实发生过，赵昚沉稳内敛的性格让高宗对他心生好感，不过高宗绝非仅仅因为这一件小事，便轻易在两人中间做出取舍。当时年幼的赵昚与赵璩一同被养在宫中，经过二十多年的观察与考验，高宗仍旧没能下定决心。两人几乎一路齐头并进，赵昚被进封为普安郡王后，赵璩也被进封为恩平郡王，直到绍兴三十年（1160年）二月，高宗才正式下诏册立赵昚为皇子，并进封他为建王，任命恩平郡王赵璩为判大宗正事，置司绍兴府，称为皇侄，两人的身份至此才有了实质性差别。

史弥远随后又将赵与莒带入书院测试，让他写一些会写的字。赵与莒提起笔来写下"朕闻上古"四个大字。《癸辛杂识》记载，史弥远见到他写的字后顿时色变，惊叹道："此天命也。"很多学者也受史弥远的影响，认为年幼的赵与莒气度非凡，有人君的风范。不过事实并非如此，赵与莒虽是宗室子弟，但家境并不好，与普通百姓并无差别。一个未见过大世面的孩子怎么可能会显露出王者气象？这显然是出于对赵与莒所写文字的误解。

"朕闻上古"是唐玄宗李隆基为《孝经》撰写的序文中的首句，原文是"朕闻上古，其风朴略。虽因心之孝已萌，而资敬之礼犹简"。赵与莒选择写这四个字，无外乎以下两个原因：第一个原因是因父亲早亡，出身寒微，虽然赵与莒当时已经十六七岁了，但他读过的书颇为有限，《论语》《孝经》是当时儿童的启蒙读本，《孝经》选用的版本是唐玄宗御注本。为了在关键时刻不露怯，赵与莒自然要选择自己最熟悉的内容。另一个原因就是仰慕孝宗皇帝。孝宗是宗族子弟心中的励志典型，他的父亲赵子偁曾任秀水（今浙江省嘉兴市）县丞、知处州（今浙江省丽水市），最终以朝奉大夫（从六品）之职致仕，充其量只是个中级官员，但他最终成了皇帝，赵与莒自然也想像他那样飞上枝头当凤凰，于是特地选择了《孝经》中的语句，同时也在暗示如若自己被选入宫中，他也会像孝宗皇帝那样竭尽所能去尽孝。

赵与莒参选时的两桩轶事都与孝宗皇帝有着千丝万缕的联系，史弥远大力宣扬这两件事就是想告诉世人，赵与莒身上具有孝宗的可贵品质，他要将赵昀打造成另一个孝宗皇帝。

文献中没有记载此次选拔宗族子弟活动的具体时间，不过可以通过主持此项事务的两位官员的任职情况推测出大致的时间。赵希言于嘉定九年（1216年）至嘉定十四年（1221年）一月担任宗正丞，根据《南宋馆阁续录》的记载，在此之后他调任秘书丞。赵师禹是孝宗皇帝同母兄弟秀王赵伯圭的第五子，从嘉定十二年（1219年）年九月到嘉定十六年（1223年）担任判大宗正事。结合两人的任职经历，我们可以大致推断出此次选拔宗族子弟的活动，应该发生在嘉定十三年（1220年）八月太子赵询去世至次年正月的半年时间里。

史弥远费尽心机地搞了这场轰轰烈烈的选拔活动，但最终并未如愿。嘉定十四年（1221年）六月十三日，宁宗皇帝遵照仁宗模式，册立侄子赵竑为皇子。这是因为宁宗的心中始终有一个心结，认为自己与父亲光宗对魏王赵恺有所亏欠。当年太子赵愭病逝后，按照礼制，太子之位应当归属皇次子赵恺，可光宗使了些见不得光的手段谋取到太子之位。孝宗后来试图弥补对赵恺的亏欠，不过赵恺在三十五岁时便去世了，于是孝宗转而支持他的儿子赵抦，孝宗一度想让赵抦在光宗百年之后继位，这也使他们父子之间的关系急剧恶化。

如今宁宗的儿子接二连三地病故，宁宗为此大为苦恼，便想着从魏王赵恺一系子孙中选择自己的继承人。虽然赵竑不是赵抦的亲生骨肉，但如今孝宗皇帝的子孙几乎都死了，宁宗如果要寻找存在血缘关系的近亲属，只能从孝宗皇帝的亲哥哥赵伯圭一系中去寻找。赵伯圭共有九子，但赵伯圭并未随同弟弟孝宗皇帝一同过继给高宗皇帝，宁宗虽然与赵伯圭的子孙从血缘关系上比较近，但在礼法上，赵伯圭的子孙比与宁宗几乎没有血缘关系的赵竑离宁宗更远。

宁宗在册立赵竑为皇子的诏书中写道：“朕以眇躬，嗣临大统……而国嗣未建，非所以严社稷，奉宗庙，朕深念焉。”宁宗还特地派遣官员祭告天地、宗庙、社稷。虽然此时的赵竑只是皇子而非太子，但作为唯一的皇子，在朝臣们的眼中，他已然成为承继大统的不二人选。

为了维护已故太子赵询的尊贵地位，史弥远曾经迫使赵竑从尊贵的单字名改为双字名，不过自从赵竑被立为皇子后，史弥远为了向赵竑示好，匆匆结束了选拔活动，迅速将赵与莒兄弟送回了家。家乡的乡亲们以为赵与莒兄弟这次前往京城能出人头地，他们顺带着可以享受荣华富贵，如今这两兄弟却灰头土脸地回来了，于是乡亲们开始嘲笑、奚落他们，赵与莒的外公全保长也因此颜面尽失。丧失了这个千载良机，赵与莒或许会在碌碌无为中度过自己的一生，不过他很快便再度获得了上天的垂青。

送走赵与莒后，史弥远开始向赵竑示好，但赵竑丝毫不领情，硬生生地将史弥远逼向了自己的对立面，也为自己日后的悲剧人生埋下了祸根。

皇子与皇侄的较量

赵竑对琴技极度痴迷，于是右丞相史弥远投其所好，特地买了一个善于弹琴的美人，将她送到了赵竑的府上。史弥远悉心照料这个女子的家人，这个女子自然成了史弥远的耳目，她将赵竑的一举一动都秘密禀报给史弥远。

正史里普遍记载史弥远使用美人计窥探赵竑的行踪，其实当时史弥远主要是想借此向赵竑示好。赵竑对这个才貌双全的美人的确宠爱有加，但他对史弥远的敌意并没有因此而减少。赵竑的书房中挂着一张地图，他曾经指着海南岛，得意地对那个美人说："他日我得志后，势必要将史弥远流放在此处。"他在府中还时常称呼史弥远为"新恩"，新州（今广东省云浮市新兴县）与南恩州（今广东省阳江市）都是当时令人胆寒的流放之地。赵竑甚至还在几案上写下"（史）弥远当决配八千里"这句话。史弥远得知后惶恐不安，特地在七月初七乞巧节时，送给赵竑一件稀世奇玩，继续向他示好，同时也是在继续试探。年轻气盛的赵竑居然假装酒醉将那件奇玩打碎，等于是在无声地宣示他与史弥远势不两立。赵竑以为有了宁宗皇帝的信赖，自己便可高枕无忧，却不曾想到他将狠辣的史弥远逼向绝境这个行为将会给自己带来怎样严重的后果。

自此之后，史弥远不再对赵竑抱有幻想。他再度想起了被他遣散回家的赵与莒兄弟，特地向余天锡询问二人的近况，萌生了接他们回来的念头。全保长带着两个外孙灰头土脸地回乡后，备受同乡的奚落与嘲笑，心中早就憋了一肚子火，见余天锡又来了，自然没给他好脸色看。但余天锡没有知难而退，费了很多口舌，也花了很多心思，终于成功将赵与莒接走。

《宋史》记载："（史）弥远密谕曰：'二子长最贵，宜抚于父家。'（余天锡）遂载与归。……（余）天锡母朱为沐浴、教字，礼度益闲习。"一些学者据此认为赵与莒的父家与余天锡同在明州而且相距不远，所以余天锡才会带着赵与莒一同回家（廖寅《论宋理宗继位与四明集团的关系》）。试想如若赵与莒的父族中有人能在其父去世后收留兄弟二人，他们的母亲为何还要带着他们回娘家居住，而且一住便是十余年，即便他们父亲的家族中还有亲戚健在，但这么多年没有与他们生活在一起，又能有多少感情呢？

《宋史》中的这段记载应该存在脱字的情况，"宜抚于父家"应为"宜抚于纯父家"，"纯父"是余天锡的字。《全氏世谱》中记载："方理宗之潜龙也，学于余鲁公（即余天锡）之家。"这段记载无疑印证了上述猜测。

史弥远认为赵与莒在日后的政治博弈中或许能派上大用场，于是授意亲信余天锡将赵与莒养在家中。余天锡的母亲不仅悉心照料赵与莒的生活起居，还教他识字，传授礼仪。余天锡闲暇时也教给他不少东西。之前史弥远之所以敢大张旗鼓地选拔宗室子弟，是因为他获得了宁宗的正式许可，但史弥远这次是擅自行事，自然不敢贸然将赵与莒接到都城临安来，于是暗中授意让赵与莒住到余天锡的府上，这样即便不慎走漏了消息，也不至于牵连到史弥远。

嘉定十四年（1221年）六月二十二日，赵竑被册立为皇子九天后，赵与莒被授予秉义郎的职位，这个职位只是个从八品的寄禄官，在五十二阶武官阶中排在第四十六位，不仅品级很低，也没有实权。此时的宁宗仅仅将赵与莒视为一个普通宗室，但对赵与莒这样一个寄人篱下的贫苦少年而言，该任命已然是莫大的恩典了。不过史弥远并不满足，他不遗余力地想将赵与莒送入沂王府。既然赵竑从皇侄变成了皇子，那么沂王再度面临香火断绝的危险，此时正是赵与莒入继沂王府的大好时机。

八月十三日，赵与莒被授予右监门卫大将军（正五品）的职位，宁宗为他正式赐名赵贵诚，已然将他视为近支宗室了。九月初二，赵贵诚被正式立为沂王赵抦的后人，从此过上了锦衣玉食的生活。此时史弥远心中正在谋划着更为宏伟的构想：既然赵竑能从皇侄成为皇子，那么赵贵诚又何尝不可呢？

不少文献中有着宁宗偏爱赵贵诚的记载，这些记载最初来自郑清之撰写的《潜邸圣语》。郑清之是史弥远的亲信，也是拥立赵贵诚称帝的关键人物。赵贵诚登基后改名赵昀，史弥远在去世前夕向他推荐让郑清之出任右丞相。但赵昀早就受够了权臣史弥远的钳制，担心郑清之会成为下一个史弥远，所以郑清之任丞相三年后便被罢免。赵昀终其一生都为摆脱得位不正的质疑而努力，郑清之对他的过去了如指掌，被罢免后的他不肯善罢甘休，向赵昀进呈过两次《潜邸圣语》。潜邸原本指皇帝即位前的住所，后来借指尚未即位的太子。《潜邸圣语》记载的是赵昀即位前的旧事，也成为后人了解那段扑朔迷离的历史极为宝贵的原始资料。

郑清之第一次进呈《潜邸圣语》是在淳祐五年（1245年）五月，就在一个月前，右丞相杜范去世，郑清之看到了自己再度执政的希望，不过他未能立即如愿，赵昀将他从少傅升为少师。淳祐七年（1247年）四月，右丞相游佀被罢免，左丞相又一直空缺，无人可用的赵昀只得任命已经七十二岁高龄的郑清之为右丞相。

第二次进呈《潜邸圣语》是在淳祐十年（1250年）四月，在一个月前，右丞相赵葵被赵昀罢免。七十五岁高龄的郑清之担心自己会因年事已高被弃用，所以想借进呈《潜邸圣语》的机会来延续自己的政治生命。随后赵昀将郑清之从魏国公进封为齐国公，还一再增加他的封邑。次年十一月，郑清之在左相任上病逝。

由此可见，郑清之两次进呈《潜邸圣语》都是有目的的，《潜邸圣语》的真实性与客观性自然要大打折扣。

郑清之在《潜邸圣语》中特意谈起了他与史弥远在净慈寺中的一段谈话，当时他正担任国子录，右丞相史弥远告诉了他一件秘事。宁宗有一次将史弥远单独留下，并特地屏去左右，对史弥远说："皇子赵竑为人不端，行事荒谬，恐难当大任！"这次密谈后，史弥远一直为此忧心忡忡，于是对郑清之说："赵竑被立为皇子五六年了，圣上却迟迟不将其立为太子，由此可见宁宗皇帝对他并不满意。"史弥远还发现宁宗对步履端重、仪表堂堂的赵贵诚格外关注。每次拜谒离开时，宁宗都会出神地凝视着他的背影，直到他消失在自己的视野中。

郑清之与史弥远的谈话发生在嘉定十六年（1223年）十一月，此后不久郑清之兼任魏王府教授，正式成为赵贵诚的老师。赵竑于嘉定十四年（1221年）六月才被立为皇子，因此两人谈话时距离赵竑被立为皇子仅有三年时间。如果按照周年计算，赵竑被立为皇子的时间不过才两年半，五六年之说明显是在故意夸大。宁宗目送赵贵诚离去，便说他中意赵贵诚，未免太过牵强。

《潜邸圣语》还记载了另外一件事，宁宗去世前一年的五月初二，朝廷举办"唱进士第"活动。"唱进士第"是科举考试后宣唱及第进士的名次，此项活动历来受到朝廷的重视，让人颇感意外的是这次活动不仅宁宗参加了，杨皇后也端坐在御屏风之后。

当时赵贵诚和赵竑同时侍立在殿内，等到活动结束后，两人准备转身离开，杨皇后特地授意亲信宦官让赵贵诚稍等片刻，杨皇后隔着帘子看了他许久。后来赵昀为死去的史弥远撰写神道碑时还特地提及此事："乃知宁宗、恭圣（即杨皇后）之意已深属久矣。"

无论是宁宗目送赵贵诚离开，还是杨皇后让赵贵诚驻足，这两件事其实还有着另外的解读。赵贵诚过继给沂王府不过才两年多的时间，此前他与普通百姓并无差别，如今却在史弥远的精心安排下一步登天。由于赵贵诚来临安的时间不长，与宁宗和杨皇后接触的机会也不多，两人自然对他缺乏了解。赵竑与赵贵诚有所不同，赵竑六岁左右便入继给沂王赵抦，宁宗看着他长大。他成年后又迎娶了杨皇后的侄孙女为妻，后来被立为皇子，时常要给宁宗和杨皇后问安，还要陪在宁宗身旁处理政事，所以赵竑与宁宗和杨皇后已经很熟悉了。因此，宁宗和杨皇后更多地关注赵贵诚这个乡下来的孩子，恰恰说明他们对赵贵诚缺乏了解，并不能说明赵贵诚在两人心中的分量已然超过了赵竑。

虽然史弥远及其亲信一直都在竭力为赵贵诚造势，说他是宁宗心仪的继承人，但这种说法有一个致命的缺陷：既然宁宗对赵贵诚心仪已久，为何迟迟没有册立他为皇子？一直到宁宗病逝前夕，赵竑都是宁宗唯一的皇子。

《宋史全文》记载了这样一件事：嘉定十七年（1224年）正月，史弥远等宰执们奏事时，宁宗在言语间流露出对赵竑的诸多不满，认为他沉溺女色，亲近小人，傲慢无礼，还说皇侄赵贵诚沉稳内敛，可以并立为皇子。史弥远赶忙说："陛下如此认为，实乃社稷之福，不过此事事关重大，还望陛下再慎重地考虑一番。"宁宗点了点头道："那就等到瑞庆节再做定夺！"宁宗登基后照例将自己的生日，也就是每年的十月十九日定为瑞庆节，可惜他却没能活到瑞庆节。这段记载似乎是在表明，宁宗有意册立赵贵诚为皇子，出于慎重考虑，想等到瑞庆节时再正式下诏，但这段记载经不起推敲。

宁宗资质平庸，平时沉默寡言，即位以来很少对朝臣敞开心扉，即便他真对赵竑有所不满，也不太可能主动告诉旁人。更关键的是，史弥远与赵竑早就势不两立，史弥远费尽心机扶持赵贵诚，就是为了阻止赵竑登上皇位，大功告成之际，他怎么可能劝宁宗从长计议呢？

《宋史全文》中涉及赵贵诚的内容较多地保留了南宋官修史书的痕迹。赵贵诚登基后，面对朝野间的巨大非议，为了证明自己皇位的合法性，不惜大肆篡改历史。

根据《贺皇子节使国公劄》记载，自从赵竑被册立为皇子后，宁宗“遴柬僚属，养成德性之良；侍立朝听，弥习国家之事”。宁宗不仅精心挑选德才出众的官员充任赵竑的僚属，上朝时还特地让他侍立在一旁，让他借机学习如何治国理政，由此可见宁宗一直将他作为储君来培养。嘉定十七年（1224年）六月，距离宁宗驾崩还有不到三个月的时间，赵竑的长子赵铨顺利降生，喜出望外的宁宗随即承认了赵铨的皇嫡孙身份，还命令礼部、太常寺举行了隆重的典礼，昭告天地、宗庙、社稷与宫观。宁宗毫不犹豫地授予赵铨皇嫡孙的名号，说明在他的心中，赵竑依然是理想的接班人。

既然宁宗对赵竑寄予厚望，他为何没有册立赵竑为太子呢？这是因为宁宗想将皇位传给自己的亲生儿子。嘉定十六年（1223年）正月初四，后宫突然传来喜讯，皇子赵坻诞生，五十六岁的宁宗自然喜出望外，心中再次升腾起册立亲生儿子为太子的念头，谁知一个多月后，赵坻却不幸夭折了。

宁宗迟迟没有将赵竑册立为太子，其实是想给自己留退路，当然赵竑没能当上太子还与杨皇后的态度有着莫大的关系。杨皇后起初很看重赵竑，特地将侄孙女吴氏嫁给了他。不过赵竑与妻子吴氏的关系并不好，赵竑颇为好色，他在府上豢养了数名宠姬，吴氏又偏偏是个眼里揉不得沙子的醋坛子，时常因为争风吃醋与他发生争执。赵竑又不懂得隐忍，所以吴氏每次进宫面见杨皇后时，都会在她面前大肆数落丈夫的种种不是，杨皇后也因此对赵竑越来越不满，不过仍旧试图通过调解想让两人重归于好。

一次宫廷宴会时，杨皇后特地命人折下一枝水晶雕的并蒂莲，让赵竑亲手戴在吴氏的发间。赵竑虽然对吴氏怨气颇多，却又不敢公然违抗杨皇后之命，只得照做。杨皇后很是欣慰，告诫两人夫妇之间应当和睦相处。谁知此后不久，两人却再度起了争执，赵竑竟然亲手击碎了杨皇后钦赐的那枝莲花。吴氏当即哭着跑进宫，将此事添油加醋地禀报给杨皇后，杨皇后自此对赵竑失望透顶。

赵竑还干了一件很愚蠢的事情。王墉的父亲风流倜傥，魅力非凡，也因此获得了一个绰号名叫“花儿王”，临安城中的百姓一直都在热议花儿王秽乱宫闱之事，甚至还有艺人为此专门创作了小曲在坊间传唱。这件事被记载在《癸辛杂识》中，《癸辛杂识》的作者周密迫于政治压力，并未直接记载花儿王究竟与哪位嫔妃存在暧昧关系，不过字里行间可以隐隐猜出与他有染的人应该就是杨皇后。对于这种宫闱秘事，朝臣通常都会讳莫如深，可赵竑却在府邸新安装的屏风上写下“南恩新”三个大字，分别代表南平军（今重庆市綦江区）、南恩州与新州。他还敲着屏风说：“花儿王与史丞相终有一日会被流放到这三州之地！”

当时很多有先见之明的朝臣都劝宁宗要早立太子，军器监兼尚左郎官范应铃曾说：“国事大且急者，储贰为先。陛下不断自宸衷，徒眩惑于左右近习之言，转移于宫庭嫔御之见，失今不图，奸臣乘夜半，片纸或从中出，忠义之士束手无策矣！”范应铃认为如今最重大、最紧急之事便是尽快册立太子，可宁宗如今被身边近臣和后宫嫔妃所迷惑，迟迟没有遵从自己的内心做出决断。范应铃随后又道出了自己的忧虑，一旦居心叵测的奸臣勾结后宫之人假传圣旨，忠臣义士即便想有所作为，恐怕也是无济于事！宁宗听后虽有所触动，但册立太子之事还是无疾而终。宁宗并非乾纲独断的有为之君，长期以来治国依赖史弥远，治家依赖杨皇后，如今这两人都反对册立赵竑为太子，他索性也就将此事搁置下来。

或许宁宗认为册立太子之事不是非做不可。当年英宗赵曙也没有被册立为太子，仁宗去世后，他作为唯一的皇子仍旧顺利即位。不过事态的发展出乎了很多人的预料，范应铃竟然一语成谶！

继承皇位的人居然会是他

嘉定十七年（1224年）八月二十一日，宁宗开始患病，并且病情迅速恶化，此后他再也未临过朝。

史弥远认为自己苦苦等待的机会终于到了，于是派遣亲信郑清之前往沂王府。郑清之告诉赵贵诚，一旦宁宗驾崩，史弥远将拥立他为新皇帝，可赵贵诚始终沉默不语。见赵贵诚迟迟不肯表态，郑清之焦躁地问道："丞相与老臣相交多年，将老臣视为心腹，如今丞相托老臣将如此重要之事禀告给您，您却一言不发，您让老臣如何回禀丞相？"见郑清之有些急了，赵贵诚拱了拱手，缓缓说道："绍兴老母在。"郑清之将此事禀报给史弥远，两人越发觉得赵贵诚绝非凡人，在决定未来命运的关键时刻，他居然表现得如此沉着老练。赵贵诚口中的"绍兴老母"不是指自己的生母，而是指杨皇后。他的意思是，只有获得了杨皇后的首肯，此事才有成功的希望。

闰八月初三，五十七岁的宁宗病逝于福宁殿，正史几乎都记载他是自然死亡，不过关于宁宗是被史弥远谋害的传闻，在当时就已经传得沸沸扬扬。

邓若水博通经史，文有气骨。嘉定十三年（1220年）六月，邓若水参加了进士科考试，在策文中大肆指斥史弥远，恳请宁宗罢免他。后来这篇策文在社会上广为流传，士子们争相诵读。恼羞成怒的史弥远想严惩胆大妄为的邓若水，却迫于各种原因只得作罢。邓若水也因此不得朝廷的重用，直到史弥远病逝后，他才被委任为太学博士。邓若水曾给理宗皇帝写了一份多达数千字的奏疏，写道："宁宗不豫，（史）弥远急欲成其诈，此其心岂复愿先帝之生哉？"邓若水怀疑宁宗皇帝之死与史弥远有着莫大关联。《东南纪闻》更是记载史弥远曾给患病的宁宗进献百粒金丹，宁宗吃完不久便暴亡。

无论史弥远是否真的谋害了宁宗，他违背宁宗遗愿却是不争的事实。宁宗去世后，史弥远便派遣杨皇后的两个侄子杨谷和杨石前去面见杨皇后，恳请杨皇后拥立赵贵诚为新皇帝，杨皇后听后惊愕不已，责问道："皇子赵竑乃是先帝所立，岂敢擅自变更？"杨皇后断然拒绝了史弥远的请求，但史弥远仍不死心，以至于杨谷一夜之间往返皇宫多达七次。

面对态度如此决绝的杨皇后，无计可施的杨谷跪倒在杨皇后面前哭诉道："如今朝廷内外军民皆已归心赵贵诚，如若皇后不拥立他为皇帝，朝中必生祸乱，我杨家全族恐将不保！"

杨皇后听后沉默不语，所谓的天下归心不过是骗人的鬼话，不过他所说的严重后果却绝非危言耸听。史弥远深知赵竑即位之时便是自己的遭殃之日，所以他不惜拼死一搏也要阻止赵竑登基。如今在史弥远的眼中，朝中之人不是他的盟友便是他的对手，如若杨皇后执意不肯，不仅仅是她，连她的家人恐怕都可能会遭遇不测。

杨皇后之所以会如此坚持，不是为了赵竑，是因为她与宁宗感情深厚，她不愿违背丈夫生前的遗愿。不过杨皇后最终还是选择了妥协，她没有必要为了赵竑这个愣头青而与狠辣无情的史弥远为敌，况且两人一路走来一直相互扶持。

杨皇后沉默良久，叹了口气道："赵贵诚现在何处？"

杨谷顿时喜上眉梢，赶忙去见正在等待消息的史弥远。史弥远当即唤来宫廷中专门负责传达命令的吏役，冷着脸对他说："你即刻前去征召皇子入宫！你可要记清楚了，皇后征召的是沂王府的皇子而不是住在万岁巷的皇子，你若是搞错了，本相定然斩下你的狗头！"

史弥远若想将赵贵诚拥立为皇帝，势必要先将他立为皇子，册立诏书是这样写的："朕以凉菲，获承休绪。念国嗣之未建，尝以皇弟沂靖惠王之子（即赵竑）为子矣。亩观熟虑，犹以本支未强为忧。皇侄邵州防御使（赵）贵诚亦沂靖惠王之子，亦朕之犹子也。"

诏书说宁宗以"本支未强"为由将赵贵诚立为皇子，这个说法颇为牵强。从第三位皇帝真宗赵恒开始，宋朝皇帝们都极为讲究遵从祖制，之前只有仁宗皇帝赵祯和高宗皇帝赵构因为没有子嗣所以收养过宗族子弟，均不约而同地只选择了一人为皇子。宋朝人极为讲究血统传承，养子的政治号召力与影响力远远不及亲生儿子，所以英宗赵曙即位之初才不得不面对来自各方的质疑。在这种情况下，如若册立两人为皇子，没能登上皇位的那位皇子一旦起了不臣之心，势必会引发朝中政治动荡。由此可见，宁宗在没有亲生儿子的情况下册立两位皇子，显然有违祖宗之法。从皇侄成为皇子，对赵贵诚来说是至关重要的一步，从此刻开始，他才正式从赵贵诚改名为赵昀，也具备了与赵竑竞争的资格。册立赵昀为皇子究竟是不是宁宗之意却众说纷纭。

宁宗去世后，虽然史弥远下令严密封锁消息，但仍旧有人冒险去给赵竑送信，因为赵竑才是当时众望所归的继承者。这恰恰是史弥远最担心的事，不过他对此早有防备，他特地安排郑清之的儿子整夜守候在赵竑的府门外。看到有人前来给赵竑送信，郑清之的儿子当即将这个消息禀告给史弥远。

就在赵竑跳上马准备进宫时，他被史弥远派来的人拦了下来。对方指出他深夜贸然进宫极为不妥。按照礼制，皇帝去世后朝廷会举行奏告礼，向诸位皇亲和朝臣报丧，皇亲和朝臣接到奏告后才可入宫吊唁。在政治上略显稚嫩的赵竑觉得对方说得合情合理，此时他仍旧自信满满地认为皇位非自己莫属。赵竑随即跳下马，悻悻地向府内走去。此时如若赵竑不顾一切地进宫，或许还有挽回的机会，可他盲目乐观地认为自己登基是板上钉钉之事。

赵竑光着脚在卧室不安而又惶恐地等待着朝廷的征召，不久后他终于听到了清脆的马蹄声。他快步来到府门前，透过门缝急切地向外张望，果然是期盼已久的快行的身影，不过快行从他的府门前匆匆掠过。过了一会儿，他发现那个快行居然簇拥着一个人从他的府门前疾驰而过，由于天色太黑，他没能看清那个人的脸。此人就是从他手中将皇位硬生生抢走的赵贵诚。赵贵诚入宫后，杨皇后轻轻抚摸着他的后背，亲密地说："汝今为吾子矣！"

史弥远随后将赵贵诚领到宁宗的灵柩前，赵贵诚以儿子的身份哀悼了一番。一切准备就绪后，史弥远才派人征召赵竑入宫。赵竑得到征召后火速进宫，不过他很快便嗅到了异样的气息，宫门口的侍卫居然不让他的随从随他一同入宫。按照常理，这些人此时讨好他还来不及，怎会故意刁难他！赵竑来不及多想，继续向着皇宫深处走去。史弥远领着他来到宁宗的灵柩前，向宁宗的遗体举哀。随后，史弥远将他从帷幕后领了出来。

赵竑惊奇地发现，殿前司将领夏震居然寸步不离地跟着他。夏震是铲除韩侂胄的功臣，铲除韩侂胄后便投到史弥远的门下。夏震告诉赵竑一会儿会当众宣读宁宗的遗诏，百官正在入宫的路上。

百官陆续前来，夏震将赵竑引导到他之前站立的位置。赵竑一脸愕然地看着他："我怎么还站在原来的地方！"夏震故意欺骗他："这不是还没有宣读先帝遗诏吗？等到宣读完之后，您再坐上御座也不迟啊！"

赵竑只得忐忑不安地站在原地。不过他发现，在斑驳的烛影下，有人已经端坐在御座之上。就在他感到难以置信时，朝堂上已经开始宣读宁宗的遗诏。宣读完毕后，朝臣们向着刚刚即位的赵昀下拜。直到这一刻，赵竑才恍然大悟，但为时晚矣。此时此刻的赵竑恼怒而又不甘，他身边的夏震却变成另外一副模样，粗鲁地将他按倒在地，逼迫他向新皇帝赵昀叩拜。

赵竑之所以落得如今这般下场，就是因为他认为自己是宁宗唯一的皇子，觉得自己继承皇位是理所当然之事。虽然他是被收养的，但他自幼便被养在沂王府中，在那里已经生活了十五年之久，宁宗早已将他视为亲侄子。后来赵竑又成为皇子，在过去的三年时间里，他虽没有太子之名，但在很多人的心中，他已然是当之无愧的储君。赵贵诚却是个没见过大世面的乡下人，他入继沂王府才短短的三年时光，况且皇侄与皇子有着巨大的身份鸿沟。在赵竑看来，自己与赵贵诚简直天差地别，可如今正是这个不起眼的乡巴佬将皇位从他这个小王爷手中硬生生地夺走了！

宁宗去世的那天晚上，史弥远紧急征召礼部侍郎兼直学士院程珌入宫，仅仅一晚上，程珌便撰写了二十五份诏书，其中就包括《理宗即位大赦文》。不过在这些诏书里并未找到册立赵贵诚为皇子的诏书，或许是因为程珌的文集后来在元代散佚的缘故，但也有可能是他担心会给自己惹来麻烦，刻意选择了守口如瓶。

元代名臣程钜夫早年追随程珌的堂侄程若庸读书，在《送梅庭序》中写道："洺水（即程珌）宗欧苏，而其学长于文章……读宁宗遗诏：'邵州防御使某沂靖惠王之子亦朕之犹子……'。"程钜夫称宁宗遗诏其实就是册立赵昀为皇子的诏书，对此有以下两种解读：

第一种是史弥远在最初的遗诏中写道宁宗既立赵贵诚为皇子，又传位于他，但这种可能性比较小，因为这似乎不太符合程序，也容易惹人生疑，老辣的史弥远应该不会犯这种低级错误。第二种是册立赵贵诚为皇子与传位于他是两道诏书，但程钜夫称册立赵贵诚为皇子的诏书是遗诏，说明此时宁宗已经去世。

关于赵贵诚被册立为皇子的日期，史书记载不一。《宋史·理宗本纪一》

记载的是八月二十七日，此时宁宗已经病入膏肓。《续编两朝纲目备要》与《宋史全文》卷三十记载的是闰八月初二，也就是宁宗去世前一天。《宋史·宁宗本纪四》与《宋史全文》卷三十一记载的是闰八月初三，也就是宁宗去世当天。如若赵贵诚在宁宗去世前便被立为皇子，势必会引起当时唯一的皇子赵竑的警觉。为了麻痹赵竑，更为了稳妥起见，史弥远应该是在宁宗去世并且在征得杨皇后的同意后，才通过伪造诏书册立赵贵诚为皇子，并写道由其来继承大统，因此赵贵诚在宁宗去世当天才被紧急册立为皇子的记载最为可信。

赵贵诚被册立为皇子后，朝廷没有搞大赦以及祭告天地、宗庙、社稷等一系列活动，无疑从侧面说明此事极为仓促，这也让其合法性受到质疑。因此，赵昀登基后刻意将册立自己为皇子的时间前移，由于当事人大多健在，他又不敢前移太多。即便仅仅前移几日，只要当时宁宗还清醒，那么他这位皇子就是合法的。正因为赵昀事后对册立时间人为地进行修改，才会衍生出不同的版本，以至于不同史书，甚至同一部史书不同卷都会记载不一。

赵昀即位后，尊杨皇后为皇太后。赵昀觉得自己这个后来居上者难以被世人接受，所以他恳请杨皇后垂帘听政，想通过她的权威来稳定自己的统治。随后，赵昀任命赵竑为开府仪同三司，并进封他为济阳郡王，判宁国府（今安徽省宣城市宣州区），随后又进封他为济王，让他出居湖州（今浙江省湖州市）。赵竑虽然远离了凶险的朝廷，但依旧没能远离险恶的政治！

湖州之变与济王之冤

赵昀成功地登上了皇位，是为理宗，朝廷对他的质疑之声和对赵竑的惋惜之声却久久都未停歇。

宁宗皇帝去世前后，赵昀莫名其妙地从皇侄成为皇子。即便两人同为皇子，赵竑被册立为皇子的时间比赵昀早，年龄也比他大，继承皇位的理应是赵竑，可皇位如今被赵昀抢了去，这显然有违礼制。抚州刺史潘甫及其堂弟太学生潘壬和潘丙时常因此愤愤不平，他们觉得史弥远胆大妄为，认为赵昀得位不正。因此，他们决意干一件大事——拥立济王赵竑为帝。不过他们知道自身实力有限，恐怕难成大事，于是秘密联络了拥兵自重的李全。

曾经势不可挡的金军面对蒙古人却节节败退，于是不得不于贞祐二年（1214年）五月将都城南迁到了南京（今河南省开封市）。蒙古军也顺势南下，在山东、河北等地大肆掳掠。为了筹集军费，金国只得横征暴敛，以至于山东、河北一带爆发了由杨安儿领导的声势浩大的红袄军起义。李全是生活在金国的一个普通农民，他的母亲和大哥全都惨死在蒙古人的铁蹄之下。为了给死去的亲人复仇，李全与二哥李福聚集起数千人起兵，加入了红袄军。

蒙古军北撤后，金军集中兵力围剿红袄军，杨安儿战败后想逃遁海上，但船家贪图赏金出卖了他，引得金兵突然来袭，杨安儿最终溺水而亡。杨安儿的妹妹杨妙真与舅舅刘全率领余部继续抵抗。在随后的战斗中，李全也险些被金军所擒，为保存实力只得退保东海（今江苏省连云港市东南），后来刘全和杨妙真率一万余人前来与李全会合，他们领导的这支义军的声势也逐渐壮大起来。

见金国在蒙古人的打击下日渐孱弱，宁宗决意北伐，于是大肆招抚各路义军。嘉定十一年（1218年）正月，李全等人投靠南宋并且派兵协助宋军北伐。南宋朝廷授予他们官职，却处处对他们进行防范，甚至下令封锁淮河，使北方义军无法南渡。李全也因此对南宋朝廷日渐失望，最终蜕变成割据一方的势力，杀了朝廷任命的淮东制置使许国。史弥远畏惧李全的势力，不仅不对李全进行惩处，还告诫新任淮东制置使徐晞稷切勿招惹李全。

潘壬等人给李全写信，恳请李全与他们一同举事。他们很快便收到了李全的回信，李全承诺会与他们一同起兵，共同拥立赵竑为帝。宝庆元年（1225年）正月初九，潘壬等人按照约定率先起事，李全却并未派遣兵马前来增援。此时潘壬等人已然是骑虎难下了，只得让手下人故意假扮成李全的麾下士卒，扬言刚刚从山东赶来。他们趁着夜色攻入湖州州城，听到嘈杂的声响，赵竑意识到肯定是出事了，赶忙藏身在贮水的地窖中。潘壬等人找了许久才找到他，紧接着簇拥着他前往州衙，之后又来到东岳祠。潘壬等人布置好龙椅，随后又取来一件黄袍，拥立赵竑在此即位。赵竑哭号着誓死不从，但那些手持兵刃的义兵们不停地威胁他。赵竑意识到如果一再拒绝，自己势必是死路一条，如若违心地答应了，或许还能有一条生路！

潘壬等人随即打开军资库，将里面的金帛以及纸币会子全都分发给手下义兵。潘壬还假托李全的名义在城门处张榜，历数史弥远各大罪状，还说会亲率二十万精兵水陆并进南下，湖州城内一时间群情激愤。知湖州谢周卿亲率下属官员列队前来给赵竑祝贺，此时赵竑心中原本已经熄灭的希望之火再度熊熊燃烧起来。

不过赵竑很快便察觉到了异样。李全根本就没有派遣军队前来，潘壬的手下仅有区区数百人，这些人主要是太湖一带的渔民。赵竑知道仅凭这些乌合之众根本无法成就大业，一向与朝廷貌合神离的李全也绝非可以依仗的股肱之臣。即便李全率兵前来，赵竑最终也只能沦为他手中的棋子，到了那时南宋朝廷或许会不复存在。赵竑最后决意反正，于是征调湖州官军绞杀了潘壬等人率领的义军。叛乱的始作俑者潘壬见势不妙仓皇逃走，最终在楚州河岸边被官军逮捕。当时寓居在湖州的官员王元春乘坐小船，火速将此事禀报朝廷。史弥远派遣殿前司将领彭任带兵前去平叛，但等他们赶到湖州时，这场叛乱已经被平定了。

对于这场叛乱，赵竑事先并不知情，叛乱发生后，他只是被裹挟进来，后来又断然反正，调集军马火速平定了叛乱，但史弥远仍旧不肯放过他。史弥远派遣门客秦天锡悄然来到湖州，打着为赵竑治病的名义，其实是想逼迫赵竑自杀。迷途知返的赵竑即便有罪也罪不至死，史弥远自知无法公开审判他，只得采用见不得光的手段除去这个心腹大患。

根据《宋史》记载，赵竑在州衙的一间便室内被逼自缢身亡。不过周密《齐东野语》却记载，湖州本地一个名叫徐驻泊的老者称自己目击了当时的场景，徐驻泊说他在赵竑死后前去查看，见赵竑的尸体用锦被包裹着放在地上，口鼻中不停地向外流着血，血将他所穿的衣裳以及所盖的被褥染得一片殷红，因此徐驻泊“审尔，则非缢死矣”。按照徐驻泊的供述，赵竑极有可能是被秦天锡毒杀的。性格刚烈的赵竑未必会乖乖自缢，秦天锡来见他的时候应该随身携带着毒药，秦天锡要么以赐酒为名，诱骗赵竑在不知情的情况下喝下，要么就是强行给他灌下。不过毒杀这种方式太过残忍，朝廷只得对外宣称赵竑是畏罪自缢。

至于李全为何会失约，有一种说法认为史弥远提前截获了潘壬等人与李全的书信，将起事时间延后了一个月，所以李全一直被蒙在鼓里。不过这种说法并不可信，如果史弥远提前获知了湖州将会发生叛乱，他不可能不提前有所部署。史弥远得到王元春的奏报后才派兵镇压，可见他事先应该并不知情。

李全反复无常，眼中只有利益，只想坐享渔翁之利，却不愿冒险牵涉其中，因此他当时只是假意答应。在政治局势彻底明朗之前，他不会贸然选边站队。况且李全的军队远在淮河以北，要突破淮河防线并前往千里之外的湖州与潘壬等人会合，其实并不容易。由于李全的阴险狡诈，这场叛乱注定会失败。理宗赵昀趁机将济王赵竑贬为巴陵郡公。

得知赵竑的死讯后，赵昀还假惺惺地停止上朝，以示对皇兄的悼念。赵昀将湖州改为安吉州，希望局势能够尽快稳定下来，但为无辜惨死的赵竑申冤的呼声从来都没有中断过，一直延续到了南宋灭亡。

真德秀曾在嘉定二年（1209年）任沂王府教授，是赵竑的老师，是当时名满天下的理学大家。他以朱熹为宗，开创了“西山真氏学派”，为确立理学的正统地位发挥了重大作用。真德秀明知赵昀窃取了自己学生的皇位，却又无力改变，于是他想通过自身的努力最大限度地为死去的学生争取既得利益。由于赵竑的儿子赵铨早夭，无辜惨死的赵竑就此断了香火。真德秀苦口婆心地劝赵昀为死去的赵竑选择嗣子，被赵昀断然拒绝，因为一旦赵竑有了嗣子，那些心向赵竑的人势必会转而支持他的这个嗣子。史弥远得知这个事情后，唆使御史们疯狂攻击真德秀，真德秀被罢官后，他们仍旧不肯收手，执意要将他逼上绝路。不过心中有愧的赵昀道：“孔子处事待人从不做太过分的事。”真德秀这才得以保全，安然退归故里著书立说。

与真德秀齐名的理学大家魏了翁采取了与真德秀截然不同的方式。魏了翁认为当下时局已经不可救药，以至于忧郁成疾，不再上朝，随后屡次恳请赵昀让自己辞官回乡，不过没有获得准许。胡梦昱因大胆直言而惨遭贬谪，魏了翁不顾个人安危为其送行，遭到弹劾后被贬官三等，被安置到靖州（今湖南省怀化市靖州县）居住。不过很快魏了翁便被再度征召入朝，鉴于他在士大夫中间巨大的影响力，史弥远竭力拉拢他，可他始终不为所动。

在为济王申冤的人中，不乏无所畏惧的勇士，大理评事胡梦昱便是其一。他曾经给朝廷上万言书，引用了晋太子申生、西汉戾太子刘据与北宋秦王赵廷美的典故，这三人都曾被立为皇储，却都没能登上皇位，最终含恨而死。胡梦昱公然将赵竑比作申生、刘据等人，还为他没能登上皇位而感到遗憾，等于是在变相地质疑赵昀皇位的合法性。胡梦昱说出了世人想说却不敢说的话，也因此触怒了赵昀，最终被流放象州（今广西壮族自治区来宾市象州县）。胡梦昱最终死在了瘴气横行的象州，他这个微末小官因奋不顾身地殉道而流芳千古。

在政治高压之下，朝中官员只得选择缄默，不过每每遇到灾害，总会有人跳出来将此事与死去的赵竑联系在一起，恳请朝廷能他鸣冤昭雪。绍定四年（1231年）三月，临安发生特大火灾，太庙也受到了波及，里面陈列的列祖列宗的御像与灵位全都被烧为灰烬，朝野上下将这场大火视为天谴。赵昀也感受到了深深的不安，只得下诏要求众人直言进谏。

籍田令徐清叟借此上书说："陛下与巴陵郡公（即赵竑）同为先帝之子，但陛下富贵如此，巴陵郡公却戮辱如彼。近日京城大火，延烧太庙，恐怕就是因为你们兄弟失和才招致这场灾祸。"由于史弥远从中阻挠，赵昀只得装作熟视无睹。宝庆三年（1227年）三月，赵昀将史弥远从右丞相升任左丞相，史弥远自此变得更加骄横难制。

绍定六年（1233年）六月，年事已高的史弥远政治控制力已经大不如前。面对朝野间的巨大呼声，赵昀只得颁下御笔，为死去的皇兄赵竑追复王爵，还下令按照相关礼制为其改葬。不过对于立嗣之事，他说："所有命继之事，则事关家国，非朕敢私。"赵昀仍在担心可能会有人利用赵竑之子的特殊身份兴风作浪。

当年十月十五日，病入膏肓的史弥远向赵昀建议让自己的亲信郑清之升任为右丞相。从嘉定二年（1209年）五月初三，丁忧的史弥远被起复为右丞相开始，在此后长达将近二十五年的时间里，他一直都是独相。他死后，朝中再度出现了两位丞相。史弥远很清楚自己一生作恶太多，树敌太多，担心日后会被人清算，于是在离开之际竭力向赵昀举荐自己的亲信郑清之，请求赵昀让郑清之继续执掌朝政，史弥远随后正式提交了辞呈。在郑清之拜相的次日，史弥远被免去了左丞相之职，被授予保宁、昭信两镇节度使，赵昀进封他为会稽郡王。六天之后，也就是十月二十二日，七十岁高龄的一代权相史弥远离开了人世。

史弥远死后，赵昀才正式得以亲政。他随即开始调整政策，史弥远的多名亲信被他贬出朝去，之前一直紧张的政治气氛也渐渐有所缓和，史称“端平更化”。其实赵昀可以借机将所有罪责推给已经死去的史弥远，彻底为赵竑平反昭雪，这样才能彻底洗白自己，结束这场旷日持久的政治纷争。或许仍旧对大恩人史弥远感恩戴德，或许是畏惧史弥远余党的势力，抑或是担心自己也会受到政治牵连，赵昀始终在竭力维护史弥远。

端平三年（1236年），谏官方大琮向赵昀上疏说：“当年那桩冤案已经过去了十年之久，无论是朝野上下，还是列祖列宗，都知道陛下当时受到了老贼的挟制，即便济王地下有知，也不会怪罪陛下。如今老贼已经毙命，端平改弦，威权自出，现在难道不是为济王洗清冤屈的良机吗？”赵昀将方大琮的奏疏扔到了一旁，依旧对冤死的济王不管不顾，如同仇人；对已故的权相却倍加爱护，如同亲子。这年举行明堂大礼时，突然遭遇雷电雨雹，架阁（主管尚书省某部档案文书的官员）韩祥和司农丞郑逢辰又将此事与济王的冤案联系到了一起。

司农丞郑逢辰带着满腔愤恨说道：“巴陵（即赵竑）之死，幽魂藁葬，败冢荒丘，天阴鬼哭，夜雨血腥，行道之人，见者陨涕。”三年前，赵昀虽已降下御笔为赵竑恢复王爵并且要求为其改葬，但从郑逢辰的奏疏中可以推断出，改葬之事应该因为某些事耽搁了。当时洪咨夔起草赵竑的归葬诏书时说他“虽死不朽”，触怒了史弥远余党。由于洪咨夔当时正得宠，史弥远余党转而诬陷周成子居心叵测，随后将他投入大理寺的监狱中。大理卿徐宣竭力为周成子辩解，但两人最终全都被贬死于异地，赵竑改葬之事很可能因此不了了之。

嘉熙元年（1237年），临安城突发大火，蹊跷的是火起之地新房廊是赵竑“旧邸之所”，火至之地仟林寺又恰恰是赵竑“旧宅之林”，因此太学、武学与宗学的学生们纷纷上书，说这是赵竑的冤魂在为自己鸣冤叫屈，此事迅速在朝中掀起轩然大波。不过殿中侍御史蒋岘却认为这场火灾不过是一场意外，还公开叫嚣：“君臣既定，父子不必言，兄弟不当问……天不能命，神不能语，巫而诬焉。”蒋岘的言外之意是有人假托神鬼为赵竑申冤，如今君臣已定，再为赵竑争辩有损当今皇帝威严。他的话顿时引起了公愤，也触犯了众怒，刘实甫带领两百多名武学生上书猛烈抨击蒋岘，直到朝廷罢了蒋岘的官。

景定五年（1264年），理宗赵昀病逝。南宋延续了一百五十二年，赵昀一人的在位时间便长达四十年，占去了南宋国祚将近四分之一的时间，不过他从上台开始便一直饱受争议，赵竑之死也成了他永远都迈不过去的坎。其实赵昀也想过要妥善处理此事，可如此大的冤案总要有人来背锅，若是他否定了史弥远，势必会动摇自己统治的合法性，左右为难的赵昀只能做起了缩头乌龟。临终之际，赵昀明确表示要将赵竑一案留给后人去解决。

赵昀先后生有三个儿子，不过全都无一例外地夭折了，他只得将皇位传给自己的侄子，也就是弟弟赵与芮之子赵禥，史称宋度宗。度宗皇帝好色成性，在政治上几乎没有作为，不过他在处置赵竑一案时表现得很是果决。监察御史常楙提出为赵竑平反后，度宗皇帝当即追复赵竑为太师、保静、镇潼两镇军节度使，还下令讨论他的陵墓规制并尽快修建。关于为赵竑立嗣等其他问题，仍旧按照赵昀当初的御笔批示去办理。虽然当年那起皇位纠纷之事并未牵涉度宗，但度宗的皇位毕竟来自叔叔赵昀，如果过分肯定赵竑，势必会损害叔叔的利益，也会危及自身的统治。

咸淳十年（1274年）七月，度宗因贪恋酒色而死于临安宫福宁殿，享年三十五岁。度宗一生最大的贡献就是生下了七个儿子，其中三人存活下来，这三人全都戏剧般地登上了皇位，岌岌可危的南宋也因此后继有人。首先登上皇位的是度宗皇帝的次子赵㬎，史称宋恭帝。次年，宋恭帝改元德祐，或许是他觉得祖上德行有亏，没能赢得上天的庇佑，所以他希望通过改元来转运。此时蒙古军已经突破了长江防线，南宋政权一时间朝不保夕。吏部尚书常楙将如今的时政危局与赵竑的冤案联系在了一起，他义愤填膺道："且霅川（即湖州）之事，非其（赵竑）本心，置之死地，过矣；不为立后，又过矣！匹夫匹妇之冤，尚能感应飞霜枯草之灾，何况曾是帝王之胄、皇嗣之选。"

年幼的宋恭帝不过是个政治傀儡而已，当时谢太后临朝称诏，丞相贾似道把持朝政，如今大敌当前，谢太后和贾似道不愿让这起政治纷争继续延续下去，于是以宋恭帝的名义下旨，追封赵竑为镇王，为他赐予谥号昭肃。赵竑的坟茔由临安府、两浙转运司负责修缮，朝廷还专门派遣曾经为赵竑鸣冤的官员王立麟前往祭奠，还从二三岁以下的宗族子弟中选择一人作为赵竑的嗣子。

很快蒙古军便兵临临安城下。德祐二年（1276年）三月，投降的宋恭帝追随蒙古军前往上都。他的大哥赵昰于五月初一在福州被拥立为皇帝，史称宋端宗，不过在蒙古军的追击下，赵昰不得不踏上了颠沛流离的生活。景炎三年（1278年）四月，在经历了无数次惊吓后，年仅十一岁的赵昰病逝。南宋大臣们随即又拥立度宗皇帝的幼子赵昺为帝。祥兴二年（1279年）二月初六，宋军与元军在崖山（今广东省江门市新会区）展开大决战，最终以宋军的失败而告终。走投无路之际，左丞相陆秀夫背着小皇帝赵昺跳海而亡，十万军民相继投海殉国，南宋至此灭亡。

以常楙为首的很多人将南宋的败亡归因于那场旷日持久的冤案，他们觉得如若能够早日妥善处理此案，南宋的国祚或许会有所延长。著名学者周密满腔悲愤地感慨道："呜呼！挽回天意，至此亦晚矣，悲夫！"这种观点未免有些言过其实，从历史大趋势来看，孱弱的南宋显然难以抵御蒙古军强悍的攻势，南宋覆亡是迟早的事情。不过赵竑的冤案延续了整整五十年之久，深深地牵动着南宋末年理宗、度宗、恭帝三朝的政局。赵昀与史弥远的所作所为不被世人所接受，以至于在朝野间引发了巨大的争议，严重损害了皇帝与朝廷的权威，也造成了政治撕裂，无疑加速了南宋的覆亡。

附件
纷繁复杂而又变动频繁的宋朝官制[①]

本书中的主人公几乎都是官员，他们担任着各式各样的官职，但宋朝的官制又是我国历史上最复杂的。在此有必要对宋朝官制进行简要介绍，以便读者能更深入地了解那些身处谜案中的一个又一个主人公。

一、宋朝前期紊乱的官制

宋代官员的官职名称时常会有一大长串，其中有官，有职，有差遣，还会有爵位，比如在北宋治平元年（1064年），著名史学家司马光当时担任的官职是朝散大夫右谏议大夫权御史中丞充理检使上护军赐紫金鱼袋。

① 本节依据《宋史》《宋大诏令集》《宋会要辑稿》《续资治通鉴长编》《古今合璧事类备要》《容斋四笔》《元丰官制》等史料，并参考龚延明《宋代官制词典》编纂而成。

官职	解析
朝散大夫	散官 从五品下
右谏议大夫	职事官 正四品下
权御史中丞	差遣
充理检使	兼差遣
上护军	勋官 正三品
赐紫金鱼袋	政治待遇

北宋前期的官制基本沿袭自唐朝，官分为散官、职事官、勋官三大类。散官类似于如今的职级，没有名额限制但有晋升标准；职事官相当于如今的领导职务，通常会有职数要求，比如吏部尚书只能设一个；勋官在唐朝初年只授予有军功的武将，类似于荣誉称号，成为勋官的人可以据此被授予职事官。后来勋官渐渐也可以授予文官，由于获得勋官的人数变得越来越多，之后成为勋官的人就很难再据此获得相应的职事官。

朝散大夫是司马光当时担任的散官。散官在唐代前期被称为官员的本品，一个官员究竟是几品官要看散官而不是职事官，官员的俸禄待遇也几乎都与散官的品级挂钩，朝廷往往会根据散官的品级授予相应的职事官。不过唐朝在正式官制外又设置了编制外的使职，最令人熟知的就是节度使，这些使职渐渐侵蚀了原本职事官的权力，同时官员的福利待遇改由按照职事官而不是散官发放，如此一来散官就沦为可有可无的鸡肋。宋朝在此基础上全面推行官权分离制度，司马光担任的职事官是右谏议大夫。右谏议大夫虽是中书省的官，却未必去中书省上班，只能代表他是正四品下阶的官员并由此确定他应该享受的俸禄待遇，至于他究竟要到哪个部门上班，具体要干些什么，需要听候朝廷的差遣。

权御史中丞是司马光的差遣。朝廷几乎从不实际授予御史台的主官以御史大夫这个官职，因此司马光这个权御史中丞实际就是御史台的主官。此外他还有另外一个差遣就是理检使，负责谏院、鼓院的工作。

散官之所以在北宋前期继续存在，是因为散官可以决定一个官员的官服颜色、鱼袋形制等政治待遇。由于司马光的散官阶为从五品下阶，他原本不能像拥有三品以上散官阶的官员那样穿紫衣，佩戴金鱼袋，不过他被皇帝“赐紫金鱼袋”，享受三品以上散官的待遇。

北宋前期，职事官实际承担着散官的职能，差遣实际承担着职事官的职能，散官处于可有可无的尴尬境地。之所以会出现这种局面，是因为宋代权力配置因过分强调监督与制衡而引发了官职的错位与紊乱。

二、元丰改制前后的机构设置

唐朝立国后完善了隋朝创制的三省六部制。尚书省主要负责行政执行；中书省主要负责草拟诏书等秘书性工作；门下省主要负责政令的审核和封驳，不过也承担一部分中书省的职能。

三省长官定期到政事堂商议国事，商议完之后便赶回各自所在部门上值。唐开元十一年（723年），中书令张说上奏唐玄宗李隆基将政事堂改为中书门下，还设立了吏房、枢机房、兵房、户房和刑礼房，标志着中书门下从单纯的议事机构变为政务决策与中枢处理机构。到了宋代，宰相机构中书门下还有“政事堂”“都堂”“政府”等名称，权力进一步扩张，中书门下下辖的制敕院、舍人院和起居院侵夺了原本属于中书省和门下省的权力；中书门下下辖的礼仪院和太常礼院侵夺了原本属于礼部和太常寺的权力；中书门下下辖的审刑院侵夺了原本属于刑部和大理寺的权力；中书门下下辖的铨选四曹侵夺了原本属于吏部和兵部选拔任命文武官员的权力。

简而言之就是北宋朝廷在正式行政机构之外又重建了一套编制外的机构，侵夺了原本属于正式行政机构的权力。原本位于权力中枢地位的中书省、门下省、尚书省及其下辖的六部沦为毫无实权的空架子，秘书省、殿中省、九寺五监等办事机构的权力也相继被侵占。

如此一来便形成了这样一种奇特的现象：正式行政机构无事可干，编制外机构却掌握着实权，但编制外的行政机构又没有被正式纳入正式官制，官员们仍需要按照三省六部、九寺五监、秘书省等体制内机构的官职来确定自己的品级与待遇。

北宋前期官制的紊乱使朝廷行政效率低下，冗官问题严重，很多官员拿着高俸禄却不干事，很多官员想干事却没有舞台。元丰五年（1082年），神宗皇帝对官制进行了一次革命性大变革，亮点主要有三个：

第一，撤销了有名无实的散官，设立寄禄官。寄禄官承担起阶官职能，一个官员品级高低、政治地位和经济待遇均与寄禄官挂钩，不过寄禄官没有实际职掌。虽然寄禄官大量借用原来散官的官名，但两者有着实质性的区别。如光禄大夫在改制前是没有实际意义的散官，改制后却决定着一个官员的基本工资待遇。

第二，按照唐朝初年权力运行模式，恢复了早就被架空的三省六部和九寺五监的职权。中书门下及其下属机构、三司（主管财政）、谏院（主管进谏）、崇文院（主管图书文化和天文历法）、群牧司（主管马政）等编制外行政机构统统予以裁撤，即便是皇宫中的编制外机构宣徽院也予以撤销。将三司职能归还户部，崇文院职能归还秘书省，群牧司职能划归太仆寺。职事官终于变得名副其实，官员获得任命后便可以正大光明地去相关部门上值了。虽然改制后差遣的数量大幅减少，但是没有被彻底取缔，仍旧大量存在着。

第三，原本从四品开始，既分“正”与“从”，又分“上”与“下”，如正四品分为上阶和下阶，官员品级多达三十阶。元丰改制取消“上”“下”之别，只分“正”与“从”，由此确立的九品十八级的形制一直沿用到清朝末年。

下面看一下元丰改制后，执政吕大防在元祐元年（1086年）的官职——中大夫守尚书右丞上柱国汲郡开国侯食邑一千八百户、食实封二百户赐紫金鱼袋。

官职	解析
中大夫	寄禄官 正五品
守尚书丞	职事官 正二品
上柱国	勋官 正二品
汲郡开国侯	爵位 从三品
食邑一千八百户、食实封二百户	——
赐紫金鱼袋	政治待遇

吕大防拥有汲郡开国侯的爵位，按照规定，他的食邑应为一千户，他的食邑之所以多达一千八百户，是因为他在封爵后立功累加所致。不过食邑只是个空头支票，只有获得实封才能拥有实际的经济收益。宋朝大致按照食邑的十分之一确定受封者的实封数量，不过也未必完全相等，因此吕大防的实封为两百户而不是一百八十户。这一百八十户的租税名义上是要上交给吕大防，但实际上是根据实封户数，朝廷每月随月俸按照每户二十五文的标准予以发放，因此吕大防每月可凭借爵位额外获得五千文的收入。

元丰改制后，由于取消了散官，官服颜色与鱼袋形制按照寄禄官的品级确定。由于吕大防的寄禄官为正五品，没有达到四品的最低要求，但朝廷考虑到他是当朝执政，还是给他“赐紫金鱼袋”。

元丰改制前，尚书右丞仅仅代表正三品的行政级别，没有皇帝特批，不得到尚书省去上值。但改制后，谁要是担任了尚书右丞，谁便可以跻身副宰相的行列。原来仅能代表品级待遇的“尚书右丞”，在此次改制后变成了正三品的寄禄官“光禄大夫”。改制前后的“尚书右丞”虽然名称一模一样，但政治地位和实际执掌有着天壤之别，而改制前后的“尚书右丞”与“光禄大夫”名称不同，内涵却是相差无几。

宋朝散官、勋官、爵位设置情况

品级	文散官	武散官	勋官	爵位
正一品	无	无	——	亲王
从一品	开府仪同三司	骠骑大将军	——	嗣王 郡王 国公（食邑一万户）
正二品	特进	辅国大将军	上柱国	开国郡公 （食邑二千五百户）
从二品	光禄大夫	镇军大将军	柱国	开国县公 （食邑两千户）
正三品	金紫光禄大夫	冠军大将军	上护军	——
从三品	银青光禄大夫	云麾将军	护军	开国侯 （食邑一千户）
正四品上阶	正议大夫	忠武将军	上轻车都尉	开国伯 （食邑七百户）
正四品下阶	通议大夫	壮武将军	——	——
从四品上阶	太中大夫	宣威将军	轻车都尉	——
从四品下阶	中大夫	明威将军	——	——

续表

品级	文散官	武散官	勋官	爵位
正五品上阶	中散大夫	定远将军	上骑都尉	开国子 （食邑五百户）
正五品下阶	朝议大夫	宁远将军	——	无
从五品上阶	朝请大夫	游骑将军	骑都尉	开国男 （食邑三百户）
从五品下阶	朝散大夫	游击将军	——	——
正六品上阶	朝议郎	昭武校尉	骁骑尉	——
正六品下阶	承议郎	昭武副尉	——	——
从六品上阶	奉议郎	振威校尉	飞骑尉	——
从六品下阶	通直郎	振威副尉	——	——
正七品上阶	朝请郎	致果校尉	云骑尉	——
正七品下阶	宣德郎	致果副尉	——	——
从七品上阶	朝散郎	翊麾校尉	武骑尉	——
从七品下阶	宣议郎	翊麾副尉	——	——
正八品上阶	给事郎	宣节校尉	——	——
正八品下阶	征事郎	宣节副尉	——	——
从八品上阶	承奉郎	御侮校尉	——	——
从八品下阶	承务郎	御侮副尉	——	——
正九品上阶	儒林郎	仁勇校尉	——	——
正九品下阶	登仕郎	仁勇副尉	——	——
从九品上阶	文林郎	陪戎校尉	——	——
从九品下阶	将仕郎	陪戎副尉	——	——

元丰改制后尚书省六部二十八司官职表

<table>
<tr><td rowspan="28">尚书省
尚书令
（正一品）
尚书左仆射
尚书右仆射
（从一品）
尚书左丞
尚书右丞
（正二品）</td><td rowspan="16">左司
郎中
（正六品）
员外郎
（从六品）</td><td rowspan="7">吏部</td><td rowspan="7">尚书
（从二品）
侍郎
（从三品）</td><td>吏部尚书左选</td><td rowspan="7">郎中
（从六品）
员外郎
（正七品）</td></tr>
<tr><td>吏部尚书右选</td></tr>
<tr><td>吏部侍郎左选</td></tr>
<tr><td>吏部侍郎右选</td></tr>
<tr><td>司封司</td></tr>
<tr><td>司勋司</td></tr>
<tr><td>司功司</td></tr>
<tr><td rowspan="5">户部</td><td rowspan="5">尚书
（从二品）
侍郎
（从三品）</td><td>户部左曹</td><td rowspan="5">郎中
（从六品）
员外郎
（正七品）</td></tr>
<tr><td>户部右曹</td></tr>
<tr><td>度支司</td></tr>
<tr><td>金部司</td></tr>
<tr><td>仓部司</td></tr>
<tr><td rowspan="4">礼部</td><td rowspan="4">尚书
（从二品
侍郎
（从三品）</td><td>礼部司</td><td rowspan="4">郎中
（从六品）
员外郎
（正七品）</td></tr>
<tr><td>祠部司</td></tr>
<tr><td>主客司</td></tr>
<tr><td>膳部司</td></tr>
<tr><td rowspan="12">右司
郎中
（正六品）
员外郎
（从六品）</td><td rowspan="4">兵部</td><td rowspan="4">尚书
（从二品）
侍郎
（从三品）</td><td>兵部司</td><td rowspan="4">郎中
（从六品）
员外郎
（正七品）</td></tr>
<tr><td>职方司</td></tr>
<tr><td>驾部司</td></tr>
<tr><td>库部司</td></tr>
<tr><td rowspan="4">刑部</td><td rowspan="4">尚书
（从二品）
侍郎
（从三品）</td><td>刑部司</td><td rowspan="4">郎中
（从六品）
员外郎
（正七品）</td></tr>
<tr><td>都官司</td></tr>
<tr><td>比部司</td></tr>
<tr><td>司门司</td></tr>
<tr><td rowspan="4">工部</td><td rowspan="4">尚书
（从二品）
侍郎
（从三品）</td><td>工部司</td><td rowspan="4">郎中
（从六品）
员外郎</td></tr>
<tr><td>屯田司</td></tr>
<tr><td>虞部司</td></tr>
<tr><td>水部司</td></tr>
</table>

三、宰相的变化

宰相协助皇帝处理政务，可以说是朝中权力最大的官员，却不是品级最高的官员。北宋前期的宰相继承了唐朝官制，更像是一种差遣，只有带有“同中书门下平章事”的官员（节度使、枢密使除外）才是宰相，主持宰相机构中书门下的工作。按照规定，宰相职位最多设置三员，也可以不满员。

如果某位宰相的地位极为尊崇，会被授予侍中之职，在北宋前期这是个正二品的职事官，与此同时不再授予“同中书门下平章事”。不过这种情形极少出现，只有范质、赵普、丁谓、冯拯和韩琦五人成为“真拜侍中”，王旦与富弼被授予侍中后并没有接受。北宋前期，没有宰相被授予“真拜中书令”。之所以强调“真拜”，是因为节度使等高官即便被授予侍中或者中书令，也仅仅只是荣誉性职务，并不实际主持朝廷政务，并非真宰相。

宋朝还设有“平章军国重事”的职务，曾授予文彦博、吕公著等担任过宰相的德高望重的老臣，此职务地位在宰相之上，不过属于荣誉性职务。每五日或两日参加朝见，平时不用前往中书门下办公，非朝日不至（政事堂）。南宋时，韩侂胄和贾似道先后任平章军国重事，但他们独揽军、政大权。

宋朝前期的宰相制度虽然继承自唐朝，却也有自身的特色。行政权与军事权、财政权、监督权相分离，剥离了宰相的军事指挥权，另外设立枢密院。剥夺了宰相的财政权，另外设立三司，管理盐铁、度支、户部三个部门，三司使号称“计相”。执掌监察大权的御史台的官员不得由宰相举荐，而是由皇帝亲自选拔任用，御史台成为直接对皇帝负责并且足以与宰相相抗衡的“耳目之司”，还设立谏院，将原属中书和门下两省的进谏之权独立出来，谏院成为钳制相权和舆论的重要工具。除此之外，朝廷还设置副宰相即参知政事，正副宰相总数通常不会超过五员，宰相为三员时一般会设两员参知政事，宰相为两员时一般会设三员参知政事，以此来制衡宰相权力。副宰相与枢密院的正、副长官合称“执政”。

元丰改制的目的就是恢复三省六部的职权，因此正、副宰相从差遣被贬为职事官，宰相员额从三员减为两员，首相即左相为尚书左仆射（从一品）兼门下侍郎（正二品），代行侍中的职权（正一品）；次相即右相为尚书右仆射（从一品）兼中书侍郎（正二品），代行中书令（正一品）的职权。副宰相增至四员，分别是门下侍郎、中书侍郎、尚书左丞、尚书右丞，均为正二品。

徽宗皇帝将尚书左、右仆射分别改为太宰、少宰，还出现了“公相”，也就是三公（即太尉、司徒、司空），管理尚书、中书、门下三省事务。南宋时期，两员宰相更名为左、右丞相，撤销了尚书左、右丞，门下侍郎与中书侍郎，恢复旧称参知政事，但参知政事已然成为正二品的职事官。

宋朝宰相名称的变化

<table>
<tr><th>时期</th><th>宰相</th><th>副宰相</th></tr>
<tr><td>北宋前期</td><td>首相：同中书门下平章事、昭文馆大学士
次相：同中书门下平章事、监修国史
末相：同中书门下平章事、集贤殿大学士
平章军国重事（不常设，在首相之上）</td><td>参知政事</td></tr>
<tr><td>元丰五年
（1082年）
四月以后</td><td>左相：尚书左仆射兼门下侍郎
右相：尚书右仆射兼中书侍郎</td><td rowspan="3">门下侍郎
中书侍郎
尚书左丞
尚书右丞</td></tr>
<tr><td>政和二年
（1112年）
九月以后</td><td>左相：太宰兼门下侍郎
右相：少宰兼中书侍郎
公相：三公领三省事</td></tr>
<tr><td>靖康元年
（1126年）
十一月以后</td><td>左相：尚书左仆射兼门下侍郎
右相：尚书右仆射兼中书侍郎</td></tr>
<tr><td>南宋建炎三年
（1129年）
四月以后</td><td>左相：尚书左仆射同中书门下平章事
右相：尚书右仆射同中书门下平章事</td><td>参知政事</td></tr>
</table>

续表

时期	宰相	副宰相
南宋乾道八年 （1172年） 二月以后	左丞相 右丞相 平章军国重事（不常设，在左丞相之上）	参知政事

元丰改制时，曾经有人提议撤销枢密院，将军事指挥权归还尚书省下辖的兵部，但神宗皇帝觉得此举有违“文武相制”的祖制，最终还是将枢密院保留了下来，不过不再设枢密使和枢密副使。知枢密院事和同知枢密院事成为枢密院的正副长官，两者的区别在于，前者类似于正式官职，后者类似于代理官职，但后来也被纳入正式官制之中。

南宋时期，军事斗争日趋激烈，于是又恢复了枢密使（从一品）、枢密副使（正二品）。名将岳飞就担任过枢密副使，但南宋仅有三个人担任过枢密副使，枢密使也不经常设置，平时只会设置知枢密院事（正二品）和同知枢密院事（正二品），有时还会设置签书枢密院事（从二品）和同签书枢密院事（品级不详）。如果枢密院正副长官全都缺位，有时还会设权同发遣枢密院事，实际主持枢密院工作，但属于临时性差遣并不属于职事官，也不得归入执政中。

四、万众瞩目的馆职

在官、爵之外，宋朝还专门设有职，称为“职分”或者“馆职”。北宋名臣包拯曾任天章阁待制、龙图阁直学士，因此他也被人称为“包待制”“包龙图”，这些都是馆职。

北宋前期设立了崇文院，其下设昭文馆、史馆、集贤院、秘阁。昭文馆负责收藏经、史、子、集四部图书及其编写校勘等事宜；史馆负责监修国史；集贤院负责其他图书及其编写校勘等事宜。上述三馆均沿袭自前朝，后来又将之前散落在各处的珍本书籍图画收集整理于一室，称为“秘阁”。

馆职最初诞生于崇文院，也有高低之分。最初带有馆职的官员通常都要在崇文院负责相应的工作，直接在宰相手下工作，又时常会接触到皇帝，因此这些官员往往升迁比较快，这个工作对官员的文化水平与综合素质的要求也比较高。

由于崇文院属于没有编制的编外机构，元丰改制时予以撤销，相关职能归入秘书省，因此馆职也一度被取消，不过很快便得以恢复，但恢复后几乎不承担实际职能，基本沦为荣誉性职务，分为诸殿馆职与诸阁馆职。

崇文院馆职设置情况

机构	馆职				准馆职
	最高等	高等	中等	末等	
崇文馆	——	——	——	检讨 校书	馆阁编校书籍 馆阁校勘 馆阁读书
昭文馆	大学士 （首相兼任）	直昭文馆	——	——	编校昭文馆书籍
史馆	监修国史 （次相兼任）	修撰 直史馆	——	检讨 编修	史馆校勘 史馆祇候 编校史馆书籍
集贤院	大学士 （末相兼任）	学士（判院事） 修撰 直集贤院	校理	——	编校集贤院书籍
秘阁	——	直秘阁	校理	——	编校秘阁书籍

真宗皇帝赵恒为了纪念父亲赵光义，特地设置了龙图阁。龙图阁专门用来收藏赵光义的御书、文集以及与他有关的典籍、图画以及其他御用之物，实际上就是赵光义的个人纪念馆。

诸阁学士、直学士、待制称为“侍从官”，通常只会授予品级较高的官员；直阁由品级较低的官员担任，称为“贴职”。诸阁馆职的政治排序按照设立时间确定，设立时间越早，政治排名越靠前。

包拯担任的是龙图阁直学士，其地位低于学士，民间传说中却说他担任的是龙图阁大学士，其实龙图阁从未设过大学士。由于宋朝担任大学士的多为在任或者离朝的宰相，所以百姓刻意在包拯的官职里加上一个“大”字，实际上是希望刚正不阿的包拯能成为宰相。

宋朝诸阁馆职设置情况

阁名	馆职品级				设立时间	阁主
	学士	直学士	待制	直阁		
龙图阁	正三品	从三品	从四品	正七品	咸平四年（1001年）	太宗
天章阁	正三品	从三品	从四品	正七品	天禧四年（1020年）	真宗
宝文阁	正三品	从三品	从四品	正七品	嘉祐八年（1063年）	仁宗、英宗
显谟阁	正三品	从三品	从四品	正七品	元符元年（1098年）	神宗
徽猷阁	正三品	从三品	从四品	正七品	大观二年（1108年）	哲宗
敷文阁	正三品	从三品	从四品	正七品	绍兴十年（1140年）	徽宗
焕章阁	正三品	从三品	从四品	正七品	淳熙十五年（1188年）	高宗
华文阁	正三品	从三品	从四品	正七品	庆元二年（1196年）	孝宗
宝谟阁	正三品	从三品	从四品	正七品	嘉泰二年（1202年）	光宗

续表

阁名	馆职品级				设立时间	阁主
	学士	直学士	待制	直阁		
宝章阁	正三品	从三品	从四品	正七品	宝庆二年（1226年）	宁宗
显文阁	正三品	从三品	从四品	正七品	咸淳元年（1265年）	理宗

无论是崇文院的馆职，还是诸阁的馆职，或多或少都与图书有关。除此之外，还有诸殿馆职。诸殿馆职的政治地位在诸阁馆职之上，起初侍从在皇帝左右，比如北宋初期枢密院直学士在崇政殿朝时就侍立在皇帝左右，随时准备充当皇帝的顾问，但后来诸殿馆职渐渐失去了实际执掌的权力，仅仅作为宰相和执政离任时所带的荣誉性职衔，有时皇帝也会将诸殿馆职授予近臣或者德高望重的老臣。

宋朝诸殿馆职设置情况

殿名	馆职名称	存续时间	职能	品级	承继关系
文明殿	学士	太平兴国五年（980年）正月设置；庆历七年（1047年）八月撤销。	用于优宠老臣	位于枢密副使之下，翰林学士之上。	承继自五代后唐天成元年（926年）五月始置的端明殿学士
紫宸殿	学士	庆历七年（1047年）八月设置，庆历八年（1048年）五月撤销	执政罢任时带职	——	承继自文明殿学士
观文殿	学士	庆历八年五月（1048年）设置	宰相离任，执政外任时带职或有军功的朝臣、东宫旧臣带职	正三品	承继自紫宸殿学士
	大学士	皇祐元年（1049年）六月设置	宰相离任时带职	从二品	新设

续表

殿名	馆职名称	存续时间	职能	品级	承继关系
资政殿	学士	景德二年（1005年）四月设置	执政离任时带职	正三品	新设
	大学士	景德二年（1005年）十二月设置	初为执政离任时带职，后为资政殿学士升迁而来	从二品	新设
端明殿	学士	明道二年（1033年）复置，政和四年（1114年）八月撤销，建炎二年（1128年）再度重置	宋初多为任职时间较长的翰林学士承旨或学士的离任；元丰改制后，执政官待罪离任时带职；南宋多为签书枢密学院事带职	正三品	重置
延康殿	学士	政和四年（1114年）设置，建炎二年（1128年）二月撤销	执政、侍从带职	正三品	承继自端明殿学士，后改回端明殿学士
宣和殿	大学士	政和五年（1115年）四月设置，宣和元年（1119年）二月撤销	宣和殿学士升迁而来	正三品	新设
	学士	政和五年（1115年）四月设置，宣和元年（1119年）二月撤销	优宠近臣	正三品	
	待制	政和五年（1115年）四月设置，宣和元年（1119年）二月撤销	尊崇驸马都尉	从四品，位在诸阁待制之上	
保和殿	大学士	宣和元年（1119年）二月设置	宣和殿学士升迁而来	正三品	承继自宣和殿馆职
	学士	宣和元年（1119年）二月设置	优宠近臣	正三品	
	待制	宣和元年（1119年）二月设置	用于尊崇驸马都尉	从四品，位在诸阁待制之上	

续表

殿名	馆职名称	存续时间	职能	品级	承继关系
枢密院	直学士	五代后唐同光年间（923—926年）设立，北宋沿置。政和四年（1114年）八月初三撤销，十月二十四日重置	多为侍从官外任时带职，南宋多为签书枢密院事带职	正三品，位于诸阁直学士之上	承继自崇政院直学士
述古殿	直学士	政和四年（1114年）八月初三设置，十月二十四日撤销	侍从官外任是带职	正三品，位于诸阁直学士之上	承继自枢密院直学士

五、寄禄官的设置

北宋前期按照本官，也就是担任的职事官发俸禄，以发放现金为主，同时还会给予衣物、粮食等实物并发放职田。

元丰改制后，朝廷专门设立了寄禄官，朝廷按照寄禄官的品级发放本俸，即官员的基本俸禄；同时还会按照职事官的品级发放职钱，职钱相当于津贴，即便是同一品级的职事官，根据差事强度和重要程度的不同，职钱也会有所不同。

同一个职事官的职钱分为行、守、试三档。如果寄禄官品级高于职事官品级，称为“行”，如果相同，虽然不称“行”，但发放标准等同于“行”；如果寄禄官品级低于职事官品级一个品级，称为“守”；低于职事官品级两个及以上品级，称为“试”。吕大防的寄禄官品级为正五品，职事官品级为正二品，原本应当用“试”，但当时只要是寄禄官低于职事官，一律称“守”，后来才有“守”与“试”的区分，如“朝奉郎（正七品）、试吏部侍郎（从三品）”。

宋朝文臣寄禄官沿革情况

类别	阶次	北宋前期前名称	元丰改制后名称	元丰改制后品级
朝官衔	1	使相（即节度使兼中书令或侍中或同中书平章事）	开府仪同三司	从一品
	2	尚书左、右仆射	特进	从一品
	3	吏部尚书	金紫光禄大夫	正二品
	4	兵部、户部、刑部、礼部、工部五部尚书	银青光禄大夫	从二品
	5	尚书左、右丞	光禄大夫	正三品
	6	——	宣奉大夫（大观年间新增）	正三品
	7	——	正奉大夫（大观年间新增）	正三品
	8	吏部、兵部、户部、刑部、礼部、工部六部侍郎	正议大夫	从三品
	9	——	通奉大夫（大观年间新增）	从三品
	10	给事中	通议大夫	正四品
	11	左、右谏议大夫	太中大夫	从四品
	12	秘书省监	中大夫	正五品
	13	——	中奉大夫（大观年间新增）	从五品
	14	光禄卿、卫尉卿等至殿中省监、少府监	中散大夫	从五品
	15	太常寺少卿至司农少卿，尚书省左、右司郎中	朝议大夫	正六品
	16	——	奉直大夫（大观年间新增）	正六品
	17	前行即吏部、兵部郎中	朝请大夫	从六品
	18	中行即户部、刑部郎中	朝散大夫	从六品
	19	后行即礼部、工部郎中	朝奉大夫	从六品

续表

类别	阶次	北宋前期前名称	元丰改制后名称	元丰改制后品级
	20	前行即吏部、兵部员外郎、侍御史	朝请郎	正七品
	21	中行即户部、刑部员外郎，起居舍人	朝散郎	正七品
	22	后行即礼部、工部员外郎与左、右司谏	朝奉郎	正七品
	23	左、右正言、太常寺博士、国子监博士	承议郎	从七品
	24	太常寺丞、秘书省丞、殿中省丞、著作郎、秘书郎	奉议郎	正八品
	25	太子中允，左、右赞善大夫，太子中舍、洗马	通直郎	正八品
京官衔	26	秘书省著作佐郎、大理寺丞	宣德郎 （政和年间改宣教郎）	从八品
	27	光禄寺、卫尉寺丞，将作监丞	宣义郎	从八品
	28	大理寺评事	承事郎	正九品
	29	太常寺太祝、奉礼郎	承奉郎	正九品
	30	秘书省校书郎、正字，将作监主簿	承务郎	从九品
选人阶衔	31	三京府判官，留守判官，节度、观察判官	承直郎 （崇宁年间改名）	从八品
	32	节度掌书记，观察支使，防御、团练判官	儒林郎 （崇宁年间改名）	从八品
	33	京府、留守、节度、观察推官，军事判官	文林郎 （崇宁年间改名）	从八品
	34	防御、团练、军事推官，军、监判官	从事郎 （崇宁年间改名）	从八品
	35	州、府录事参军，县令	从政郎 （政和年间定名）	从八品
	36	试衔知录事参军事，知县令事	修职郎 （政和年间定名）	从八品
	37	三京军巡判官，司理、司法、司户参军，县主簿、县尉	迪功郎 （政和年间定名）	从九品

文臣寄禄官也被称为文官阶，分为朝官衔、京官衔与选人阶衔三类。京官衔与选人阶衔是并列的关系，分别适用于朝廷官员和地方官员，因此朝廷文官只有三十阶，地方文官只有三十二阶。

元丰改制时对武官制度的改革并不彻底，所以徽宗皇帝从政和二年开始着手改革武官官职，徽宗皇帝确立了五十二阶武臣寄禄官即武阶官，分为太尉（正二品）、横行官（共二十五阶，从正五品到从七品）、诸司正使副使（共十六阶，从七品）、大使臣（两阶，正八品）①、小使臣（八阶，从八品到从九品）。

即便是地方文官，从最低等迪功郎升迁到最高文阶开府仪同三司只需经历三十一次升迁，一个武官要想从最底层的承信郎升迁到最高武阶太尉却需要五十一次升迁，武官升迁速度通常会慢于文官。

武官官阶总共有五十二阶，从九品到从七品五个品级密密麻麻地分布着三十阶，一个品级平均下来竟然有六阶，仅仅从七品一个品级就多达二十阶。按照正常的升迁速度，从从七品最低端的武翼郎升迁到从七品最高端的正侍郎需要九十五年的时间，而且从七品中还有横行官，并不列入磨勘迁转，“其除授须颁特旨”，也就是光靠资历升迁而没有皇帝特别的眷顾，根本升不到横行官。

武官阶在正五品通侍大夫和正二品太尉之间存在着一个大跨度的断裂带，这并不意味着官员可以直接从正五品升到正二品，他们需要借助其他渠道进行升迁，要么转入职事官，职事官就是带兵的三衙武官或者并无多少实权的环卫官，有职数限制。要么转入正任官，正任官虽然没有职数限制，但依旧被称为“显官”，通常只会授予立下大功的官员。一般来说，官员从正五品升到正二品有三条轨道：

① 不同时期或同一时期不同诏书关于大使臣的范围存在差异。

第一条，正任官轨道：沿着刺史（从五品）、团练使（从五品）、防御使（从五品）、观察使（正五品）、承宣使（正四品）、节度使（正三品）（南宋初升为从二品）轨道升迁。

第二条，环卫官轨道：沿着诸卫将军（从四品）、诸卫大将军（正四品）、十二卫上将军（从三品）、左右金吾和左右卫四卫上将军（从二品）。

第三条，三衙轨道：沿着侍卫步军都虞候（从五品）、侍卫马军都虞候（从五品）、殿前都虞候（从五品）、侍卫步军副都指挥使（正五品）、侍卫马军副都指挥使（正五品）、侍卫步军都指挥使（正五品）、侍卫马军都指挥使（正五品）、殿前副都指挥使（正四品）、殿前都指挥使（从二品）。

宋朝武阶官沿革情况

阶次	北宋前期旧官阶	政和年间新官阶	南宋修订后新官阶
1	——	太尉（正二品）	太尉（正二品）
正任官	节度使	节度使（正三品）	节度使（从二品）
	节度观察留后	承宣使（正四品）	承宣使（正四品）
	观察使	观察使（正五品）	观察使（正五品）
	防御使	防御使（从五品）	防御使（从五品）
	团练使	团练使（从五品）	团练使（从五品）
	刺史	刺史（从五品）	刺史（从五品）
遥郡官	节度使	节度使（无品级）	节度使（无品级）
	节度观察留后	承宣使（无品级）	承宣使（无品级）
	观察使	观察使（无品级）	观察使（无品级）
	防御使	防御使（无品级）	防御使（无品级）
	团练使	团练使（无品级）	团练使（无品级）
	刺史	刺史（无品级）	刺史（无品级）
2	内客省使	通侍大夫（正五品）	通侍大夫（正五品）

续表

阶次	北宋前期旧官阶	政和年间新官阶	南宋修订后新官阶
3	延福宫使	正侍大夫（正五品）	正侍大夫（正五品）
4	——	宣正大夫（正五品）	宣正大夫（正五品）
5	——	履正大夫（正五品）	履正大夫（正五品）
6	——	协忠大夫（正五品）	协忠大夫（正五品）
7	景福殿使	中侍大夫（正五品）	中侍大夫（正五品）
8	客省使、宣庆使	中亮大夫（从五品）	中亮大夫（从五品）
9	引进使、宣政使	中卫大夫（从五品）	中卫大夫（从五品）
10	——	翊卫大夫（从五品）	翊卫大夫（从五品）
11	——	亲卫大夫（从五品）	亲卫大夫（从五品）
12	四方馆使、昭宣使	拱卫大夫（正六品）	拱卫大夫（正六品）
13	东上阁门使	左武大夫（正六品）	左武大夫（正六品）
14	西上阁门使	右武大夫（正六品）	右武大夫（正六品）
15	——	正侍郎	武功大夫（正七品）
16	——	宣正郎	武德大夫（正七品）
17	——	履正郎	武显大夫（正七品）
18	——	协忠郎	武节大夫（正七品）
19	——	中侍郎	武略大夫（正七品）
20	客省副使	中亮郎	武经大夫（正七品）
21	引进副使	中卫郎	武义大夫（正七品）
22	——	翊卫郎	武翼大夫（正七品）
23	——	亲卫郎	正侍郎（从七品）
24	——	拱卫郎	宣正郎（从七品）
25	东上阁门副使	左武郎	履正郎（从七品）

续表

阶次	北宋前期旧官阶	政和年间新官阶	南宋修订后新官阶
26	西上阁门副使	右武郎	协忠郎（从七品）
27	皇城使	武功大夫	中侍郎（从七品）
28	宫苑、左右骐骥、内藏库使	武德大夫	中亮郎（从七品）
29	左藏库、东西作坊使	武显大夫	中卫郎（从七品）
30	庄宅、六宅、文思使	武节大夫	翊卫郎（从七品）
31	内园、洛苑、如京、崇仪使	武略大夫	亲卫郎（从七品）
32	西京左藏库使	武经大夫	拱卫郎（从七品）
33	西京作坊、东西染院、礼宾使	武义大夫	左武郎（从七品）
34	供备库使	武翼大夫	右武郎（从七品）
35	皇城副使	武功郎	武功郎（从七品）
36	宫苑、左右骐骥、内藏库副使	武德郎	武德郎（从七品）
37	左藏库、东西作坊副使	武显郎	武显郎（从七品）
38	庄宅、六宅、文思副使	武节郎	武节郎（从七品）
39	内园、洛苑、如京、崇仪副使	武略郎	武略郎（从七品）
40	西京左藏库副使	武经郎	武经郎（从七品）
41	西京作坊、东西染院、礼宾副使	武义郎	武义郎（从七品）
42	供备库副使	武翼郎	武翼郎（从七品）
43	内殿承制	敦武郎（正八品）	训武郎（正八品）
44	内殿崇班	修武郎（正八品）	修武郎（正八品）
45	东头供奉官	从义郎（从八品）	从义郎（从八品）
46	西头供奉官	秉义郎（从八品）	秉义郎（从八品）
47	左侍禁	忠训郎（正九品）	忠训郎（正九品）
48	右侍禁	忠翊郎（正九品）	忠翊郎（正九品）

续表

阶次	北宋前期旧官阶	政和年间新官阶	南宋修订后新官阶
49	左班殿直	成忠郎（正九品）	成忠郎（正九品）
50	右班殿直	保义郎（正九品）	保义郎（正九品）
51	三班奉职	承节郎（从九品）	承节郎（从九品）
52	三班借职	承信郎（从九品）	承信郎（从九品）
53	三班差使	进武校尉（无品级）	进武校尉（无品级）
54	三班借差	进义校尉（无品级）	进义校尉（无品）
55	殿侍	下班祗应（无品级）	下班祗应（无品级）
56	大将	进武副尉	进武副尉
57	正名军将	进义副尉	进义副尉
58	守阙军将	守阙进义副尉	守阙进义副尉
59	甲头	甲头	进勇副尉
60	公据	公据	守阙进勇副尉

参考资料

[1]［日本］平田茂树.宋代政治结构研究[M].上海：上海古籍出版社，2010.

[2]［日本］寺地遵.南宋初期政治史[M].刘静贞，译.台湾：台湾稻禾出版社，1995.

[3]张其凡.赵普评传[M].北京：北京出版社，1991.

[4]顾宏义.细说宋太祖[M].上海：上海人民出版社，2005.

[5]方诚峰.北宋晚期的政治体制与政治文化[M].北京：北京大学出版社，2015.

[6]黄燕生.宋仁宗 宋英宗[M].长春：吉林文史出版社，1997.

[7]王瑞来.宰相故事——士大夫政治下的权力场[M].北京：中华书局，2010.

[8]张其凡.宋代人物论稿[M].上海：上海人民出版社，2009.

[9]邓小南.祖宗之法——北宋前期政治述略[M].上海：生活·读书·新知三联书店，2014.

[10]邓小南主编.过程·空间——宋代政治史再探研[M].北京：北京大学出

版社，2017.

[11]张金岭.宋理宗研究[M].杭州：杭州出版社，2008.

[12]吴天墀.烛影斧声传疑[J].史学季刊，1941，1（2）.

[13]谷霁光.宋代继承问题商榷[J].清华学报，1941，13（1）.

[14]张荫麟.宋太宗继统考实[J].文史杂志，1941，1（8）.

[15]邓广铭.宋太祖太宗授受辨[J].真理杂志，1944，1（2）.

[16]李裕民.揭开“斧声烛影”之谜[J].山西大学学报（哲学社会科学版），1988（3）.

[17]王瑞来.“斧声烛影”事件新解[J].中国史研究，1991（2）.

[18]施秀娥.宋太宗继统考略[J].齐鲁学报，1994（2）.

[19]蒋复璁.宋太宗晋邸幕府考[J].大陆杂志，1975，30（3）.

[20]李勤德.试论赵普[J].史学月刊，1983（6）.

[21]王育济.宋太祖传位遗诏的发现及其意义[J].文史哲，1994（2）.

[22]邓广铭.试破宋太宗即位大赦诏书之谜[J].历史研究，1992（1）.

[23]苗润博.再论宋太宗即位大赦诏——诏令文书流传变异的文献学考察[J].中国史研究，2014（2）.

[24]施秀娥.宋太宗继统考略[J].齐鲁学刊，1989（6）.

[25]张其凡.宋太宗论[J].历史研究，1987（2）.

[26]顾宏义.赵德芳生母考——兼析宋朝官史失载赵德芳生母之原因[J].河北大学学报（哲学社会科学版），2017（5）.

[27]乐进进.皇权授受与政治忌讳——从王禹偁贬谪事件看宋初政治生态[J].烟台大学学报（哲学社会科学版），2021（4）.

[28]顾宏义.“晋王有仁心”说辨析——兼及宋初“斧声烛影”事件若干疑问之考证[J].杭州师范大学学报（社会科学版），2015（2）.

[29]邢勇.《湘山野录》看皇位之争对宋代书禁的影响[J].史学月刊，2012（8）.

[30]顾吉辰.“烛影斧声”辨析[J].黄淮学刊，1989（1）.

[31]刘子健.宋太宗与宋初两次篡位[J].中国史研究，1990（1）.

[32]唐兆梅.评杜太后与“金匮之盟”[J].学术月刊，1991（2）.

[33]王育济.“金匮之盟”真伪考——对一桩学术定案的重新甄别[J].山东大学学报，1993（1）.

[34]何冠环.“金匮之盟”真伪新考[J].暨南学报（哲学社会科学），1993（3）.

[35]孔学.“金匮之盟”真伪辨[J].史学月刊，1994（3）.

[36]于庸之、解洪兴.“烛影斧声”流变钩沉[J].宁波开放大学学报，2022（1）.

[37]朱松美.“烛影斧声”探谜[J].山东教育学院学报，2004（3）.

[38]任崇岳.从“烛影斧声”谈赵匡胤之死[J].寻根，2009（6）.

[39]王斌.“金匮之盟”真伪探析[J].和田师范专科学校学报，2015（2）.

[40]庞明启.相权、儒术、勋旧的三重奏——赵普与卢多逊之争探论[J].云南民族大学学报（哲学社会科学版），2015（3）.

[41]张明华.宋代私家撰述中的宋初政治疑案[J].史学月刊，1998（2）.

[42]王瑞来.“狸猫换皇太子”传说的虚与实——后真宗时代：宋代士大夫政治下的权力博弈[J].文史哲，2016（2）.

[43]任崇岳.狸猫换皇太子的传说与真相[J].寻根，2021（4）.

[44]祝建平.仁宗朝刘太后专权与宋代后妃干政[J].史林，1997（2）.

[45]张其凡、白效咏.乾兴元年至明道二年政局初探——兼论宋仁宗与刘太后关系之演变[J].中州学刊，2005（3）.

[46]刘江.女性与皇权——向太后与宋徽宗继位考论[J].东方论坛，2016（5）.

[47]张邦炜.宋徽宗初年的政争——以蔡王府狱为中心[J].西北师大学报，2004（1）.

[48]诸葛忆兵.论宋代后妃与朝政[J].南京师范大学学报（社会科学版），1998（4）.

[49]杨果.宋代后妃参政述评[J].江汉论坛，1994（4）.

[50]朱子彦.宋代垂帘听政制度初探[J].学术月刊，2001（8）.

[51]方燕.宋真宗时期的神异流言——以天书事件和帽妖流言为中心的考察[J].四川师范大学学报（社会科学版），2017（6）.

[52]朱瑞熙.宋朝的宫廷制度[J].学术月刊，1994（4）.

[53]霍无忌.宋仁宗、英宗易代事研究[J].故宫学刊，2019（1）.

[54]魏世民.杨志本事考[J].明清小说研究，2006（1）.

[55]李灵年、陈新.宋江征方腊新证[J].文化遗产，1994（4）.

[56]刘坤新.从南宋理宗继位之史实看潜邸旧臣的“翊戴之功”[J].铜仁学院学报，2017（1）.

[57]方燕.南宋光宗朝过宫流言探析[J].四川师范大学学报（社会科学版），2015（6）.

[58]肖建新.南宋绍熙内禅钩沉[J].安徽师范大学学报（人文社会科学版），2002（6）.

[59]戎默.宋孝宗立储事件钩沉[J].历史文献研究，2014（2）.

[60]孙烨.南宋光宗朝的太上皇制度研究[J].洛阳理工学院学报（社会科学版），2017（3）.

[61]刘坤新.以南宋彭龟年为视角看光宗朝政局[J].保定学院学报，2010（5）.

[62]范帅.试论宋代皇嗣养子制度[J].长江师范学院学报，2014（1）.

[63]李超.宋理宗继位问题再探——以赵竑与史弥远之矛盾为中心[J].宁波大学学报（人文科学版），2020（2）.

[64]韩冠群.南宋嘉定末年皇位继承问题新考——以宁宗的旨意为视角[J].江

西社会科学，2016（7）.

[65]张复华.论宋孝宗朝宰执制国用制度[J].政治大学学报，1997（74）.

[66]钟文荣.霅川之变与真德秀政治命运分析[J].三明学院学报，2010（1）.

[67]范立舟.理学在南宋宁宗朝的境遇[J].暨南学报（哲学社会科学版），2002（3）.

[68]王玉连、邓亚伟.南宋权臣研究[J].焦作大学学报，2011（4）.

[69]张金岭、吴擎华.晚宋理学家对僭越权力的加入、疏离与抗争——立足于晚宋时期理学家为济王鸣冤的考察[J].四川师范大学学报（社会科学版），2003（4）.

[70]李春圃、何林陶.关于李全的评价问题[J].历史教学，1955（6）.

[71]赵俪生.南宋金元之际山东、淮海地区中的红袄忠义军[J].文史哲，1954（4）.

[72]张金岭.宋理宗与理学[J].四川大学学报（哲学社会科学版），2001（2）.

[73]廖寅.论宋理宗继位与四明集团的关系[J].求索，2004（11）.

[74]胡昭曦.论宋理宗的“能”与“庸”[J].中国史研究，1998（1）.

[75]邓广铭.宋太祖太宗授受问题辨析[C].邓广铭，邓广铭全集.石家庄：河北教育出版社，2005.

[76]田志光.宋初“异论相搅”祖宗法考论——以宰相赵普权力变迁为中心[C].姜锡东，宋史研究论丛（第二十辑）.北京：科学出版社，2017.

[77]顾宏义.宋太祖心腹武将张琼死因探析[C].姜锡东，宋史研究论丛（第八辑）.保定：河北大学出版社，2007.

[78]张其凡、刘广丰.寇准、丁谓之争与宋真宗朝后期政治[C].暨南史学（第五辑）.广州：暨南大学出版社，2007.

[79]张金岭.济王之死与晚宋政局[C].朱瑞熙，宋史研究论文集（第十

辑）.中国宋史研究会第十届年会及唐末五代宋初西北史研讨会论文集.兰州：兰州大学出版社，2004.

[80]李超.景献太子与南宋开禧、嘉定之际的政争[C].河北大学宋史研究中心，宋史研究论丛（第20辑）.北京：科学出版社，2017.

[81]常志峰.从天禧到天圣：北宋真仁之际的朝局与权力关系[D].西安：西北大学，2018.

[82]刘广丰.寇、丁之争与宋真宗朝后期政治[D].广州：暨南大学，2006.

[83]史泠歌.帝王的健康与政治：宋代皇帝疾病问题研究[D].保定：河北大学，2012.

[84]彭康.编外的后宫：北宋宫廷养女[D].厦门：厦门大学，2018.

[85]王魁.宋仁宗朝政治恐慌研究——以石介之死为切入点[D].西安：西北大学，2018.

[86]徐美超.史弥远的政治世界：南宋晚期的政治生态与权力形态的嬗变（1208—1259）[D].上海：复旦大学，2014.

[87]虞云国.一桩五十年拒不昭雪的宋季冤案[N].东方早报，2011-5-30.